鳥毛立女屛風(六扇のうち第三扇部分)

正倉院宝物の逸品。天平勝宝八歳(756)、聖武天皇七七忌に光明皇太后が、東大寺に献納した『国家珍宝帳』に「鳥毛立女屛風《とりげりゅうじょびょうぶ》六」と記載されたもの。現在、鳥毛はほとんど剝落しているが、髪・衣服・樹木には日本産のヤマドリ・キジなどの鳥毛が貼成されていた。樹下に人物を描いた風俗画はインドやペルシャの「樹下人物図」を源流とするといわれるが、この立女は豊かな髪を結い、濃い眉や口紅・頬紅をつけ、「唐代仕女図」の形式を良く伝えている。鳥毛から国産品とされるが、帰化人の色濃い影響が考えられる。

(正倉院宝物)

秦氏の故郷・葛野と大堰川

秦氏《はたうじ》は、秦始皇帝《しんのしこうてい》の裔と称し、弓月君《ゆづきのきみ》が「百二十県《こおり》の百姓」をひきい、応神朝に帰化したと『日本書紀』に記されている。しかし、実際には新羅《しらぎ》・加羅《から》から渡来したものらしく、朝鮮においてすでに相当の豪族であったと考えられ、渡来ののち山背《やましろ》の大堰《おおい》川《がわ》の流域に広がる葛野《かどの》を本拠とした。大堰川は、上流を保津川、下流を桂川というが、秦氏は葛野の地を中心に渡来技術をもって堰堤《えんてい》（葛野大堰《かどののおおい》）を築き、一帯を灌漑し、耕作地としたところから、この川の名がある。左の山が嵐山、右の山麓に広がるのが嵯峨野で、川の上方に渡月橋が見える。

江田船山古墳出土の冠帽・耳飾・沓

熊本県玉名郡にある前方後円墳で、明治6年(1873)、銀象嵌銘のある鉄製環頭大刀、金銅製冠帽・沓、金製耳飾、そのほか、銅鏡・玉類・甲冑・馬具など多くの副葬品が発見されて有名になった。冠帽以下の副葬品は朝鮮半島の出土品ときわめて類似しており、舶載品または帰化工人の手になるものとみられ、渡来文化の強い影響がうかがわれる。大刀の銘文は、最近「治天下獲□□□鹵大王世」ではじまり、埼玉の稲荷山古墳の鉄剣銘と同じく、雄略天皇代のものであることが確かめられた。

帰化人と古代国家

新装版

平野邦雄

吉川弘文館

目　次

口　絵

挿　図

写真提供（五十音順）

安　居　院
観世音寺
京都文化博物館
宮内庁侍従職
宮内庁正倉院事務所
広　隆　寺
埼玉県立さきたま資料館
島根県教育委員会
隅田八幡神社
東京国立博物館
奈良国立文化財研究所
法　隆　寺

帰化人と渡来人

1 「帰化」とは何か

「帰化」とは、(1)化外《けがい》の国々から、その国の王の徳治を慕い、みずから王法の圏内に投じ、王化に帰附する意味で、(2)その国の王も、一定の政治的意志にもとづいて、これを受け入れ、衣粮《いりよう》供給《きようきゆう》・国郡安置《こくぐんあんち》・編貫戸籍《へんかんこせき》という内民化のための手つづきを経て、その国の礼《れい》・法の秩序に帰属させるという、一連の行為ないしは現象をいうのである。

これが「帰化」の古代的概念であり、(1)・(2)のうち一つを欠いても、その行為ないし現象は成立しない。いずれのばあいも、王権の成立を前提とする概念であることはまちがいない。

これを少し平たくいえば、政変・戦乱・饑饉《ききん》などの遠因はあるであろうが、みずからの意志に従って、自国での政治的、経済的生活を放棄し、安住の地をもとめて他国へ移住し、他国では一定の政治的方針によってこれを受容し、政治上の手つづきを経て、自国民として遇するにいたるまでの一連の行為をいうともいえるであろうが、ここでは少し厳密に古代的概念を組上にのせてみよう。

『日本書紀』では、(1)「帰化」の記事のあとに、かならず(2)「安置」の記事をかかげるのが特徴であるが、ここではまず(1)「帰化」を取りあげ、(2)「安置」は次項で問題としたい。

『日本書紀』の記事一七例は、「帰化」「来帰」「投化」「化来」の語を用いているが、いずれもオノヅカラマウク、マウクとよませたようで、概念に差があるわけではない。オノヅカラマウクというのは、みずからの意志に従って参り来ったという意味である。だから『古事記』の三例では、すべて「参渡来」と記し、マヰワタリキツ、マウクと訓《よ》ませている。それは「参来」でもよく、「渡来」は「参渡来」の語をうけて記すときの省略形式でしかない。『日本書紀』のオノヅカラマウク、マウクと概念にまったく差はないのである。

さて、オノヅカラマウクという意味について、『新撰姓氏録《しんせんしょうじろく》』の次の記事が参考になる。秦《はた》氏の祖は一二〇県《こおり》の百姓をひきいて帰化したとき、「金《こがね》銀《しろがね》玉帛《たまきぬ》種々《くさぐさ》の宝物等」を献じ、和《やまとの》薬使主《くすしのおみ》の祖は、「内外典、薬書、明堂図等百六十四巻、仏像一軀《く》、伎楽《くれのがく》調度」をもって入朝し、多々良公《たたらのきみ》の祖は、「金多々利《こがねのたたり》と、金乎居《こがねのおけ》」を献じ、調連《つきのむらじ》の祖は、「蚕織《こかひはたおり》と施絹《きぬ》の様《かた》」をもたらしたという。これらは、帰化氏族の提出した「氏族志《しぞくし》」や「氏族本系帳《しぞくほんけいちょう》」をもととした記事と思われ、その氏族の伝承ないしは主張であろう。

帰化にさいするこのような伝承は、オノヅカラマウクという現象に即したものである。

ここに改めて、「帰化」という人民の移動と、他のばあいを比較せねばならない。

『日本書紀』で、もう一つ「貢」「献」「上送」「貢献」「遣」と、これに対応する「召」「索」「求」という人民の移動がある。これはタテマツル、オクルとメス、モトムと訓《よ》まれ、彼我で対応することばである。朝鮮三国の王が、倭王にたいし〝贈与〟する意味で、領土の獲得、救軍、援助など、何らかの政治的要求と表裏の関係にあって、対象は人とかぎらず、良馬・駱駝《らくだ》・経論・仏舎利もあり、人のばあいは衣縫工女《きぬぬいのおみな》・巧手・五経《ごきょう》博士・鑪盤《ろばん》博士・瓦博士・画師《えし》・造仏工など多方面にわたり、または他国の俘虜《ふりょ》もある。

「帰化」は、みずから、また同族・集団の意志や勧誘によって渡来したものに用いられるのに、「貢」「献」は、王の政治的意志と強制によって、他律的に贈与され、または交替で上番する意味である。前者は、朝鮮三国の政治的情勢によって、波状的な渡来を記録する。その波状の時期は『日本書紀』では、㈠「応神《おうじん》紀」、㈡「雄略《ゆうりゃく》・欽明《きんめい》紀」、㈢「天智《てんじ》・天武《てんむ》・持統《じとう》紀」の三期に集中する。それぞれ㈠四世紀末、㈡五世紀末〜六世紀初、㈢七世紀後半にあたり、いずれも朝鮮三国間の戦争によって、国の滅亡をまねくほど政治的緊張の高まった時期で、集団的な帰化を示している。後者は、きわめて散発的で、一定期間の継続性はなく、人数も少なく個人を中心としている。

『日本書紀』にみえる人民の移動は、この二系統が記録されるにとどまる。

2　人民移動の類型

朝鮮三国においてはどうか。

『三国史記《さんごくしき》』において、朝鮮三国間、あるいは楽浪《らくろう》・帯方《たいほう》郡との間における人民の移動は、「来投」「亡入」が多く、他に「投亡」「流入」「亡入」「走入」と記されたものがあり、すべて一二例を数える。たとえば、高句麗《こうくり》の山上王二十一年（二一八）、漢平州人の夏瑤が百姓一〇〇〇余家をもって「来投」し、王はこれを納れて柵城に安置し、百済《くだら》の東城王十三年（四九一）、民飢えて新羅に「亡入」するもの六〇〇余家とあり、また朝鮮史書ばかりでなく、中国の『魏書』東夷伝にも、桓霊の末（一八〇頃）、韓《かん》・濊《わい》強盛にして、楽浪郡はこれを制する能《あた》わず、民多く韓国に「流入」すとあるなどはその例である。

このうち「来投」ライトウは自国からみた他国人の入国、「亡入」バウニウは自国人の他国への出国をさし、対応する用語で、おなじ現象をさす。他もこれと変わりはない。すべての例は、〝戦乱〟と〝饑《き》饉《きん》〟によることがのべられていて、「来投」「亡入」は、人民の側からみれば、〝緊急避難的〟な流出であって、他律的な移動である。みずからの意志や計画とはほとんど関係がない。このほか、城主や領主が人民をひきいて相手国に〝投降〟あるいは〝亡命〟したもので、帰化に似た面もあるが、やはり相手国の武力・侵攻にたいする屈服であることに変わりはない。このばあい、国王が相手国の王に返還を要求した例もある。帰化で返還をもとめた例はない。

そしてさらに、「来投」「亡入」には王・貴族の例はまずありえない。敵対する三国間に王・貴族の相手国への〝亡命〟はありようがないので、わが国にたいする百済・高句麗の王・貴族の〝亡命〟が帰化の一要素であるのと相違する。

『三国史記』には、もう一つ「虜獲」の記事が一〇例ある。いわゆる〝殺虜〟でなく〝生虜〟が問題となるが、その数も三〇〇余口から一〇〇〇、二〇〇〇、八〇〇〇余口など、一〇〇〇口以上の記事が多い。たとえば、高句麗の嬰陽王十九年（六〇八）、将に命じ新羅北境を襲わせ、「虜獲」すること八〇〇〇人とか、百済の義慈王二十年（六六〇）、王および太子と諸城みな唐に「降り」、王・太子・大臣・将士八八人、百姓一万二八〇七人を京師（長安）に「送る」といった例はそれである。これらは「来投」「亡入」に見合うほどの数で、人民の意志に反した〝強制連行〟であり、人民の移動としては極限の現象である。「帰化」と「虜獲」はまさに対極にあるといってよいであろう。

わが国にたいして、「貢」「献」のなかに〝俘虜〟の例はあるが、これは「虜獲」そのものでなく、その結果の一部を王が戦果を立証するために贈与したもので、歴史現象としての段階が異なる。かつて帰化人は、掠奪、捕虜、または君主の贈与によるものが主であるとする説があったが、これまでのべたところによって、それが誤りであることが知られよう。

「帰化」とは、「貢」「献」はもとより、「来投」「亡入」「虜獲」という人民の移動をのぞいた概念であるといわねばならない。

3 帰化の政治的措置

はじめの1でのべたように、「帰化」はこれにつづく「安置」の記事に対応している。㈠秦氏の祖弓月君《ゆづきのきみ》は、「己が国の人夫百二十県《こおり》」をひきい、漢氏《あやうじ》の祖阿知使主《あちのおみ》は、「己の党類《ともがら》十七県」をひきいて帰化したとされ、㈡倭漢《やまとのあや》氏は、「旧居帯方《たいほう》」の人民で、現在は「百済《くだら》」と「高句麗《こうくり》」の間に住み、才芸あるものが多いので、これを改めて召集することを願い、「人民男女は挙落し、使に随ひ悉く来る」と記され、㈢百済、高句麗の亡命王族・貴族が多量に帰化し、百済の王族余《よ》（百済王）氏をはじめ、貴族として吉《きち》・答本《とうほん》・角《つぬ》・賈《か》・楽浪《らくろう》・四比《しび》・荆《けい》・呉粛《ごしゅく》・胛《こう》・谷那《こくな》・鬼室《きしつ》・刀利《とり》・戸《こ》・国《こく》・憶頼《おくらい》・沙宅《さたく》などの姓が知られるなど、それぞれ、㈠四世紀末、㈡五世紀末～六世紀初、㈢七世紀末と上にのべたように波状的に渡来した帰化人は、その集団性に特徴がある。しかも、㈠・㈡・㈢ともに、畿内の倭（大和）・山背《やましろ》・河内などに「安置」されたことはまちがいなく、ヤマト王権は一定の政治的意志によって、多量の帰化人をその勢力圏内に迎え入れたことが重要である。

『大宝令《たいほうりよう》』の「戸令《こりよう》」に、「化外《けがい》の人帰化せらば」とし、これに対応し「所在の国郡衣粮を給へ」、「寛《ゆたか》なる国において貫《かん》に附けて安置せよ」と規定しているのは、これを一般化していえば、「衣粮供給」―「国郡安置」―「編貫戸籍」の手つづきとなる。「戸令」が「寛国」といったのは、㈢の段階で朝鮮三国から帰化した農民層を「東国」に移住させたことをうけつぐ規定で、律令制下においては、もはや「畿内」に居住させる政策を放棄したのであろう。しかし上記の㈠・㈡・㈢の王族、貴族は畿内に「安置」したのであり、しかも、㈡の段階で、あらたに帰化した「今来漢人《いまきのあやひと》」によって構成された「品部《しなじなのとも》」という宮廷工房の技術集団は、〝戸〟を単位に把握されていたらしく、また六世紀には、畿内の帰化氏族は、すでに〝戸〟を単位とした支配が行なわれ、「飛鳥戸《あすかべ》」「史戸《ふひとべ》」「楯戸《たてべ》」「春日戸《かすがべ》」など、〝某戸〟を称する部《べ》民《みん》が成立していたともされている。もちろん、「編貫戸籍」というのは、〝庚午《こうご》年籍《ねんじゃく》〟にはじまる律令制下の戸籍をいうのであるが、その先駆的形態はすでにあったのであり、もしないとしても、少なくとも畿内の帰化氏族が何らかの形でヤマト王権の掌握下にあったことはまちがいないであろう。

「帰化」とは、このように渡来にはじまりその国の礼・法の秩序に帰属するまでの一連の行為ないし現象をさす概念であって、そのような手つづきを経なければ帰化は完了しないのである。

それからさらにあらたな問題がある。

関晃氏は、「帰化人という場合は、はじめに渡来したその人だけではなく、その数代のちの子孫まで含める。それはやはり帰化人としての特殊性が、そのくらいの世代の間は失われないで残っており、その特殊性こそ歴史的な意味が認められるからである」とされ、「特殊性を失ってゆくのは大体、平安時代の初期」であろうと考えられた（『帰化人』一九五六年、至文堂）。この点については、本書でも、「帰化氏族の特性」という項目でのべる。

さて、古く「日鮮同祖論」という学説があり、通俗的にいえば、日本・朝鮮両国はもともと言語・風俗・宗教などにわたって、〃同源同祖〃の関係にあり、民族としても古くから往来して、「混融」「同化」してきたとし、いわば朝鮮を同胞と見、日本を中心に両国を大陸から切りはなし、歴史的に一つのブロックであるとみなし、一体性を強調する考え方であるといえるだろう。このような主観主義の成立する余地はないが、和辻哲郎氏も帰化人について、古代の朝鮮と日本は彼我の差別が少なく、国家意識は稀薄で相互の混血もきわめて多かったから、帰化人は優遇され、わが国民にたやすく同化、融合されたとのべている（『日本古代文化』一九二〇年、岩波書店）。このような安易な〃帰化人同化論〃には、同調するわけにいかないであろう。

〃異民族〃の受容はさほど単純なものではない。古代国家において大陸とわが国の間に帰化、つまりオノヅカラマウクという歴史現象が、波状的かつ継続的につづいたのは、ヤマト王権が一定の政治的意志によって、積極的にそれを受容したからであるが、それは帰化人がむしろ鮮烈な〃異文化〃を保持し、その都度あたらしい大陸文化、つまり知識と技術、さらに習俗をわが国にもたらしたゆえである。それはわが社会に強い刺激をあたえ、各段階における国家組織を革新した。〃異文化〃は主体的に消化され、あたらしい文化を生む。〃異民族〃も、貴族層はわが王権に登用され、政府の実務官僚として指導的な役割を果たしたが、一方でわが氏姓《しせい》制度に組みこまれ、氏の組織を改編された。それを最終的に促進した措置として、〝改賜姓《かいしせい》〟が考えられよう。〝改賜姓〟は貴族から一般の百姓にいたるまで、わが氏族社会の特性を示すもので、帰化氏族もこの制度に包摂されたのである。

このようにみれば、民族・文化とも、帰化氏族がわが国の一部と化する道程は、さほど短期間ではないし、また単純でもない。〝同化〟という概念を適用しうるとすれば、その時期は平安時代中期までとみてよいであろう。このような道程をへて、帰化人はわれわれの〝祖先〟そのものとなったのである。帰化人はわれわれの祖先以外のものではない。

「帰化」または「帰化人」という概念は、ここまで視野を拡大して考えねばならぬ。それは〝政治現象〟であり、「渡来」または「渡来人」というような〝物理的な移動〟を示すことばでは、歴史用語とはならないであろう。

最後に、倭から百済あるいは加羅《から》（任那《みまな》）に赴き、留住し、官位を与えられた貴族層についても考えてみねばならない。朝鮮三国間に「帰化」の現象それ自体のみとめがたいことはすでにのべたが、倭人の百済・加羅（任那）への「帰化」は存在した。

『日本書紀』には、百済使として来朝した将軍の副として、意斯移麻岐弥《おしやまきみ》（穂積臣押山《ほづみのおみおしやま》）、物部連《もののべのむらじ》烏《かく》、物部至々連《もののべのちちのむらじ》、斯那奴阿比多《しなのあひた》（科野臣《しなののおみ》）や、百済の東方領《とうほうのあずかり》で、方の軍士をひきいたという物部《もののべ》麻哥武《まかむ》、百済に留住した武将紀臣弥麻佐《きのおみみまさ》など名があり、弥麻佐は「蓋《けだ》しこれ紀臣韓婦《きのおみからのおみな》に娶して生むところ、因って百済に留り、奈率《なそつ》となる者なり」とある。このような倭人の名は他にもあり、百済の官位をもつものが多い。

加羅（任那）にも共通する記事がある。加不至費直《こうちのあたい》（河内直）、烏胡跛臣《うこはのおみ》（的《いくはのおみ》臣）、吉備臣《きびのおみ》らの倭人は、阿賢移那斯《あけえなし》、佐魯麻都《さろまつ》ら「韓腹」の策をうけて新羅と通じ、紀臣生磐《きのおみおいわ》も、移那斯《えなし》の祖那奇他甲背《なかたのこうはい》の策により高句麗に通じたという。これらの倭人はすでに倭の本国とはなれた立場にいたことが推測される。

かれらは武将として派遣されたものが多かったであろうが、韓土に留住し、事実上「帰化」したものとみられよう。「帰化」を論ずるとき、このような視点もあわせもつことが必要である。

〈筆者の専門論文「記紀・律令における〝帰化〟〝外蕃〟の概念とその用例」〈東京大学東洋文化研究所『東洋文化』六〇、一九八〇年〉、「日朝中三国関係論についての覚書」〈東京女子大学比較文化研究所『紀要』四一、一九八〇年、ともに『大化前代政治過程の研究』一九八五年、吉川弘文館〉より要約〉

Ⅰ　ヤマト王権と東アジア

一　ヤマト王権の成立と東アジア

1　ヤマト王権と応神朝

ヤマト王権の成立によって、九州・関東にまで及ぶ各地域の族長との間に、政治的な支配関係が形成されるのはいつか。かつてはそれを四世紀とするのが一般であったが、最近では、六世紀にまで下げて考える説もあって、一定しない。

それは、政治的な支配関係の内容についての概念規定があいまいであるためである。「王」と「族長」の政治関係を、「統一国家」という言葉で表現すること自体無意味であろう。

ヤマト王権の権力の段階を知るには、中国・朝鮮の正史や金石文に記録された倭・倭国・倭人・倭王の実体はなにか、倭との外交・軍事の内容はなにを物語っているのかを、『古事記』『日本書紀』の記事と正確に対応させて理解しなければならない。わが国内の金石文もその検証に役立つであろう。

その結果、疑いえない基本的な史実はおのずから確定できるはずである。

ヤマト王権の成立　三世紀の邪馬台国《やまたい》をヤマトとするかツクシとするかによって、その後のヤマト王権の性格に解釈の差が生ずるのは当然である。

しかし『日本書紀』（以下『書紀』と記し、特定の天皇紀は、たとえば「応神紀」のように記す）や『古事記』（この両書をあわせて『記紀』とする）は、これとはまったく関係なく、ヤマト王権の成立を神《じん》武《む》天皇においている。もちろん、神武天皇の日向からヤマトへの東征と、「辛酉《しんゆう》」の即位については、早くから疑問が提起され、今世紀にはいって、那珂通世《なかみちよ》により、それは〝紀年論〟としてほぼ決定づけられたといってよかろう（「上世年紀考」〈『史学雑誌』八―九・一〇・一二〉）。そこでは、神武即位を「辛酉」の年の正月においたのは、推古朝に百済《くだら》の僧観勒《かんろく》によって輸入された暦によって、推古九年辛酉（六〇一）より逆算し、干支一二六〇年をさかのぼり、蔀首《ぼうしゅ》においた辛酉を大革命の年としたにすぎないとされている。

その後の応神《おうじん》・仁徳《にんとく》天皇にいたる歴代の年紀についても、『古事記』は、神武天皇以下の没年を干支で記す他、数字年紀をまったく用いていないのに、『書紀』は、没年ばかりでなく、各記事を数字年紀にかけて記しているなどの不一致があり、また歴代の在位年数が異常に長く、没時の年齢も高すぎるなど事実にあわないところが多い。

このようにして、神武より少なくとも応神・仁徳までの天皇についての信憑性は、きわめて低いと考えられてきたのである。

『記紀』を批判的に扱った津田左右吉（『神代史の研究』『古事記及日本書紀の研究』〈ともに一九二四年、

岩波書店〉。『日本上代史研究』〈一九三〇年、岩波書店〉。いずれも『津田左右吉全集』１・２「古典の研究」〈一九六三年、岩波書店〉に収録）は、神武（１）より仲哀《ちゅうあい》（14）までの一四代について、天皇の尊号のみが記されているのは、『記紀』の材料となった「帝紀」に、すでに実名＝諱《いみな》を記していなかったからである。そして尊号をみると、カミ・ミミ（１〜３）、オホヤマト（４〜６）、ヤマトネコ（７〜９）、タラシヒコ（12〜14）のような称号を含むが（数字は天皇の代数。天皇名は省略する）、これらは、六世紀より後の、安閑《あんかん》（27）より元正《げんしょう》（44）にいたる実在の各天皇の尊号にそれぞれ対応していて、固有性がない。

それに比べると、応神（15）より継体《けいたい》（26）までの各天皇は、ホムダワケ（応神・15）、オホサザギ（仁徳・16）、イザホワケ（履中《りちゅう》・17）、ミヅハワケ（反正《はんぜい》・18）、オアサツマワクゴ（允恭《いんぎょう》・19）、アナホ（安康《あんこう》・20）、ワカタケル（雄略・21）……ヲホド（継体・26）のように、概して天皇の実名、すなわち皇子の時の名をそのまま天皇の呼称として記しており、もっとも「帝紀」の原型に近く、六世紀半ばには、成書として成立していた〝原帝紀〟に、すでに掲載されていたのであろうと指摘したのである。

次に、天皇の系譜をみても、仲哀（14）より前は、王位の継承を父子相承としている。これは、応神（15）以後にしばしばみられる兄弟相承に比べると現実性がない。父子相承の原理は、七世紀後半までは成立しなかったはずであるから、その頃に作為されたものであろうとした。王位を父子の直系に伝えることは、継体天皇の時の大兄《おおえ》制に萌芽があると思われるが、実現するのは、天智《てんじ》天皇の定めたという「不改常典《ふかいじょうてん》」まで待たねばならなかった。

このような、神武（1）より仲哀（14）までの『記紀』批判は正当なものといえよう。しかるに問題は、ここからその後に積極的な「応神王朝論」が展開されたことである。

「応神王朝論」　ヤマト王権は、応神天皇によって創始されたとする学説は事新しいものではないが、これを分類してみれば次のようなものとなろう。

第一、歴代天皇のうち、神武（1）・崇神《すじん》（10）・応神（15）の三人のみが、諡号《しごう》（おくりな）に〝神〟の名称をもつのは、皇祖神アマテラス（日神）の神格を体現しているからで、このうち神武・崇神はハツクニシラスースメラミコトといわれ、国家の創始者であるという理念を与えられたが、実際は、応神の事蹟を理想化して作られた人格であり、現実の世は応神から始まる。応神とは、アマテラス（日神）の〝応身〟という意味で、日神の神格をこの世に現実・具体的に実現した最初の天皇ということになる。神武の東征説話も、応神が九州の「邪馬台国」からヤマトに移り、政権を建てたことを示すとする説がある（林屋友次郎『天皇制の歴史的根拠』上〈一九四六年、喜久屋書店〉、同『日本古代国家論』〈一九七二年、学生社〉）。

また、ヤマトには〝古王朝〟があり、ことにイリヒコ・イリヒメの称号をもつ崇神（10）・垂仁（11）にはある程度の固有性があり、この王朝の最後の王、――かりに仲哀（14）とすれば、その王を敗死させて、難波《なにわ》に宮を定めたのが、応神（15）・仁徳（16）に始まる〝中王朝〟である。おそらく応神は、かつて邪馬台国と対立していた「狗奴国《くなこく》」の後身で、東遷して新たに王権を組織したであろうとする（水野祐『増訂日本古代王朝史論序説』一九五四年、小宮山書店）。あるいは、応神が、仲哀の九州遠征によって、神功皇后《じんぐう》の腹より生誕したという説話を重くみて、ともかく応神は九州から東征し、征服王朝としてヤマトに臨んだものとする説もある（井上光貞『日本国家の起源』一九六〇年、岩波書店）。

このような説はいずれも昭和二十年（一九四五）以後に発表されたもので、ほぼ同時期に、騎馬民族の征服によって、わが古代王権は成立したとする、いわゆる「騎馬民族征服説《きばみんぞくせいふくせつ》」が公表されたことと深いつながりがある（江上波夫・岡正雄・八幡一郎・石田英一郎「日本民族―文化の源流と日本国家の形成―」〈『民族学研究』一三―三、一九四九年〉）。

第二、応神以前にも、ヤマトに先行王朝のあったことは、磐余《いわれ》・磯城《しき》の地域に有力な前方後円墳が存在することからも知られるが、それを転覆させて新王朝を建てたのは、難波を本拠地として勢力をえた応神天皇である。この王朝の宮・陵墓が、河内・摂津に多く存在するのもそのためで、またこの王朝を支えた大伴《おおとも》・物部《もののべ》・中臣《なかとみ》などの「連《むらじ》姓豪族」も河内・摂津を本拠地としており、それまでの葛城《かつらぎ》・平群《へぐり》・巨勢《こせ》などの「臣《おみ》姓豪族」が、ヤマトの地名を負っていたのとは異なる。前者が後者よりも新しい氏族といわれるのは、先行王朝に対する新王朝に対応するからであるとの説がある（直木孝

次郎「応神王朝論序説」〈『日本古代氏族と天皇』一九七〇年、塙書房〉）。

さらにこの説から発展して、ヤマトの先行王朝を「三輪《みわ》王朝」、新王朝を「河内王朝」とする命名法までが考えられるようになり、また新王朝の始祖は仁徳（16）で、応神（15）はこれに架上して構想された伝説的人物にすぎないか、またはこの二人はもと同一の人格を表わすというような修正も試みられた（岡田精司「河内大王家の成立」〈『古代王権の祭祀と神話』一九七〇年、塙書房〉、上田正昭『大和朝廷』一九六七年、角川書店、吉井巌『天皇の神話と系譜』一九六七年、塙書房、直木孝次郎「応神天皇の実在性をめぐって」〈『飛鳥奈良時代の研究』一九七五年、塙書房〉）。

要するに、このような「応神王朝論」をみると、第一は九州王朝の東遷説、第二は河内王朝のヤマト侵入説で、いずれもヤマトの王権は他からの〝征服〟によって成立したとみている点は共通する。もし、第一の九州王朝の東遷説が成立すれば、それが征服王朝であることはまちがいあるまい。しかし、それには、邪馬台国東遷説・狗奴《くな》国東遷説・応神九州生誕説、はては騎馬民族説まであって、まったく統一性がないのみならず、もっとも重要なことは『記紀』批判によって一度否定されたはずの神武東征説話や、応神九州生誕説が、その後のなんら新しい歴史学上の証拠もなくて復活した観のあることであり、これは学説の後退を意味しよう。

また第二の河内王朝の侵入説は、ヤマトと河内・摂津がもともと一体の地であり、ヤマトの政治権力は、門戸である河内・摂津を押さえなければ、権力として成立するはずはなく、事実、この両地域

表1　宮と陵の所在地

天皇	宮	陵
応神	河内大隅《おおすみ》宮 大和軽島豊明《かるしまのとよあきら》宮	河内恵《え》我藻《がのも》伏崗《ふしのおか》陵
仁徳	難波高津《たかつ》宮	和泉百舌鳥《もず》耳原中《のみみはらのなか》陵
履中	大和磐余稚桜《いわれのわかさくら》宮	和泉百舌鳥耳原南《みなみ》陵
反正	河内丹比《たじひ》柴籬《しばかき》宮	和泉百舌鳥耳原北《きた》陵
允恭	河内遠飛鳥《とおつあすか》宮	河内恵《え》我長野北《がのながののきた》陵
安康	大和石上穴穂《いそのかみあなほ》宮	大和菅原伏見西《すがはらのふしみのにし》陵
雄略	大和泊瀬《はつせ》朝倉《あさくら》宮	河内丹比《たじひ》高鷲原《たかわしはら》陵

は、その後の「大和朝廷」において、天皇・貴族の基盤である畿内の中でも、もっとも枢要な地域を形成していたことを考えれば、河内から別勢力がヤマトに侵入し、これを征服することはまずありえないであろう。

むしろ、ここで古代における王位の継承について、はっきりした見通しを立てねばならぬ。古代の族長権が氏族の勢力圏の中で、有力な同族間に継起的に受け継がれることが多いということが、最近、次第に明らかにされてきた（西川宏「吉備政権の性格」〈『日本考古学の諸問題』一九六四年、河出書房〉）。この場合の同族とは、父系・母系の両系を含む概念で、長い間にはさらに多くの系に分かれたのであろう。応神天皇が、それまでの崇神王朝に入婿の形をとったといわれるのも、これと関係があるかもしれない。そして王と貴族の宮《みや》と宅《やけ》が複数営まれ、ヤマトと河内・摂津の双方にそれが多く認められることも、このことと関係があるであろう。いわゆる「応神王朝」の宮や陵墓も同じであり、けっして河内にのみ営まれたわけではない。このことは、一般的にいって、皇子の出生した母后の宮、成人後に営む皇子宮、即位して設立する天皇宮があり、それらと陵墓との関係を追究する必要性を暗示するのである。

「応神紀」の百済と新羅　『書紀』は、応神天皇を、百済の肖古《しょうこ》王（近肖古王）より直支《とき》王（腆支王）までの各王とほぼ同時期の天皇と意識していたらしい。それを絶対年代に直せば、四世紀後半から五世紀のはじめにあたる。それは、『書紀』の重要な材料となった百済系三史料（「百済記」「百済新撰」「百済本記」）、「応神紀」の場合には「百済記」によって記事が書かれたからで、これらにはもともと干支が記されていたのである。ただ、紀年論でふれた通り、神武即位以来、年代が不当に引きのばされているので、それを訂正せねばならず、「応神紀」あたりでは、ちょうど干支二運＝一二〇年を引き下げれば、絶対年代にあうものが多い。

それらの記事の中で、もっとも正確なのは「百済王暦」である。肖古（近肖古）―貴須《きす》（近仇首）―枕流《とむる》―辰斯《しんし》―阿花《あか》―直支（腆支）―久爾辛《くにしん》という王位の継承順位と、王の死去、新王の即位の年紀は、干支を一二〇年引き下げて読めば『三国史記』（以下『史記』と記し、その中の「百済本紀」「新羅本紀」などを指す時は、「史済紀」「史羅紀」のように記す）とまったく一致する。

ことに王暦の中で、たとえば『書紀』の「丁酉」（応神八年）、阿花王が立ち、王子直支をわが国に遣わし、先王の好を修め、「乙巳」（応神十六年）、阿花王が没したので、天皇は直支を召し、故国に帰って王位を嗣がせたとあるのは、「史済紀」の「丁酉」（阿花王六年）、王は、倭王と好を結び、太子腆支を人質とし、「乙巳」（阿花王十四年）、王が薨じ、倭に人質として送っていた腆支を、倭王は兵士一

○○人をもって本国に衛送したという記事と細部まで一致するが、このように、王暦に付随する記事まで照応するものがあるのは、彼我の交渉を正確に示すものである。「丁酉」は三九七年、「乙巳」は四〇五年となる。

新羅王と倭王の交渉については「百済記」のような干支のある史料がないので、年紀はあわないが、内容の一致する記事がある。

「神功紀」に、新羅王が王子の「微叱己知《みしこち》」を人質としてわが国に送ったが、その後、王は「毛麻《もま》利叱智《りしち》」らを送って、謀を用いこれらを逃亡させたとある。このことは「史羅紀」に、実聖尼師今《にしきん》元年（四〇二）、王は倭国と結好し、「奈勿王子未斯欣《みしきん》」を質として倭に送ったが、訥祇《とつぎ》王二年（四一八）、王臣「堤上奈麻《なま》」（一名毛末《もま》）が謀をもってこれを倭より逃亡せしめたとある記事と細部まで一致している。

このような記事に次いで、信憑性のあるのは『書紀』の分注に「百済記曰」として干支を明記した記事、本文で干支を示し「百済記」をもとに構成したと思われる記事である。

たとえば、「甲子」から「壬午」（神功摂政四十四年から六十二年）にいたる百済・新羅との交渉記事などがそれである。百済王は任那の「卓淳《とくしゅ》」を介して倭への通交を始めようと試みる。そして何回かの往復ののち、はじめて「七枝刀《しちしとう》」を倭王に贈る。この使者には常に「千熊長彦」が随伴しており、「百済記」はこれを「職麻那那加比跪《しきまななかひこ》」と表記している。つまり、チクマナカヒコという同一人物である。ここでは、「七枝刀」は、国交開始のモニュメントとして贈られたことを述べているのである。一方、新羅に対しては「襲津彦」を遣わして、これを討ったという。「百済記」はこれを「沙至比跪」と記しているが、ソツビコという同一人物を指している。

ここでも、百済・新羅の倭との対応の仕方の相違が反映されており、全体としては史実を示すものとしてよかろう。「甲子」は三六四年、「壬午」は三八二年にあたり、「七枝刀」の贈られた「壬申」は三七二年である。はじめに述べたように、阿花王が直支を人質として倭に遣わしたのは三九七年であり、「史済紀」では、これが倭との外交記事の初見である。とすれば、外交はそれより前に開かれていたとせねばならず、三六〇～七〇年代に倭・済の国交開始をおくことは妥当である。

＊『書紀』と『史記』という二つの異なった歴史書を比較して、その共通項を選ぶという作業はきわめて有益である。

『史記』は、一二世紀に高麗の金富軾が撰したもので、その記事のなかばは中国の史書からとっているが、八世紀にできあがっていた『書紀』を参照にした形跡はまったくない。

『書紀』は、文章の上では、中国の古典から借用したところが多いが、史実を中国の史書によって構成したところは一ヵ所もないといってよい。まして一二世紀にできた『史記』を参照できるはずもない。にもかかわらず、両書の一致する記事がかなりあるとすれば、それは『史記』の原材料となった朝鮮側の「古記」「古伝記」「国史」などと、『書紀』の材料となった「百済記」「百済新撰」「百済本記」などとの共通性によるものと考えねばならない。そして、それらのいずれもまず六世紀に原材料が整えられていたとされるのであるから、六世紀にさかのぼって史実の一致が記録されていたことになり、貴重である。

そしてもう少し年代をつめてみると、後に述べるように、石上《いそのかみ》神宮の「七支刀」が泰和四年(三六九)に製作されたとすれば、それは丁卯＝三六七年の国交開始を記念して造られ、製作より三年後の壬申＝三七二年に日本にもたらされたとすることも、あながちに無理とはいえないであろう(『史記』と『書紀』を対照しつつ記事を検討したものに、三品彰英『日本書紀朝鮮関係記事考証』上〈一九六二年、吉川弘文館〉、平野邦雄「ヤマト王権と朝鮮」〈『岩波講座　日本歴史〈新版〉』1、一九七五年、のち『大化前代政治過程の研究』一九八四年、吉川弘文館に収録〉がある)。

このような記事に対し、たんに外交上の始源説話を「応神紀」に付したと思われるものがあり、その記事の信憑性は低い。その中でも、次のような「応神紀」の〝帰化人〟についての記事は、『史記』など比較する対象をもたず、信頼性は低いと思われるが、『書紀』の内部では互いに比較することができ、その意味では利用する余地がある。

まず、秦《はた》氏の祖である「弓月君《ゆづきのきみ》」が「百二十県」の民を率いて帰化し、また倭漢《やまとのあや》氏の祖である「阿知使主《あちのおみ》」と「都加使主《つかのおみ》」が、「党類十七県」を率いて帰化したという記事がある。これは、「雄略紀」に秦・漢二氏が伴造《とものみやつこ》となって、「秦民」の「百八十種勝《ももあまりやそのすくり》」や「漢部」を集めて朝廷に奉仕したということの始源を記したものであろう。

ことに「応神紀」に、「阿知使主」と「都加使主」を呉《くれ》に遣わし、縫工女《きぬぬいめ》を求めさせ、この時呉より連れ帰った「兄媛《えひめ》、弟媛《おとひめ》、呉織《くれはとり》、穴織《あなはとり》」のうち、兄媛を「胸形《むなかた》大神」に献じ、残る三婦女が、「呉衣縫《くれのきぬぬい》、蚊屋衣縫《かやのきぬぬい》」の祖となったとあるのは、「雄略紀」に「身狭村主青《むさのすぐりあお》」と「檜隈民使博徳《ひのくまのたみのつかいはかとこ》」を呉に遣わし、この時呉より連れ帰った「手末才伎《たなすえのてひと》」の「漢織《あやはとり》、呉織、衣縫兄媛、弟媛」のうち、兄媛を「大三輪神」に献じ、残る三婦女が、「漢衣縫部、飛鳥衣縫部、伊勢衣縫部」の祖となったという記事とほとんど同じであり、ことにツカノオミは「雄略紀」に活躍する東漢直掬《やまとのあやのあたいつか》のことで、「応神紀」に登場すべき人物ではない。

このようにみると、〝帰化人〟についての記事は「雄略紀」に本来性があることになるが、「応神紀」のそれが、すべて仮空のものというわけではなく、始源をそこに集中させたのである。

「雄略紀」に記された「手末才伎」は、百済より南朝系の新しい技術をもつ〝今来漢人《いまきのあやひと》〟の渡来を指しており、このイマキに対する〝古渡り〟の帰化人がいることは当然考えられ、また「雄略紀」に、秦・漢二氏がトモノミヤツコとしてそれぞれの氏を率い、朝廷に出仕したことは〝帰化人〟の組織化を示すもので、それ以前にかなり多くの〝帰化人〟が渡来していたことは当然予想されるからである（関晃「倭漢氏の研究」〈『史学雑誌』六二―九〉、同『帰化人』一九五六年、至文堂、平野邦雄「秦氏の研究」〈『史学雑誌』七〇―三・四、同『大化前代社会組織の研究』一九六九年、吉川弘文館〉）。

問題は、それらをすべて「応神紀」にかけたことで、これは『続日本紀』にいたっても、対外関係の始源をほとんど「胎中天皇」（応神）の時にかけていることと共通性がある。「帰化」とは、王権の成立を前提としないで成立しうる概念ではない。このことは、『書紀』が王権の成立を応神天皇に求めたことと関係あるのかもしれない。

『三国史記』の倭人と倭国　朝鮮三国と倭の交渉については、『三国史記』がどのように記録しているかをみなければならない。

まず、「史羅紀」には紀元前より五〇〇年まで、およそ四〇例をあげている（「史羅紀」焰知麻立干二十二年〈智証麻立干元＝五〇〇〉、「倭人攻陥長峰鎮」の記事を最後とする）。そのうち「倭」「倭国」と記したものが九例あり、そのすべては「修好」「請和」「交聘」「絶交」「出質」などの外交交渉を示している。これに対し、「倭人」「倭兵」と記したものは三一例もあって、そのすべては「遣兵船」「来寇」「犯境」「侵」「攻」「戦」など、軍事的侵入と交戦を示す記事である（旗田巍「新羅を襲った倭」〈『日本の歴史』月報2、一九七三年、小学館〉）。

これは、〝外交〟と〝軍事〟を使い分けたにすぎず、「倭」「倭国」と「倭人」「倭兵」が異なる主体を予測させるものではない。いずれも、倭の本国を背後に意識して用いられている。つまり、「倭人」は「渡海」して、新羅の「東辺」（おそらくは迎日湾）から侵入するか、金官加羅《きんかんから》との「彊城《きょう》」にあたる「南辺」から侵入するものに分けられるが、それらに共通する後方基地として「対馬島」があった。倭はこの島に「営」をおき、「兵革兵粮」を貯えていたという。

このような記事の原理は、すでに早く新羅の始祖赫居世《かくきょせい》の時、「瓠公《かく》」なるものが、もと「倭人」であって、「渡海」して新羅にいたったという説話から一貫しているのである。

これに対し、「史済紀」には、三九七年より四二八年まで「倭」との往来七件を記録するのみで、「史羅紀」に比べて記録がきわめて少ない。そして、新羅が「倭人」「倭兵」との交戦と、「倭」「倭国」との通交という二面的な政策を取り続けたのに、百済には交戦の記録はなく、「通交」「結好」に終始していることが異なっている。

いずれにしても、これらの記事によれば、新羅・百済の相手となったのは倭本国で、〝任那の倭〟などでないばかりか、王と王との関係、つまり新羅王・百済王と倭王（ヤマトの王）との関係が前提とされているのである。

『史記』によれば、倭との通交は「結好」「通交」「遣使」などと記録され、中国に対して「朝貢」「貢方物」「朝献」などと例外なく記しているのと明らかに区別している。これを外交形式からみれば、倭に対しては「隣対国」、中国に対しては「外臣」「朝貢国」としてみずからを位置づける表現である。

これは、『史記』の作成された十二世紀の高麗《こうらい》の外交概念を示すのではなく、『書紀』も、本文では三国からの遣使に対し「朝貢」「貢献」などと記しながら、「百済記」などを引用した部分では「修好」「結好」と記し、『史記』と同じ用語を採用しているのであるから、実際に、三国との間で、朝貢関係が構造的に成立していたわけではあるまい。

2　倭王と東アジア

石上七支刀の銘文　石上《いそのかみ》神宮は朝廷の武器庫で、石上（物部）氏の管理するところであった。ここに、百済王から倭王に贈られた七支刀《しちしとう》が現存するとしても不思議ではない（福山敏男「石上神宮の七支刀」〈『論集日本文化の起源』2、一九七一年、平凡社〉、同「石上神宮の七支刀銘文」〈『日本建築史研究』一九六八年、墨水書房〉、榧本杜人「七支刀銘文再考」〈『朝鮮学報』四九、のち『論集日本文化の起源』2に収録〉）。

七支刀には、表裏あわせて六一文字が金象嵌によって刻まれている。文字には解読しかねるところもあるが、およその意を述べると次のようになる。

（表）泰和《たいわ》四年四月十一日の丙午正陽《せいよう》に、百練《ひゃくれん》鉄で七支刀を造り、もって百兵を辟《さ》くべく、宜《よろ》しく侯王に供供すべし。

（裏）先世以来、未《いま》だこの刀あらず、百済王と世子は、生を聖音（または聖晋）によせるが故に、倭王旨のために造り、後世に伝示せんとす。

泰和は東晋の年号で、泰和四年は三六九年にあたるが、これを泰始四年（晋・二六八年）、太和四年

（北魏・四八〇年）にあてる説もないわけではない。また、「百済王」と「世子」（太子）の「奇生」（貴《き》須《す》王）と読むか、「百済王」と「世子」が、または「百済王」が「世々」、生を「聖音」または「聖晋」によせてと読むかについても、数種の読み方が生まれるであろう。「聖音」と読めば倭王、「聖晋」と読めば東晋の王との関係が出てこよう。さらに、「旨」を倭王の名とするか、倭王の上旨の意味とするかについても解釈の差が生まれてくる。

このように裏の文は実質的な内容をもつが、表の文は「丙午正陽」とか、「百練鉄」とか、「供供侯王」というように吉祥句であって、実際に丙午正陽に造られたものでもなく、百済王が下位の身分の侯王に与えたことを意味するものでもない。

したがって、この文から百済王が低位の身分の倭王に〝下賜〟したものとするような解釈、つまり

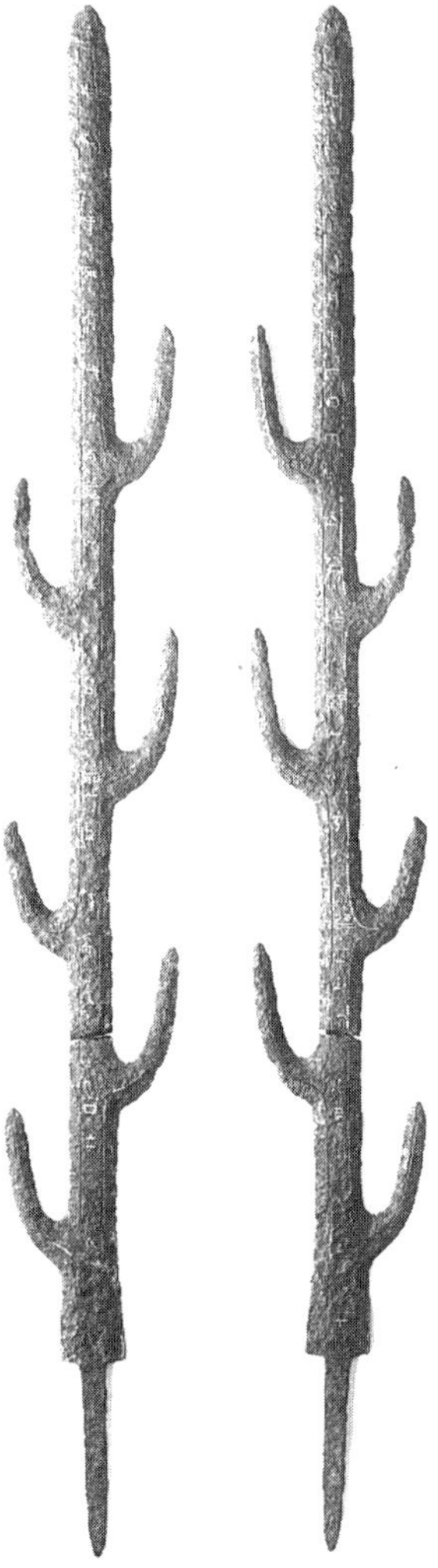

（裏）　（表）

1　七　支　刀

〝百済王下賜説〟は成立しない（金錫亨〈朴鐘鳴訳〉「三韓三国の日本列島内分国について」〈『歴史科学』一、一九六三年、のち『古代日本と朝鮮の基本問題』一九七四年、学生社に収録〉、同〈朝鮮史研究会訳〉『古代朝日関係史』一九六九年、勁草書房、藤間生大『倭の五王』一九六八年、岩波新書、上田正昭「石上神宮と七支刀」〈『論集日本歴史』1、一九七三年、有精堂〉、同「七支刀銘文の解読」〈『論集日本文化の起源』2〉）。またこれと逆に、倭王の上旨を受けて、献上したとする、いわば〝百済王献上説〟も、旨を倭王の名とすれば成立しなくなるのである（福山敏男・榧本杜人の他、西田長男「石上神宮の七支刀の銘文」〈『日本古典の史的研究』一九五六年、理想社〉、三品彰英「石上神宮の七支刀銘文」〈『日本書紀朝鮮関係記事考証』上〉）。この献上説は、『書紀』の朝貢・朝献などの用語をそのまま認めた古い学説ということができよう。

ところが、第三の学説として次のような解釈もある。つまり、「供供侯王」は下行形式であるのに、当時の百済王は倭王に下行しうる立場にはなく、倭王が上位にあった。そこで、「奇生聖晋」とは〝生をかしこき東晋にうけ〟という意味で、東晋が百済の窮状を救った倭王に対し、百済王を介して下行したのであるとするのである（栗原朋信「七支刀銘文についての一解釈」〈『日本歴史』二一六、のち前掲『論集日本文化の起源』2に収録〉）。これもまた、「下賜」「献上」という旧説にこだわった説であって、そのいずれも、この表裏の文からは出てこないことはすでに述べた通りである。ことに最近、「聖晋」とは読めず、「聖音」が正しいとする説、「宜供供侯王」とは「恭々たる侯王によろし」と読むべきで、「恭々」とは尊敬語もしくは謙譲語であるとする説が現われ、ますますこのような「東晋下賜説」は成立しない公算が強くなった（多くの学説史をまとめたものに、神保〈渡辺〉公子「七支刀研究の歩み」〈『日本歴史』三〇一〉、同「七支刀銘文の解釈をめぐって」〈『東アジア世界における日本古代史講座』3、一九八一年、学生社〉がある）。

要するに、裏の文からすれば、七支刀は「百済王」と「世子」が、「倭王」に贈ったのであって、「献上」「下賜」のいずれでもないが、二人の連名であることはむしろ丁重な態度というべきであろう。その頃、百済王は高句麗に対する背後を固めるために倭王との通交を切望し、三六七年より、ついに正式の通交を開いた。七支刀は、このような公的な外交関係のモニュメントとして百済王から倭王に贈られたもので、その逆ではないということである。

2　広開土王陵碑文（周雲台拓本）

広開土王陵碑文　高句麗の「広開土《こうかいど》王《おう》」とは、正式の諡号を「国岡上広開土地好太王《こうたいおう》」、「国岡上広開土境平安好太王」と称し、壬辰（三九二）に即位した王である（ただし、王陵碑では永楽元年＝三九一となる）。この王は、百済の攻撃を阻止しつつ南下政策をとり、領土を拡張し、次の長寿《ちょうじゅ》王が、丁卯（四二七）、丸都《がんと》より平壌に遷都する素地を築いたので、はじめて「永楽《えいらく》大王」という「大王」の称号を冠せられた王である。

そのため長寿王は、即位ののち甲寅（四一四）、先王の功績をたたえるため、この碑を建てたのである。したがって、この碑に誇張が多いのは当然であろう。

＊この碑は、旧丸都城の東方丘上に立っている。そこは鴨緑江の右岸、現在の中華人民共和国吉林省集安の地にあたる。碑の高さ六メートル余、花崗岩の碑の四面に全文一七〇〇字が刻まれている。この碑文の文字がわが国に伝えられたのは、明治十七年（一八八四）、参謀本部員で清国に派遣されていた酒匂景信中尉による。その双鉤加墨本（文字の輪郭を写しとり、中を墨で埋めたもので、拓本とは異なる）の釈文は、明治二十二年（一八八九）、亜細亜協会『会余録』第五集として刊行され、広く世に知られるにいたった。

その後も、鳥井龍蔵・関野貞・今西龍・黒板勝美・池内宏・藤田亮作・梅原末治らによって、現地調査が行われ、釈文が検討されたが、その頃すでに拓工によって碑面に石灰が塗られ、刻字仕直したところのあることが注意されていた。この石灰の塗布と剝落に従って、わが国にもたらされる拓本・写真にも数種の系統が生じ、その相互の批判検討は大切であるにもかかわらず、なされているとはいえなかった。その上、碑文の解釈に、近代日本の朝鮮半島・満州に対する膨張政策に見合う論調もあった。第二次大戦後も、碑文を実見する機会はなく、釈文の検討は遅れていたといってよい。

ここから、日本の学者は近代の帝国主義的思想を清算していないという批判が生まれたのは、当然といってよかろう。なかでも、李進熙『広開土王陵碑の研究』（一九七二年、吉川弘文館）は、写真・拓本を広く比較検討し、それらの原点に、軍部による〝石灰塗布作戦〟があり、原碑に作為が加えられていたことを立証しようとした。まことに精力的な研究といってよい。

しかるに他方で、水谷悌二郎『好太王碑』（『書品』一〇〇号、一九五九年）、さらに同『好太王碑考』（一九七七年、開明書院）によって、良質な拓本が紹介され、ことに「水谷蔵原石拓整本」は、末松保和の解説にあるように、「仮面絶無の真碑文の形を推進し得」るもので、軍部による計画的な作為は否定され、拓工が古文字を精拓しようとして石灰を塗布したにすぎないことが明らかになってきた。中国政府による碑の保護と調査は一九六五年にはじめられ、碑文の解読の成果は、吉林省文物考古研究所長王健群によって、吉林人民出版社から刊行され、わが国で『好太王碑の研究』（一九八四年、雄渾社）として翻訳出版された。その後、さらに詳しい武田幸男『広開土王碑原石拓本集成』（一九八八年、東京大学出版会）が出版されたが、いずれも上記のことを裏づけている。

これまでもっとも問題となった文は、第一面にある次の箇所である。

（永楽五年）……ⓐ百残新羅旧是属民由来朝貢、ⓑ而倭以辛卯年来渡□破百残□□新羅以為臣民、
ⓒ以六年丙申王躬率□軍討滅残国軍□首攻敗壱八城

これを通例によって訳すと、ⓐ百済と新羅はもと（高句麗の）属民で、これまで（高句麗に）朝貢していた。ⓑしかるに、倭が辛卯年（三九一）に、〔海を〕渡ってきて、百済・〔任那《みまな》か加羅《から》〕・新羅を破

り臣民とした。ⓒそこで（永楽）六年丙申（三九六）、（広開土）王はみずから軍を率い、百済軍を討滅し、（以下に記する）各城を攻取した、ということになろう。

しかるに、これに対し異論が唱えられた。その一つは、まずⓑの部分を、倭が辛卯年にきたので、（高句麗は）海を渡って百済・新羅などを破り臣民としたとするもので、しかも、それは百済王が倭を動員して高句麗に敵対したから、高句麗は百済以下を討伐したのであり、その倭とは、北部九州の百済系の分国で、故国のために動員されたのだという。

その二つは、同じくⓑを、倭が辛卯年にきたので、（高句麗は）海を渡って彼らを討った。ところが百済は（倭を引き入れて）新羅を討ち、これを臣民としたとするのである。

この二つの学説は、「渡□破」の主語を倭ではなく高句麗とし、特に後者は、次の「百残」を再び主語とし、「為臣民」をこの主語にかけて理解するのである（金錫亨「三韓三国の日本列島内分国について」〈『歴史科学』一、一九六三年〉、同『古代朝日関係史』、朴時亨〈井上秀雄・永島暉臣慎抄訳〉「広開土王陵碑」〈『朝鮮研究年報』九、一九六七年、朝鮮研究会〉）。このようにⓑのわずか二〇文字の文中で、主語を二転または三転させることは、格調正しい漢文である王陵碑からみて到底無理であろう。

要するに、この文は、「而」と「以」の二つの接続詞によって、ⓐ・ⓑ・ⓒの文をつないだもので、ⓐ百済・新羅はもと高句麗の「属民」で、これまで「朝貢」していた。ⓑしかるに、倭が介入して、これらを「臣民」とした。ⓒそこで、高句麗王は兵を率いて百済を討ったとせざるをえない。

碑文の通則として、「王躬率《おうみずからひきい》」と「教遣《きょうけん》」の二つのパターンがあり、前者は、その前置きの文でなにゆえに王が征討せねばならないかをかならず説明している。この場合も、ⓒの永楽六年の王の征討の理由として、永楽五年の末尾に、ⓐ・ⓑの文によって、辛卯年より倭が侵入して、百済・新羅を従えたことを述べたのである。したがって、ⓑの主語はあくまで倭である（末松保和「好太王碑の辛卯年」〈『史学雑誌』四六―一〉、浜田耕作「高句麗広開土王陵碑文の虚像と実像」〈『日本歴史』三〇四〉、武田幸男「高句麗好太王碑文にみえる帰王について」〈『古代東アジア史論集』上、一九七八年、吉川弘文館〉、学説史をまとめたものに、佐伯有清『研究史　広開土王碑』〈一九七四、吉川弘文館〉）。

さて、そのあと碑文の第二面では、百済はいったん高句麗に従うことを誓うが、永楽九年己亥（三九九）、ふたたびその誓に違い、「倭」と「和通」し、新羅も「倭人」がその国に満ち、城池を潰破すると訴えたので、同十年庚子（四〇〇）、大王は歩騎五万を遣わして新羅を救い、その城に満ちていた「倭賊」を撃退し、これを急追して「任那・加羅」にいたり、諸城を抜いたとある。

第三面では、同十四年甲辰（四〇四）、「倭」は意外にも「帯方《たいほう》界」にまで侵入してきたので、大王はこれを迎え討ち、「倭寇潰敗、斬殺無数」とあって、倭は敗れ退いた。

倭についての記事は、これがすべてであるが、この間、三回にわたり「安羅《あら》人戍兵《じんじゅへい》」が登場する。この「戍兵」は、「倭賊」とともに戦ったように記され、高句麗からみれば、倭の軍事的拠点である「任那・加羅」を討つ必要があったのである。

このように、倭は「任那・加羅」に拠点をおき、百済・新羅を中間において、南下政策をとる高句麗とはげしく戦った。その際「安羅人戍兵」が倭と協力したことは注目される。主戦場は百済・新羅にあったが、時として北は「帯方郡界」から南は「任那・加羅」にまで及び、数万の兵力による戦いが、数回にわたり継続して行なわれた。百済は完全に倭と同盟したが、新羅は高句麗と倭に両属の立場をとっていたことがわかる。

さて、あらためて四世紀末の倭と朝鮮三国の関係をふりかえると、『書紀』『史記』「七支刀」「王陵碑」などの史料は基本において一致することがわかる。もちろん作為・誇張などを取り去った基本的部分についてである。その結果、次のようなことが史実としていえよう。

倭人・倭兵は、いつ頃からとは確定できないが、少なくとも四世紀後半頃からしばしば新羅に侵入した。それには東辺と南辺、つまり倭本国からのものと、直接には金官加羅《きんかんから》を基地とするものがあったが、いずれもヤマトの王権を背後に予測させるものである。百済は、ヤマト王権と国王相互に外交関係をもち、高句麗に対し攻勢に出ていたが、四世紀末に、高句麗の広開土王は南下政策をとり、百済と新羅に重圧を加えた。これは倭を含む朝鮮半島南部の政治情勢に重大な変動をもたらした。百済と新羅は共同してこれにあたり、倭に対し王子を人質として送り救援を求めた。ことに百済は一貫して倭と結び、高句麗と敵対したから、高句麗は百済を討つと記録され、逆に百済に対し倭兵が侵入したとは記されていない。しかるに、新羅は高句麗にも人質を送って高句麗と倭に両属したから、ひきつづき倭兵の攻撃を受け、そのために高句麗が新羅を討ったとは記録されず、これを救援したと記されている。

このような状況のもとで、倭は百済・新羅に対し優位に立ち、この二国をはさみ、任那・加羅を基地として高句麗とはげしく戦ったが、結局、高句麗の軍事力に対抗できず敗退した。

これが四世紀末より五世紀はじめにかけての政局である。

倭五王の外交記録　「広開土《こうかいど》王陵碑《おうりょうひ》」に続く五世紀の外交関係は、中国の『宋書《そうじょ》』を中心とする倭《わ》五王《ごおう》の記録によって明らかとなる。その期間は四一三年より五〇二年に及ぶ。しかるに、この期間にあたる『書紀』では「応神紀」よりのち仁徳《にんとく》・履中《りちゅう》・反正《はんぜい》・允恭《いんぎょう》・安康《あんこう》の五代に外交記録がなく、「雄略《ゆうりやく》紀」にいたって再び記録されるといった状況で、この中間の五代について史料を比較することは不可能である。

さて、倭五王は、讃《さん》・珍《ちん》・済《せい》・興《こう》・武《ぶ》の五人で、讃と珍の間にある「倭五王」を独立の一王とみなし、六王とする説もある。

このうち、

済
├興
└武

の三王は、

允恭
├ 安康
└ 雄略

と系譜もあい、王名も、ヲアサツマワクゴ（允恭）のツ（津）は「済」の意味と同じく、アナホ（安康）のホ（穂）と「興」は音通であり、オホハツセワカタケ（雄略）のタケ（武）は「武」と文字が同じく、いずれも比定に問題はあるまい。しかし、

讃
珍

と、

仁徳
├ 履中
├ 反正
└ 允恭

の場合は、系譜を重くみると、オホエノイザホワケ（履中）のザ（邪）と「讃」を音通とし、タヂヒノミヅハワケ（反正）のミヅ（瑞）と「珍」の字形が似ているとせねばならぬ苦しさがあり、「讃」をホムダワケ（応神）のホム（誉）と意味を同じくし、またはオホササギ（仁徳）のササ（雀）と音通であるとすれば、「珍」との系譜があわなくなる。また、もし六王説をとると、讃（履中）、倭国王（反正）、珍（允恭）となって、「珍」と「済」が重なってしまったりする。『魏書』「官氏志」でも、夫余

族の姓を略称して漢姓に擬するのに、数音の一つを抜いて漢字に標記するもの（伊婁→伊）、数音を反切して一音とするもの（抜列→梁）、その意味を漢訳するもの（屋引→房）などがあって、倭の王名の比定も恣意的というわけではないが、讃・珍についてはなかなか決め手がない（稲葉君山『朝鮮文

表2　倭五王の遣使・叙爵年表

南朝	年代	倭五王	記事
1 東晋	安帝 義熙9（413）	倭国	献物
2 宋	高祖 永初2（421）	讃	修貢、詔して爵を賜わるべしと
3	太祖 元嘉2（425）	讃	遣使上表献物
4			讃死し弟珍立つ
5	元嘉7（430）	倭国王	遣使献物
6	元嘉15（438）	珍	遣使貢献、爵号自称、詔して叙爵、倭隋ら一三人にも将軍号を賜う
7	元嘉20（443）	済	遣使奉献、詔して叙爵
8	元嘉28（451）	済	詔して爵号を改め、二三人を軍郡に叙す
9			済死し世子興遣使貢献
10	世祖 大明4（460）	倭国	遣使献物
11	大明6（462）	興	詔して叙爵（ここまでは安東将軍）
12			興死し弟武立ち、爵号を自称
13	順帝 昇明元（477）	倭国	遣使献物
14	昇明2（478）	武	遣使上表、詔して叙爵（安東大将軍）、其余にも皆仮授す
15 斉	高帝 建元元（479）	武	進号叙爵（鎮東大将軍）
16 梁	武帝 天監元（502）	武	進号（征東大将軍）

化史研究』一九二五年、雄山閣）。

要するに、五王のうちはじめの二王を誰にあてるかは、決定的な比定の手立てがない。のみならず国内的にみても、応神と仁徳は同一人格であるとの説もあって、すべての天皇の実在が確認されたわけでもないのである。

しかし、いずれの学説も、倭五王または六王を、応神（15）から雄略（21）までの天皇にあてているのは、それ以外に考えようがないからである。五世紀の段階で、それが〝九州王朝〟の王であったり、〝分国王〟であったりすることはありえない。それは倭王武が雄略天皇を指すこと一つをとらえてみても疑いはあるまい。

さて「讃」は四二一年、「倭讃」とあるのみで、叙授の内容はわからず、「珍」にいたって、四三八年はじめて「安東《あんとう》将軍、倭国王」に叙せられ、「済」がそれを継ぎ、ついに四五一年になって、「使持《しじ》節都督《せっとく》倭、新羅、任那、加羅、秦韓、慕韓六国諸軍事」を将軍号の上に冠せられるにいたった。「興」もこれを継いだのである。

このように考えると、「讃」の前に中国との公的通交はなかったので、四一三年東晋、四二一年宋とはじめて中国の外交的視野の中に、倭王が登場してくる。それは百済との通交開始よりはかなり遅れているとみられよう。

しかるに、倭王の地位は「武」にいたって飛躍する。四七八年安東将軍より安東大将軍、四七九年鎮東《ちんとう》大将軍、五〇二年征東《せいとう》将軍というようにすすむ。そしてみずから上表文に「東は毛人」、「西は衆夷」、「渡りて海北」を平定したことを誇示するが、それがヤマトを中心に、関東・九州・朝鮮南部を指すことは明らかで、「六国諸軍事」に見合うのである。

そして、「武」は、このような軍事的征服の始まりを「祖禰《そでい》」よりとしており、少なくとも「珍」「済」より、部下の将軍号や群太守《ぐんたいしゅ》号をも加えて申請し、認められているのだから、倭国王は〝王中の王〟たる地位を次第に確立してきたとみてよい。「武」もまた部下に仮授して叙正を求め、みずからを王制の画期に位置づけて上表しており、他の史料から、「武」＝雄略天皇にいたって「大王」の号が確立したことが立証されるのであるから（埼玉古墳群の稲荷山古墳より発見された鉄剣銘に、「獲加多支鹵大王」〈ワカタケル大王＝雄略〉の名があり、それ以前に知られていた熊本県江田船山古墳の大刀銘の「治天下獲□□□鹵大王」も同じであろうことが推定される）、『宋書』の記述は、このような倭国王の地位の変化をよく写しとっているものといえる。

さて、倭国王の地位を朝鮮三国と比較してみよう（坂元義種「古代東アジアの日本と朝鮮―大王の成立をめぐって―」〈『史林』五一―四〉、同「五世紀の日本と朝鮮」〈『史林』五二―五〉。いずれものち『古代東アジアの日本と朝鮮』一九七八年、吉川弘文館に収録）。

高句麗は三三六年、百済は三七二年、東晋との通交を開始しているのであるから、倭ははるかに遅れ、また百済王が鎮東→征東大将軍、高句麗王が征東→車騎《しゃき》→驃騎《ひょうき》大将軍とすすめられてきたのに比べると、倭王は常に一段下の将軍号に甘んじていた。しかし、将軍号の対象とする領域は、百済が百済、高句麗が平州・営州（遼海）とされたのに比べると、倭は、倭のみならず新羅・任那・加羅・秦韓《しんかん》・慕韓《ぼかん》という範囲に及んでいた。ここで、高句麗は北部朝鮮から中国東北部、百済は百済本国、倭は倭本国と南部朝鮮を、将軍号の領域として承認されたことになり、これで当時の朝鮮半島における〝軍事領域地図〟はいちおう完結していたのである。

倭の領域とされた中で、新羅がもし宋と通交していたならば、当然除かれていたであろうが、加羅・任那以下が除かれる可能性はまったくなかった。そのため倭王武の通交が四七八年に杜絶すると、直ちに入れ替って斉の高帝建元元年（四七九）、加羅王荷知が「輔国将軍・加羅王」に叙せられたのである。このように将軍号の上下、その支配領域の大小は、一見矛盾するようにみえるがそうではなく、中国の国際認識を示し、そこに朝鮮三国と倭の国家関係が示されていることは疑いないであろう。

「雄略紀」の外交記事　「雄略紀」においても、「百済記」や「百済新撰」による記事は信憑性が高い。これは「応神紀」の場合と同じで、この場合も「百済王暦」がもっとも確かである。そして「雄略紀」においては、干支の示す年紀と外国史料の間に基本的なずれがなくなるのが特徴である。

＊「百済王暦」において、『書紀』は王の継承順位を、㉑蓋鹵《こうろ》―㉒汶州（文周）―㉓文斤《もんこん》―㉔東城―㉕武寧―㉖聖明―㉗威徳―㉘恵としているが、これは『史記』とまったく等しい。ただし『書紀』は、王の系譜関係について、叔甥・兄弟の関係を交えており、『史記』が父子相承に一元化しているのと異なる。そ

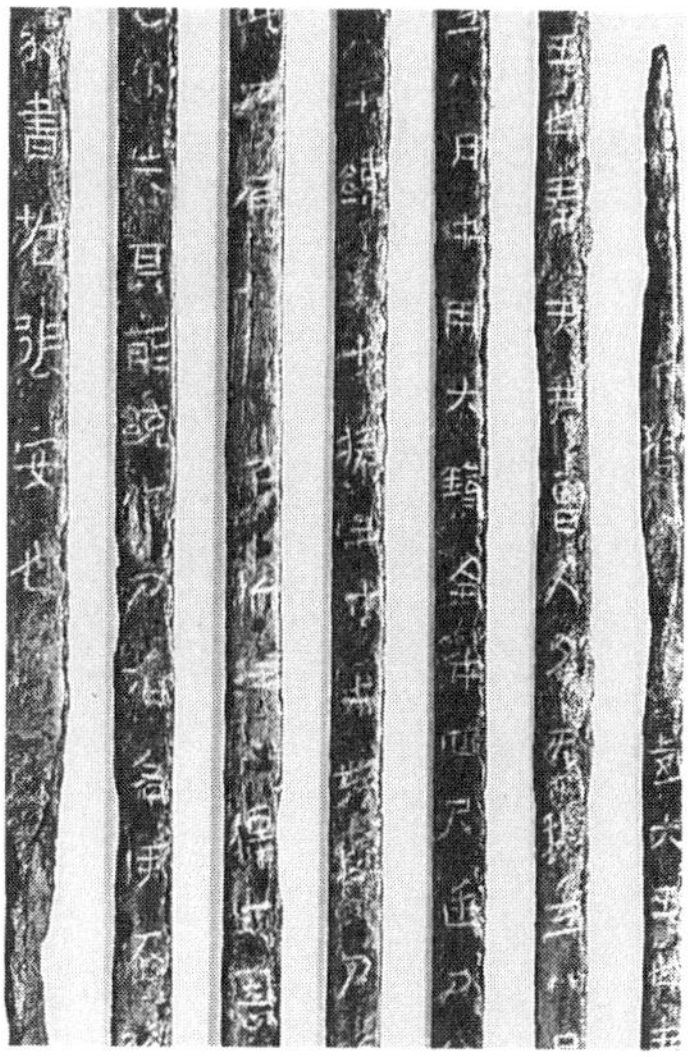

3　江田船山古墳出土銀象嵌銘大刀

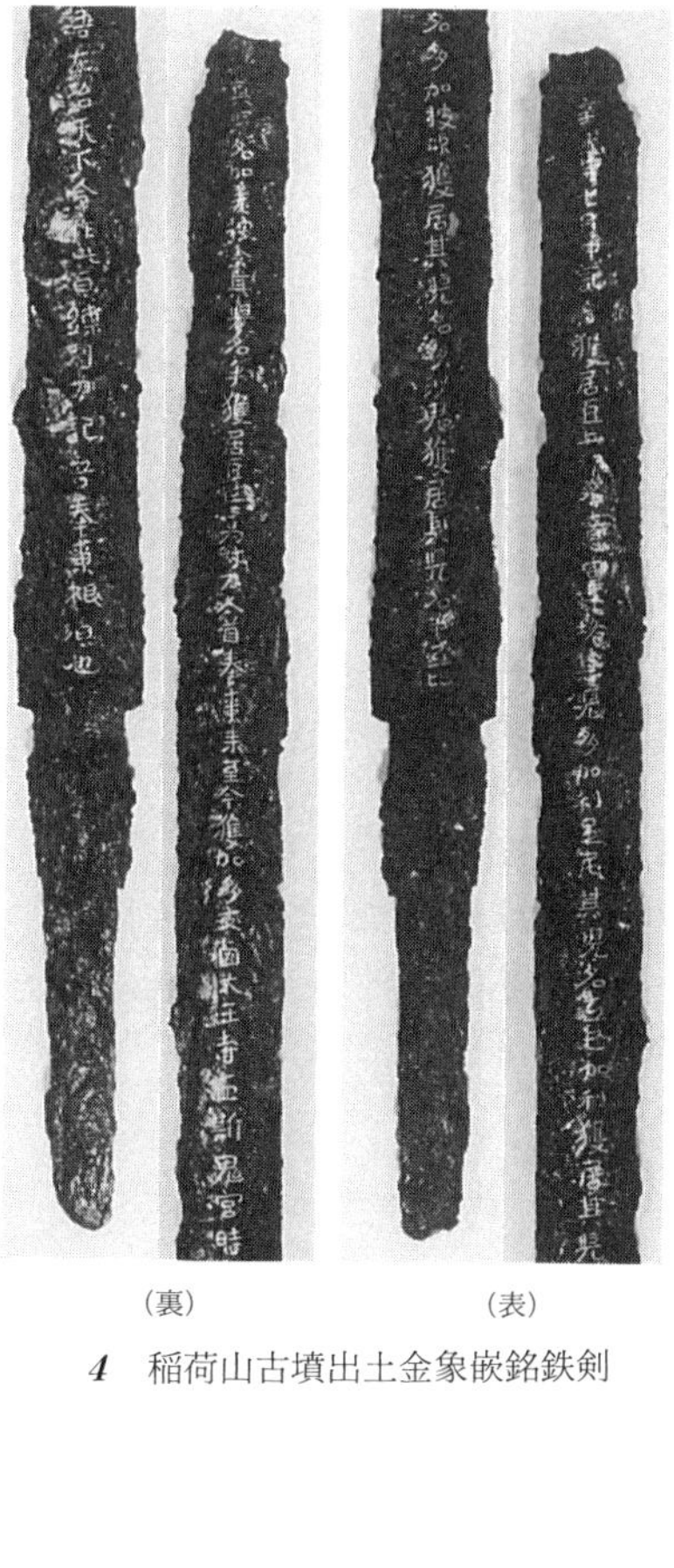

（裏）　　（表）

4　稲荷山古墳出土金象嵌銘鉄剣

れは『書紀』の方にむしろ原型があるであろう。

たとえば、辛丑《しんちゅう》（雄略五年＝四六一）「百済加須利君《かすりのきし》・蓋鹵《こうろ》王」の命を受けて、「弟軍君・昆支《こにき》」が、王の妊婦とともにわが国に赴く途中、「斯麻《しま》」（武寧《ぶねい》王）が生まれる。ついで乙卯（雄略十九年＝四七五）、百済は高句麗に敗れ、漢城を失い、国王・大后・王子らはすべて敵手に落ちた。そこで天皇は、丁巳（雄略二十一年＝四七七）、「久麻那利《くまなり》」（熊津＝公州）を汶洲王（蓋鹵王の母の弟）に与え、百済を再興させたとある。さらに己未（雄略二十三年＝四七九）にいたり、昆支王の子末多《また》（東城《とうせい》王）を本国に送還するため、「筑紫国軍士五百人」をして「衛送」せしめたことを記し、壬午（武烈四年＝五〇二）、末多（東城王）が無道で、国人はこの王を除いて武寧王を立てたとあり、武寧王は日本で出生ののち、送還されていたのだという。

このような『書紀』の記事を背景に、一九七一年に大韓民国忠清南道公州郡公州邑宋山里《そうざんり》古墳群で発見された武寧王陵の墓誌銘に「寧東大将軍百済斯／麻王年六十二歳癸／卯年五月丙戌朔七／日壬辰崩到乙巳年八月／癸酉朔十二日甲申安厝／登冠大墓立志如左」のあることが考えられる。それには、「百済斯麻《しま》王」は「癸卯」（五二三）、「六十二歳」で没したとあって、逆算すると辛丑（四六一）の出生となり、「雄略紀」の記録とまったく一致するばかりでなく、その名の「斯麻」も「雄略紀」のみが記しているのである（大韓民国文化財管理局『武寧王陵』一九七四年、三和出版社）。ただし『書紀』が、筑紫の島で生まれたから「島王」といったというのは起源説話の一つであろうが、東城王と同じく、わが国より送還されたのは事実であろうと思われる。

これらの史実は『書紀』と『史記』という彼我の史料がよく一致するところといわねばならない。

ついで「雄略紀」にわが国と呉との通交記事がある。これは他に比較する史料をもたないが、注目すべき一つの傾向がある。

呉との通交記事は、「応神紀」に「阿知使主《あちのおみ》、都加使主《つかのおみ》」に関するものがあるが、それが「雄略紀」の「身狭村主青《むさのすぐりあお》、檜隈民使博徳《ひのくまのたみのつかいはかとこ》」の記事の反映であろうことはすでに述べた。「雄略紀」の方にオリジナリティがあるが、計八件の通交記事のすべては、「呉国使」「呉人」が来朝したとか、わが国の使人が「呉」に赴いたという〝直接通交〟の記事で、百済を媒介とするものは一つもない。

これはもともと倭五王の南朝への通交が百済を媒介とせず、そのため倭王は常に百済を軍事領域に加えるように主張したことと関係があろう。

そして倭王武により、南朝通交が打ち切られてからのちの「継体紀」「欽明紀」においては、数次にわたって百済からの諸博士の上番という形で、南朝文化が輸入される。つまりわが国に上番した「五経博士」「暦博士」「易博士」「医博士」「採薬師《くすりとり》」などは主に南朝人であった。その他、百済王がわが国に「扶南《ふなん》財物《のたからもの》」を献じ、わが使人が百済より「内外典《うちとのふみ》」「薬書」「明堂《みょうどう》図」「伎楽《くれのがく》調度」などを持ち帰り、百済人が呉にいたり、「伎楽舞」を学びわが国に伝えたというような説話が多くなる。これらは、南朝文化を百済を介して輸入したことの表われである。

5　武寧王陵墓誌銘

6　五　銖　銭

この点を百済に即して考えると、百済に対する南朝文化の影響の強まるのは、熊津《くまなり》（公州）遷都、つまり四七五年からで、ことに扶余《ふよ》遷都によって決定的になるという。これは、倭王武の最後の宋への通交、四七八年とほぼ入れ替りの関係にあり、また雄略天皇が熊津遷都を援助したといわれることとも関係があろう。そして、熊津（公州）の最後の王は武寧王（在位五〇一〜五二三）であり、それがわが継体天皇の代にあたることはいうまでもない。

先に述べた公州宋山里の武寧王陵の墓誌銘に、「寧東大将軍、百済斯麻王」とある将軍号は、もちろん梁の武帝よりの叙爵を示すが、陵内から多くの梁代の「五銖銭《ごしゅせん》」が出土し、同じく「宜子孫《ぎしそん》獣《じゅう》帯《たい》鏡」も南朝系のものである。その同笵鏡《どうはんきょう》が、群馬県高崎市観音塚《かんのんづか》古墳から出土していて、百済から輸入したものといわれている。さらに、この陵の墓制（塼築墳《せんちくふん》）をはじめ、絵画・彫刻、その他の工芸品も、すべて〝南朝文化〟の影響を強く受けたものと韓国学者によって指摘されている（金元龍「百済武寧王陵と出土遺物」〈『仏教芸術』八三〉、樋口隆康「武寧王陵出土鏡と七子鏡」〈『史林』五五―四〉）。すでに、宋山里六号墳において、羨道《せんどう》前室の塼銘に、「梁官品為師矣」との釘書きのあることも指摘されているのである（軽部慈恩『百済美術』一九四六年、宝雲社）。

百済を介する梁文化の輸入に伴って、多くの学者・僧侶・技術民がわが国に帰化した。それを『書紀』は「今来漢人《いまきのあやひと》」「百済才伎《くだらのてひと》」などと呼んでいる。『書紀』が、それらの渡来の始源を「雄略紀」にかけ、「継体・欽明紀」にまで及ぼしているのは、百済を介する新しい文化の輸入を意味する。

「雄略紀」によると、漢氏が、才芸にたくみな者が故国にいるので召して使うよう進言し、天皇はこれを求めさせた。彼らを東漢直掬《やまとのあやのあたいつか》が大和高市郡に安置した。これが新漢《いまきのあや》の陶部《すえつくり》・鞍部《くらつくり》・画《えか》部《き》・錦部《にしごり》・訳語《おさ》などであるといい、また漢手人部《あやのてひと》・衣縫部《きぬぬい》・宍人部《ししひと》であるともいう。これは同じ「雄略紀」に身狭村主《むさのすぐり》と檜隈民使《ひのくまのたみのつかい》が呉に使し、「手末才伎《たなすえのてひと》」の漢織《あやはとり》・呉織《くれはとり》・衣縫《きぬぬい》などを連れ帰ったとする説話と同工異曲のものであろう。

彼らは、この後も大和高市郡に集団をなして居住していた。

このような東漢《やまとのあや》のもとの今来漢人に対し、西漢《かわちのあや》に属する漢人がある。それは「欽明紀」などに王《おう》辰爾《しんに》（船史《ふなのふひと》）・胆津《いつ》（白猪史《しらいのふひと》）・牛（津史《つのふひと》）の説話が記され、外交文書・籍帳などの作成に新しい技術を有したとされる。その祖先を百済王にかけているのは、東漢氏の配下の漢人と同じく、百済よりの帰化人であることを示し、「応神紀」に渡来の伝えられる西文《かわちのふみ》・武生《たけふ》・蔵《くら》の三氏とともに、河内古市・丹比二郡に互いに隣接する地域に生活集団を形成していた（井上光貞「王仁氏の後裔氏族と其の仏教」〈『史学雑誌』五四―九〉）。

部民制の成立　中国あるいは朝鮮三国との政治・軍事・文化の交渉を経て、わが国の国家組織が進展したことはいうまでもない。ことに「雄略紀」より渡来の伝えられる「今来漢人」は、ニシコリ（錦織部）・クラツクリ（鞍作部）・カナツクリ（金作部）・キヌヌヒ（衣縫部）・カラカヌチ（韓鍛冶部）・スエツクリ（陶部）・テヒト（手人部）・ウマカヒ（馬飼部）のそれぞれ祖となったといわれるのは、五世紀末から六世紀にかけて成立する宮廷工房の生産組織にそれぞれ対応しており、宮廷に〝上番〟して労役に従い、または在地で生産した物品を〝貢納〟する、いわゆる「品部」（しなじなのとも・しなべ）制の源流をなしたことは間違いあるまい。

彼らはトモともべとも呼ばれたが、文字としては「某部」と表記された。

しかるに、宮廷には古くから王権の成立に伴い、王に近侍する職務のあったことは当然である。そのような職務としては、クラヒト（倉人・蔵人）・フヒト（史）・カニモリ（掃守）・トノモリ（殿守）・モヒトリ（水取）・カシハデ（膳夫）・カドモリ（門守）・ユゲヒ（靭負）・トネリ（舎人）などが存在し、クラヒト＝秦造・漢直、カニモリ＝掃部連《かにもりのむらじ》、トノモリ＝車持君《くるまもちのきみ》・葛野（鴨）県主《あがたぬし》、モヒトリ＝宇陀・高市・葛野県主、カシハデ＝膳臣、カドモリ・ユゲヒ＝大伴連・佐伯連のように、伝統的な畿内の族長または古い帰化氏族、さらにトネリ＝各国造《くにのみやつこ》のように、早くから帰属した地方豪族などによって構成されていた。

これらのトモ（伴）が先に述べた「今来漢人」によって組織されたべ（部）より古いことは、自然に了解されるであろう。

すなわち、「今来漢人」の集団的な渡来によって、新しい技術民によるべ（部）の組織が成立するとともに、古い近侍的なトモ（伴）の制度も、べ（部）に再編され、蔵部・史部・掃部・殿部・水部・膳部・門部のように称せられるにいたったと考えられよう。

百済には、行政組織として「五方五部」の制度があり、また内官制として、穀部・肉部・掠部・馬部などの分掌組織があった。津田左右吉（『日本上代史研究』一九三〇年、岩波書店、『古典の研究』下に収録）は、このような百済の諸部制を受け継いだのが、わが部民制であるとし、百済の帰化人であるフヒト（史部）が、本国の制度を取り入れ、漢語の「部」と、その字音の「べ」を、わが古来の「伴」、つまり「トモ」の制度に適用したものと説いた。つまり、百済から新たに渡来した「今来漢人」によって、この制度が輸入されたものとすれば、部の本質は、朝廷に出仕し、職務を分掌するトモ（伴）・べ（部）にあり、そのため律令制にいたっても、内廷的トモは伴部（ともべ・とものみやつ

7　部の制度

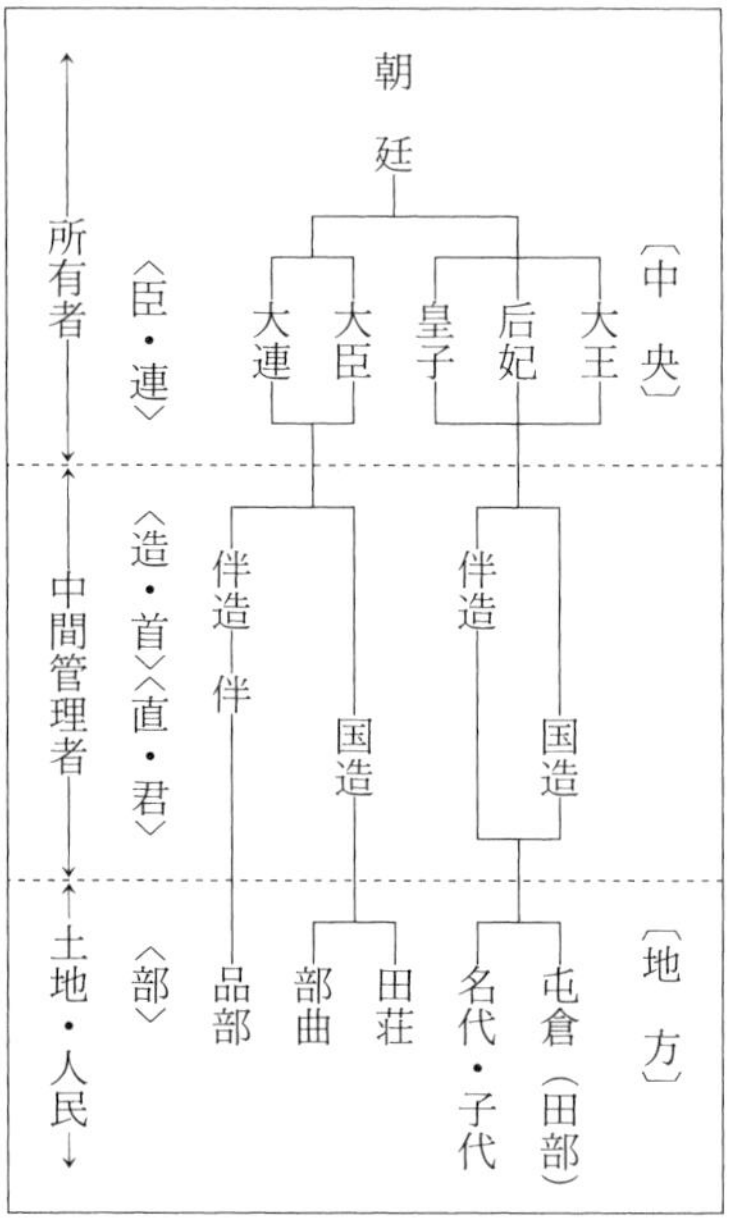

こ）、生産的なトモ・べは品部（しなべ・しなじなのとも）・雑戸《ざっこ》として継承されたものと思われる。彼らは、大化前代からの伝統的な職務を継承するため、負名氏《なおいのうじ》・負名入色人などと称されたのである。

かつてわが国の部民制は、中国南北朝の部曲制を受け継いだものといわれていた（坂本太郎「家人の系譜」〈『史学雑誌』五八―二、のち『日本古代史の基礎的研究』下、一九六四年、東京大学出版会に収録〉、玉井是博「唐の賤民制度とその由来」〈『支那社会経済史研究』一九四二年、岩波書店〉、浜口重国「唐の部曲・客女と前代の衣食客との関係」・同「唐の賤民・部曲の成立過程」〈ともに『山梨大学学芸学部紀要』一・三〉）。南北朝の部曲は、豪族の隷民であった無産者集団を指し、この制度が朝鮮を経てわが国に取り入れられたと考えられたのである。また新羅の部曲制もこれと関係あるものとされた。

この見方は、わが国の部の制度も、豪族の領有するカキ・カキベ（民部・部曲）に源流があるとみなすことになろう。

津田左右吉ののち井上光貞（「部民の研究」〈『日本古代史の諸問題』一九四九年、思索社〉）も、わが部の本質は朝廷の品部にあるとし、太田亮が〝職業部〟と名づけたもの（『日本上代に於ける社会組織の研究』一九二九年、磯部甲陽堂）をほぼそれにあてはめたが、品部を〝貢納型〟（地方農民で、伴造により管理される者）、〝番上型《ばんじょうがた》〟（中央の技術民で、伴造・伴に率いられて出仕する者）に分け、〝貢納型〟を氏族制的、〝番上型〟を官司制的とし、前者より後者に展開したものと考えた。これは、部が豪族の領有するカキ・カキべ（民部・部曲）でなく、朝廷に奉仕するシナべ・シナジナノトモ（品部）より成立したとしながらも、なお〝農民部〟を古いとする見方をとどめている。

平野邦雄（『大化前代社会組織の研究』）と、その後直木孝次郎（「伴と部との関係について」〈『日本書紀研究』三、一九六八年、塙書房、のち『飛鳥奈良時代の研究』に収録〉）は、わが国の部は、貢納民たるべ（部）でなく、官司に上番するトモ（伴）の制度から発し、宮廷において王権に従属するトモノミヤツコ（伴造）－モモアマリヤソノトモ（百八十部）－シナべ（品部）というピラミッド型の職務の分掌組織を確立したところに本来の意味があるとした。これを基礎として構築された臣僚集団を、「臣《おみ》・連《むらじ》・伴造《とものみやつこ》・国造《くにのみやつこ》・百八十部《ももあまりやそのとも》」と総称するが、それはいわば第一次の古代国家組織の成立を示すものといえよう。このようにして部の制度は、国家組織の拡大とともに官司から豪族へ、中央から地方へと展開し、品部から部曲《かきべ》（民部）へ、また名代《なしろ》・子代《こしろ》へとすすんだのであろう。ここに、朝廷へのエタチ（力役）とミツギ（贄《にえ》・調《ちょう》）の貢納体制は完成していく。このようにみれば、王族や臣・連・

伴造の領有する部民も、彼らが朝廷を構成し、その職務を分掌することによって、領有を実現しえたもので、たんなる私有民とはいえないとしたのである。

津田左右吉（『日本上代史研究』、『古典の研究』下）は、日本の氏族制度を「朝廷の官職の世襲」と、「土地民衆が領主、すなわち臣連伴造国造によって分有されている」体制を指すと述べた。それはまさしく前に述べた部民制を指すのであり、「氏姓制」は、「部民制」とともに成立し、したがってその本質は「負名氏《なおいのうじ》」（職務の名を負い、これを世襲する氏）に始まり、大王に従属し、朝廷で一定の身分を形成する臣僚集団によって担われたものといってよかろう（平野邦雄『大化前代社会組織の研究』）。したがって、大和の地名を姓とする葛城《かつらぎ》・平群《へぐり》・巨勢《こせ》・蘇我《そが》のような、いわゆる「臣姓氏族」よりも、朝廷での職務の名を負う大伴《おおとも》・物部《もののべ》・中臣《なかとみ》・佐伯・忌部《いんべ》・土師《はじ》のような、いわゆる「連姓氏族」、同じく秦・漢などの「伴造氏族」にその本来性があり、もともと前者は大王家と併立する「連合的氏族」、後者は大王に従属する「臣僚的氏族」とでもいったらよいであろう。

もう少し下級の氏族でいえば、前者には葛野《かどの》（鴨）・宇陀《うだ》・高市《たけち》・志貴《しき》のような、大和・山背・河内など畿内の「県主《あがたぬし》階級」があり、後者には建部《たけるべ》・鍛部《かぬち》・錦部《にしごり》・馬飼《うまかい》などの「部姓階級」がある。豪族としての伝統性からいえば、前者の系列が古く、後者の系列は新しく台頭した豪族といえるが、「部民制」「氏姓制」の成立の順位からいえば、ちょうどその逆ということになろう。

＊　最近、左のように注目してよい一連の金石文がある。

①埼玉の稲荷山古墳の鉄剣銘に、八代の系譜を記すが、ヒコ（比垝＝彦）―スクネ（足尼）―ワケ（獲居＝別）の称号をもつ五代ののち、称号のない二代が続き、最後にヲワケノオミ（乎獲居臣）が現われる。すべて氏の名は記されず、ヲワケは一種の字名であり、オミ（臣）はすでに称号よりカバネの一種に転化している。

②和歌山の隅田《すだ》八幡宮《はちまんぐうが》画像鏡《ぞうきょう》の銘文に「開中費直穢人」があり、カハチノアタヒエヒトと一応読まれる。カハチは氏の名、アタヒ（費直）は明らかにカバネであるが、氏の名・カバネともに、その書法は古い。

③出雲の岡田山古墳の鉄剣銘に「各田マ臣」とあり、ヌカタベノオミと読まれ、部姓とカバネを重複させているが、これはすでに天平年間の「出雲風土記」に記される氏姓とまったく変わらない書法である。

①を四七一年、②を五〇三年、③を六世紀後半と一応考えると、①→②→③の展開過程に、氏姓の成立が写しとられているといってよい。五世紀末に氏姓の成立する端緒があると考えられよう。

このような氏姓研究はさらにすすめられ、氏姓とは朝廷での具体的な職への任命、つまり「職名的称号」から起こったものが早く、地名を帯びた姓は、推古朝にいたってもまだ不安定であるとし、姓は究極的には、天皇―良人―賤民という身分秩序の表現であるから、このような秩序の成立する時期、つまり律令制の成立期にあたる推古以後に、良民身分として定制化したとする説が現われた（加藤晃「わが国における姓の成立について」〈『続日本古代史論集』一九七二年、吉川弘文館〉）。

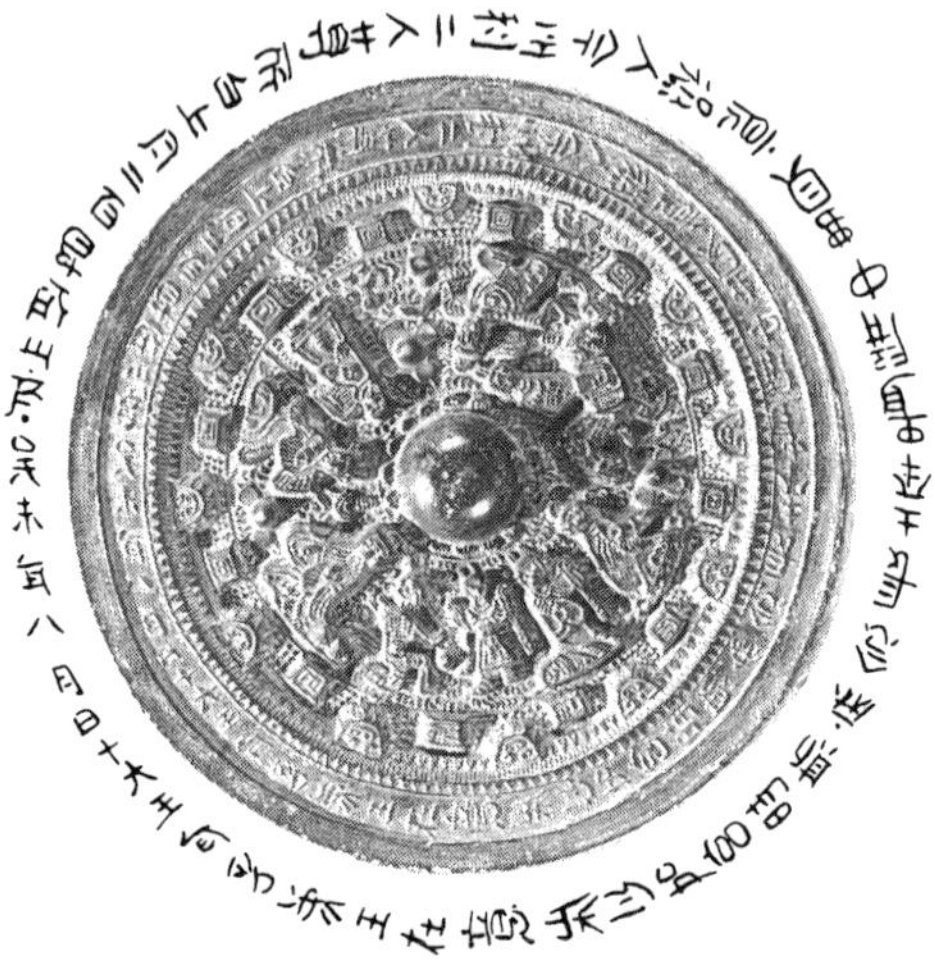

8　和歌山隅田八幡宮人物画像鏡

9　出雲岡田山古墳出土鉄剣

もちろん、姓が一般の良民にまで普遍化するのは戸籍制によるので、天智九年（六七〇）の「庚午《こうご》年籍《ねんじゃく》」が画期的な役割を果たした。しかし、氏姓制度は、天智三年の「甲子宣《かっしのせん》」から、天武十三年（六八四）の「八《や》色之《くさの》姓《かばね》」にいたる間に、貴族層においても再編され、いわゆる「律令的氏姓」が成立するのであるから、大化前代の氏姓制度はこれと区別する必要もある（平野邦雄「甲子宣の意義」〈『古代史論叢』上、一九七八年、吉川弘文館、のち『大化前代政治過程の研究』に収録〉）。

その場合、氏姓制の成立する機縁は、やはり「部民制」に求めるべきであろう（部民制の学説をまとめたものに、武光誠『研究史　部民制』一九八一年、吉川弘文館、氏姓制に関する学説をまとめたものに、前之園亮一『古代の姓』一九七六年、吉川弘文館、がある）。

（原題「東アジアとヤマト王権Ｉ」〈『日本歴史大系』一、原始・古代、一九八四年、山川出版社〉）

二　古代国家の形成と東アジア

1　継体・欽明朝と朝鮮三国

六世紀のヤマト王権は、内外ともに新たな段階を迎えた。

継体《けいたい》天皇が畿外より迎えられ、王位を継いだことは、王権の画期を示すものであるが、これを地方豪族による新王朝とし、「易姓革命《えきせいかくめい》」を予測することには問題がある。

実際の国際関係・国内政治においては、五世紀末の雄略《ゆうりやく》朝より一貫して展開したものが多く、ただ、倭と朝鮮三国それぞれの国内統一の進展によって、内外ともにいっそう激しい対立を招き、政局がめまぐるしく変化した点に特色がある。

朝鮮半島における新羅《しらぎ》の台頭はいちじるしく、百済《くだら》は倭の後援を受けながらも、政治・軍事における退潮はおおいがたく、ついにこの間、任那《みまな》・加羅《から》は新羅に併呑されるにいたる。しかし、倭は百済を介して、南朝梁《りよう》の文化を積極的に受容し、国力を充実させるのである。

そして、国内的には、部民《べみん》制に続き、さらに屯倉《みやけ》制を採用することによって、国家統一の事業をすすめることになる。

継体朝の成立　応神《おうじん》・仁徳《にんとく》で始まった王系は、「仁慈有徳」の王とされた仁徳に対し、武烈《ぶれつ》は「悪逆無道」で、そのために王系はここで途絶え、応神五世孫にあたる継体を越前三国《みくに》より迎えて王位を継がせたという。このように、有徳の君主で王朝が創始され、無道の君主で滅びるという『日本書紀』（以下『書紀』、特定の天皇紀は「継体紀」のように記す）の論理は、中国の「易姓革命」の思想によるもので、わが国の場合も、暗に継体が応神と系譜関係のない「新王朝」であることを示すものとされてきた。『古事記』も、継体を近江から迎えたとしているので大差はなく、いずれにしても、越前または近江の豪族による「征服王朝」であると目されてきたのである。

たしかに継体を応神五世孫としながら、『記紀』ともにその中間の系譜を欠き、具体的な裏づけをもたないから、この「五世孫」とは、「大宝継嗣令《たいほうけいしりょう》」と、これにつづく「慶雲三年格」によって、親王より五世までを王とし、これを皇親とする思想をうけたものとされたのには理由がある。つまり、『記紀』が継体を応神五世孫としたのは、皇親とすることによって、その即位を正当化したものと考えられたのである。

さらに問題とされたのは、「継体紀」とそれをうけた「欽明紀《きんめいき》」の年紀の錯簡である。この点は、平子鐸嶺《たくれい》・喜田貞吉《きたさだきち》らによって、早くから指摘されていた（平子鐸嶺「継体以下三皇統の錯簡を論ず」〈『史学雑誌』一六―六・七〉、喜田貞吉「継体天皇以下三天皇皇位継承に関する疑問」〈『歴史地理』五二〉）。

その一つは、「継体紀」は「百済本記《くだらほんき》」に従って、辛亥（五三一）を継体の没年とするが、「安閑紀《あんかんき》」では安閑の即位を甲寅（五三四）とし、その間に三年の空位がある。しかるに、「安閑紀」は他方で継体死去の日に即位したとするのであるから、それは「継体紀」の「或本《あるふみ》」にいう没年を甲寅（五三四）とする説によって記事を作成したことになる。ここに正常でない即位事情が暗示されるであろう。

しかも辛亥没年説は、「日本《やまと》天皇及太子《ひつぎのみこ》皇子《みこ》倶《ともに》薨」とあって、もしそれを天皇＝継体、太子＝安閑、皇子＝宣化《せんか》とすれば、皇子欽明を除く三人がことごとく死亡したことになり、内乱すら予想させる。そして継体に次いで即位したのは欽明しかなくなるのである。

その二つは、「欽明紀」では仏教の伝来を欽明十三年壬申（五五二）にかけているが、『上宮聖徳法王帝説《じょうぐうしょうとくほうおうていせつ》』（以下『法王帝説』と略す）と『元興寺縁起《がんごうじえんぎ》』は、戊午（五三八）のこととし、ことに『元興寺縁起』は欽明七年戊午（五三八）と明記している。

もし、この七年戊午説が成立すれば、元年、つまり欽明即位の年は壬子（五三二）となり、継体没年の辛亥（五三一）のまさに翌年となるのである。三年の空位どころか、安閑・宣化の在位期間はまったくなくなってしまうであろう。

この二つのことから、平子説は、宣化の治世を繰り上げて「継体紀」に編入し、辛亥（五三一）は宣化の没年にあたるとし、欽明七年戊午（五三八）を認め、その即位を壬子（五三二）とした。これに対し喜田説は、欽明は、継体が辛亥（五三一）に没すると、ただちに壬子（五三二）に即位し、他方二年を経て、安閑は甲寅（五三四）に即位し、これを宣化が継いだとする。ここに欽明と安閑・宣化の両朝が併立することになったとみたのである。

そののちこの説を発展させ、年紀の錯簡にとどめず、新王朝の成立とその後の内乱という事態にまで問題を拡大したのは林屋辰三郎である（「継体・欽明朝内乱の史的分析」〈『立命館史学』八八、のち『古代国家の解体』一九五五年、東京大学出版会に収録〉）。

林屋説は、継体が畿外から大和にはいって即位したという異常さ、その死に際して起こったらしい「辛亥の変」ともいうべきもの、その後の両朝対立という、いわばドラマティックな政変を予想した。そのあらましは、次の通りである。

まず、継体は越前から大伴金村《かなむら》に迎えられて天皇に立てられたが、畿内勢力の反対にあって、ただちに大和にはいることはできず、越前三国《みくに》→河内樟葉《くすは》→山背筒城《つづき》→山背弟国《おとくに》を経て大和にはいるのに二〇年の歳月を要した。さらに在任中は、大伴金村による任那《みまな》問題の失政、筑紫国造《つくしのくにのみやつこ》磐井《いわい》の反乱などをひき起こし、その結果「辛亥の変」とでも名づけられる内乱状態の中で、太子（安閑）・皇子（宣化）とともに異常な死を遂げた。この両皇子の母もまた尾張《おわり》氏という畿外の豪族だったからである。この内乱は、大伴氏と対立する蘇我《そが》氏によってひき起こされ、継体の死によって即位したのは、勾大兄《まがりのおおえ》（安閑）でなく嫡子欽明であり、欽明は皇女を母とする畿内勢力の代弁者で、蘇我氏もまた欽明に二人の娘を后妃として納《い》れたのであるとした。

この説は、その後も多様に継承され、いわゆる「継体新王朝論」としての展開をみた（水野祐『増訂日本古代王朝史論序説』一九五四年、小宮山書店、直木孝次郎「継体朝の動乱と神武伝説」〈『日本古代国家の構造』一九五八年、青木書店〉、井上光貞『日本国家の起源』一九六〇年、岩波新書）。そして、このような立場に立つ説は、すべて「応神王朝論」をも首唱するのである。

しかし、反対説は早くからあった（坂本太郎「継体紀の史料批判」〈『国学院雑誌』六二―九、のち『日本古代史の基礎的研究』上・文献篇、一九六四年、東京大学出版会に収録〉、関晃「林屋辰三郎『継体・欽明朝内乱の史的分析』について」〈『歴史学研究』一六二〉）。その一つは、「継体紀」の史料批判についてのもので、記事内容をそのまま史実として扱い、ことに大和にはいるのに二〇年を要したというような年紀はまったく信用できないとする。二つは、継体から譲位を受けた安閑を否定し、欽明を立てたのは蘇我氏でなく、むしろ大伴氏とみることができるとする史料解釈に関するものであるが、さらに重要なのは、「応神五世孫」と「三年の空位」についての反論である。

黛弘道は、『釈日本紀《しゃくにほんぎ》』に引く「上宮記《じょうぐうき》」に、応神～継体間の系譜が、ホムツワケ王（応神）―一世ワカヌケフタマタ王―二世オホホド王―三世ヲヒ王―四世ウシ王―五世ヲホト大公王（継体）と、すべて記入されていること、「上宮記」の用文法は推古《すいこ》朝遺文にもっとも近く、『記紀』よりも古い史料と認めてよいから、少なくとも七世紀はじめには、継体を「応神五世孫」とする系譜は現実のことと貴族に認識されていたとして、それが『記紀』の作為とはいえないことを論証したのである（黛弘道「継体天皇の系譜について」〈『学習院史学』五〉、同「継体天皇の系譜についての再考」〈『続日本古代史論集』上、一九七二年、吉川弘文館〉、いずれものち『律令国家成立史の研究』一九八二年、吉川弘文館に収録）。

三品彰英《みしなあきひで》は、六世紀の皇位継承は、同時代の百済王暦と密接なかかわりがあるとする。つまり、(1)『書紀』の史料となった「百済本記《くだらほんき》」、(2)『三国史記《さんごくしき》』（以下『史記』と略す）の「百済本紀《くだらほんぎ》」（以下「史済紀」「史羅紀」のように記す）、(3)『三国遺事《さんごくいじ》』という三つの史料には、A・B二系統の百済王暦が用いられていたらしい。(2)はA、(3)はB、(1)はA・B混用型といってよい。

たとえば、(1)では聖明《せいめい》王の即位を甲辰（五二四）にかけているのに、(3)では丁未（五二七）のこととする。(1)では聖明の戦死を甲戌（五五四）、王子余昌《よしょう》の即位を丁丑（五五七）とし、(3)も同様であるから、いずれも三年の空位期間があるようにみえるが、(2)では甲戌（五五四）に余昌（威徳《いとく》王）の即位を記しているから空位はない。

これらはA・B二系統の王暦を混用したから生じたもので、わが王暦において継体の没年を辛亥（五三一）、または甲寅（五三四）とし、安閑の即位を甲寅とするなどの混乱があるのも、百済王暦との対比で年紀を用いたためで、そこにことさら重大な意味がかくされているわけではないとしている（三品彰英「日本書紀所載の百済王暦」〈『日本書紀研究』一、一九六四年、塙書房〉、同「継体紀の諸問題」〈『日本書紀研究』二、一九六六年、塙書房〉）。

このような批判は、継体天皇の出自に対しても展開されることになった。

これまで、継体は父系として近江・美濃、母系としては越前・能登を地盤とする地方豪族であるとみるか、または近江の息長《おきなが》氏の族内より出たものであるとするか、またはそれ以外のものとするか、いろいろ差はあるが、いずれにしても、純然たる畿外の地方豪族が大和に進出して王権を簒奪したものとし、また簒奪説をとらないまでも、大和の群臣の推挙によって、地方豪族が王位に即いたものとする説が多かった。ともに、そこに「征服王朝」または「易姓革命《えきせいかくめい》」を推定しているのである（黛弘道「継体天皇の系譜について」、同「継体天皇の系譜についての再考」、岡田精司「継体天皇の出自と背景」〈『日本史研究』一二八〉、塚口義信「継体天皇と息長氏」〈『日本書紀研究』九、一九七六年、塙書房〉、山尾幸久『日本古代王権形成史論』一九八三年、岩波書店）。

しかるに、継体は息長氏の族内に出生したが、もともと息長氏は地方豪族とはいえず、それまでもヤマト王権との婚姻を繰り返した、いわば「皇親氏族」であるとする有力な説が現われた。つまり五世紀末頃から王室は、ヤマトの「臣系氏族」の干渉を排除しつつ、このような「皇親氏族」を背景に、その内部で権力主体を確立し、継体天皇を輩出するにいたるのであって、この天皇の時、さらに大王《おおきみ》・大后《おおきさき》・大兄《おおえ》の制度を定着させ、蘇我氏との新たな対抗関係の中で、引き続いて敏達《びだつ》――押坂《おさか》ヒコヒト――息長《おきなが》タラシヒヒロヌカ（舒明《じょめい》）のラインを生み出す。このラインは、息長氏を中軸とし、王室の血統をもっとも純化させたものということができ、最後に天智《てんじ》・天武《てんむ》を輩出するにいたるのである

10　息長氏関係系譜

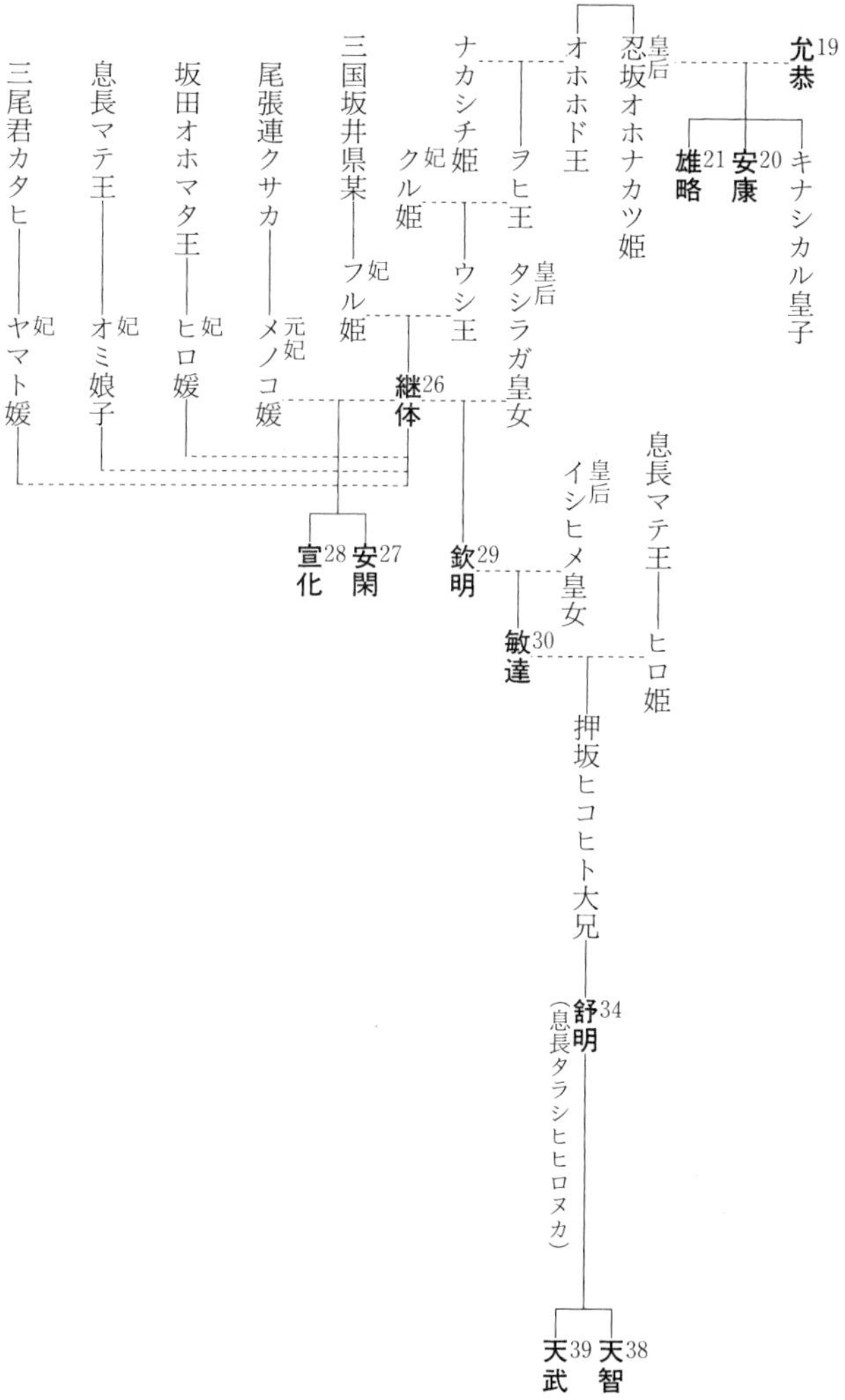

允恭19
皇后
忍坂オホナカツ姫
オホホド王
キナシカル皇子
安康20
雄略21
ナカシチ姫
ヲヒ王
妃
クル姫
ウシ王
皇后
タシラガ皇女
三国坂井県某
妃
フル姫
継体26
尾張連クサカ
元妃
メノコ媛
坂田オホマタ王
妃
ヒロ媛
息長マテ王
妃
オミ娘子
三尾君カタヒ
妃
ヤマト媛
安27
閑
宣28
化
欽29
明
皇后
イシヒメ皇女
息長マテ王
ヒロ姫
敏30
達
押坂ヒコヒト大兄
舒34
明
（息長タラシヒヒロヌカ）
天38
智
天39
武

（薗田香融「日本書紀の系図について」〈『古代学論叢』一九六七年、末永先生古稀記念会〉、同「皇祖大兄御名入部について」〈『日本書紀研究』三、一九六八年、塙書房〉、のちいずれも『日本古代財政史の研究』一九八一年、塙書房に収録。川口勝康「在地首長制と日本古代国家」〈歴史学研究別冊特輯『歴史における民族の形成』一九七五年〉）。

継体を「応神五世孫」というのは、このような「皇親氏族」としての息長氏の系譜を指すのであって、継体はけっしてたんなる地方豪族ではなく、皇室外的な存在でもない。それによって皇室の地位はより強固となり、王権が確立したとみるべきであるとするのである。このような説は、「征服王朝説」や「易姓革命説」を否定するものであるのはいうまでもない。

さらに、このような説を包括して、継体天皇の背後勢力には、息長氏だけでなく和珥《わに》（春日《かすが》）氏があり、この二氏の性格には共通性が強いとする説がある（平野邦雄「いわゆる『古代王朝論』について」〈『国史学』一〇三〉、同「六世紀ヤマト王権の性格」〈『東アジア世界における日本古代史講座』4、一九八〇年、学生社、のち『大化前代政治過程の研究』に再説〉）。

この説は次のようなものとなる。

まず息長氏は、近江《おうみ》坂田《さかた》郡《ぐん》の地名である「息長」を負う氏族で、天武天皇の「八色之姓《やくさのかばね》」において皇親氏族たる「真人《まひと》」に位置づけられ、しかもその大半を同族で占めるほど有力であった。「真人」とは、継体以後の皇別《こうべつ》の氏に与えられたカバネで、継体より数えて五世以内の世代の氏にあたる。そこで、天武は継体の子孫を王権の藩屏《はんぺい》とみなしたのであり、天智・天武も継体の五世孫にあたる。これが「大宝継嗣令《たいほうけいしりょう》」以下の五世孫の規定を生み、逆に継体を応神五世孫としたことにも、それが投影

11　和珥（春日・大宅）氏関係系譜

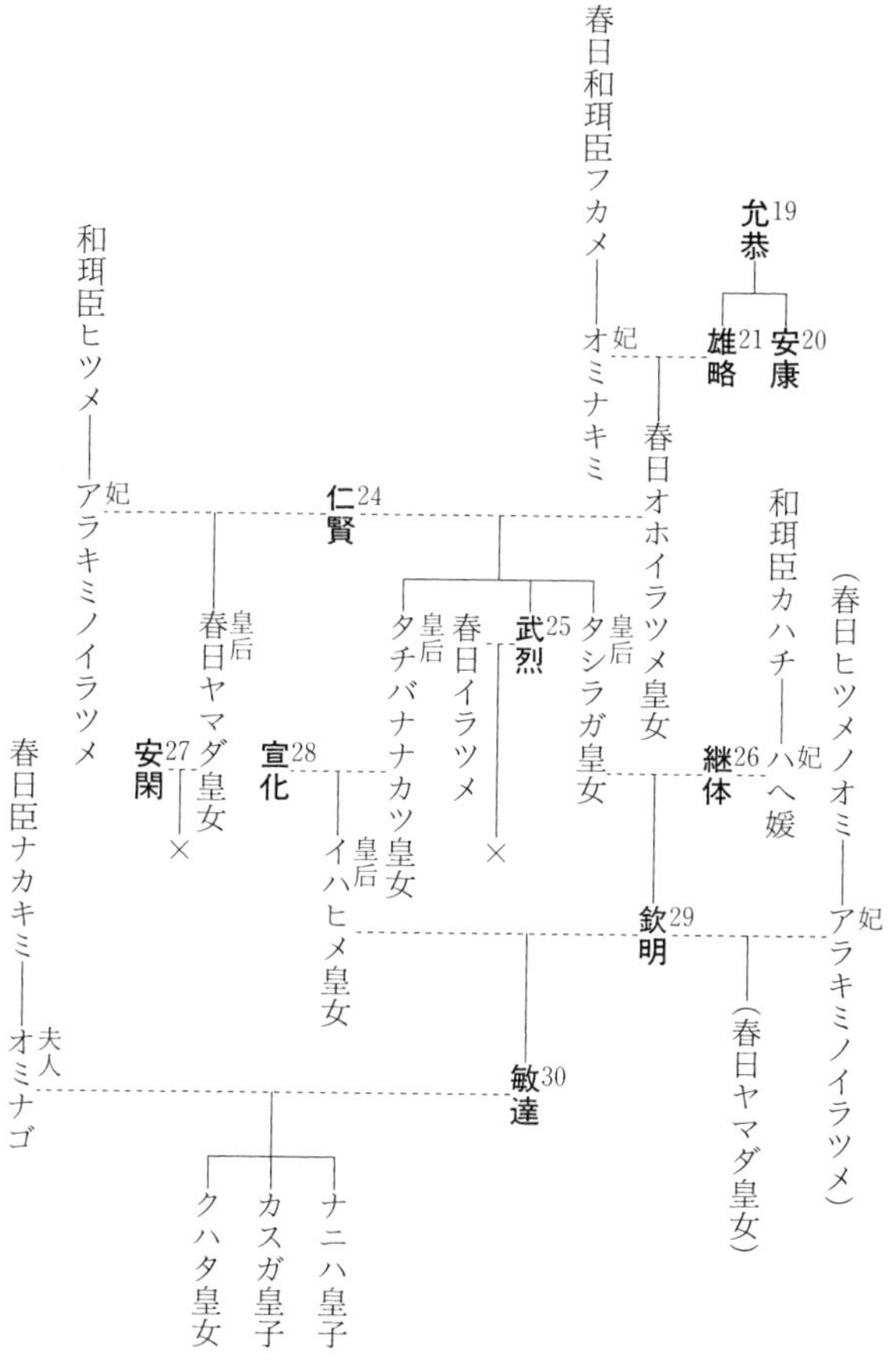

していのかもしれない。ともあれ、天智・天武は、押坂《おさか》ヒコヒトを祖父とし、かつ継体を直接の始祖として強く意識していたことは間違いない。

息長氏についてほぼ確かなことは、雄略天皇の母忍坂《おさか》オホナカツヒメの存在で、この時から王室との婚姻を反覆し、后妃のためにヤマトに忍坂宮を経営し、そのため忍坂部・刑部《おさかべ》という名代《なしろ》を設定したことである。そして、その皇子女には、すべてその名に息長または忍坂・押坂を冠して呼ぶようになった。しかも、これらの皇子はかならずしも天皇となるわけではなく、再び息長氏の娘をめとり、また皇女は再び后妃となるという関係を続け、数代をへだてて天皇を輩出するという形をとる。継体天皇はその有力な一人であったといえよう。

＊　有名な和歌山県の隅田八幡宮画像鏡の銘文に、「癸未年八月日十大王年男弟王在意柴沙加宮時」という章句がある。この「癸未」を五〇三年とする方がよいことは、最近ほぼ定説となってきた。それは、四七一年の稲荷山古墳出土鉄剣銘にみえる「乎獲居臣」などの人名表記に比べ、画像鏡にみえる「開中費《かわちの》直穢人《あたいえひと》」を、四四三年の「癸未」とすることはとうていできないからでもあるが、五〇三年が正しいならば、それは『書紀』の紀年でいって、継体天皇即位の四年前のことである。つまり、「大王」は武烈か、要するに当時の天皇、「男弟王」は即位前のヲホト王＝継体であって、ヲホト王は息長氏の経営する「意柴沙加宮」＝忍坂宮に居住したことがあることを示している。

次に、和珥（春日）氏は、大和の北部から山背・近江にわたって分布し、地名である春日・大宅《おおやけ》・

粟田《あわた》・小野などを冠して氏の名とした。この氏も息長氏とほぼ同じ時期に、王室に連続して后妃を納《い》れ、その宮として春日宮を経営したらしく、春日部《かすがべ》が名代として設定されている。そして后妃には、息長氏の場合と同じく、春日・大宅などを冠して呼び、后妃となってのち再び次代の后妃を生むという関係を反覆しつつ、数代をへだてて天皇を輩出しているのである（岸俊男「ワニ氏に関する基礎的研究」〈『律令国家の基礎構造』一九六〇年、吉川弘文館〉、のち『日本古代政治史研究』一九六六年、塙書房に収録）。

このように息長《おきなが》・和珥《わに》（春日）両氏の性格には、「皇親氏族」としての共通性が強くみられる。もちろん、息長氏は真人《まひと》姓、和珥氏は臣《おみ》姓から朝臣《あそん》姓に改められたもので、氏族的性格はちがっている。息長氏には固有の民部・部曲《かきべ》はほとんどみあたらないのに、和珥氏は和珥部・和爾《わに》部・丸《わに》部を多く領有している。しかし、同じ臣姓の葛城《かつらぎ》・平群《へぐり》・蘇我氏と和珥氏は祖先伝承をまったく異にし、なによりも前者が氏の娘を后妃に納れ、その所生の皇子を皇位に即けて権力を手中にしようとしたのとはちがい、皇位継承に干渉した伝承をまったくもたないのである。いうならば、蘇我氏のような「外戚的氏族」ではないといえるであろう。

このようにして息長・和珥（春日）両氏は、ほぼ雄略《ゆうりやく》より敏達《びだつ》まで、つまり五世紀後半より六世紀後半までの間交互に后妃を出し、たがいに補完関係にあった。継体天皇は、この二つの「皇親氏族」のうちの息長氏より輩出し、欽明天皇は春日氏と親近関係にあった。この両氏族は、ヤマトの父系の大王氏に対し、いわば母系の氏ということもでき、母系の氏から大王が補給されたにすぎないともみられる。いずれにしても、古代の族長権の継承に際して、父系と母系の問題は今後に残された大切な課題といわねばならない。この説の主意は、ほぼ上記のようなものといえよう。

継体・欽明朝の国際関係　「継体紀《けいたいき》」「欽明紀《きんめいき》」の大半は外交記事からなるが、その基本史料はいうまでもなく「百済本記《くだらほんき》」である。「百済本記」は両紀の分注ばかりでなく、本文をも構成することが多く、その部分は信憑性が高い。

まず、あげなければならないのは、継体七年（五一三）より欽明十五年（五五四）まで継続的に記録される、百済よりの諸博士の上番記事である。それは次のような特徴をもっている。

(1)　諸博士らは、「五経《ごきょう》博士」「医博士」「暦博士」「易博士」「採薬師」「楽人」などを含む各分野の専門家で、百済王よりわが国に交替で番上《ばんじょう》せしめられた中国の南朝人といってよい。

(2)　彼らを率いて来朝したのは、明らかに百済の「将軍」であり、「副」と記されているのは倭の武将である。倭の武将をみると、すべて百済の官位をもち、長く百済にとどまったものであることを示している。

(3)　諸博士の交替番上に際し、百済王はかならず土地の「奪還」、「救軍」「請軍」などの要求を付しており、倭国の側も、そのような要求を実現したことを理由に、百済に交替番上を督促した例がある。つまり、百済はわが国の救援を代償に、上番を実現させたもので、彼我の要求は均衡を保っていた。

(4)　交替番上に際し、前回の番上者にかわる旨が明記されている場合は一回の番上期間が三、四年であるらしいことがわかるが、そうでないもの、また記事に相互の脈絡のないものもある。したがって、実際は両紀に記録された五回よりも多く、おそらく一〇回程度の上番はあったものと思われる。

諸博士の上番がほぼこのような特徴をもつとすれば、それはどのような背景から生じたものであろうか。

六世紀はじめの倭は、倭王武《ぶ》による通交の途絶の後を受け、南朝＝梁《りょう》に対し、百済を介して文化を輸入せざるをえない状態にあった。一方百済は、高句麗《こうくり》との戦いに加えて新羅《しらぎ》とも対立するにいたり、倭の軍事援助を不可欠のものとしていたのである。ここにまず、諸博士上番の基盤がある。

次に、百済における梁文化は、すでに述べた通り熊津《くまなり》（公州）よりその影響が認められる。それは、公州郊外の宋山里《そうざんり》六号墳や武寧《ぶねい》王陵によっても確かめられる。しかし、その最盛期は扶余《ふよ》であり、聖《せい》明王《めいおう》代ということができよう。『梁書』によれば、聖明王は武寧王の梁への通交の後を受け、五三四・五四一年に梁に朝貢し、「涅槃《ねはん》等経義、毛詩博士、並工匠、画師等」を請い、これを給わったという（『梁書』百済伝に中大通六年〈五三四〉・大同七年〈五四一〉の二回にわたってこのような記事がある）。わが国への諸博士の上番が、このような梁・百済の通交の延長線上にあることが確認されるであろう。

このような百済・倭間の文化輸入は、このののちも継続する。敏達六年（五七七）、百済王が律師《りっし》・禅師《ぜんじ》・

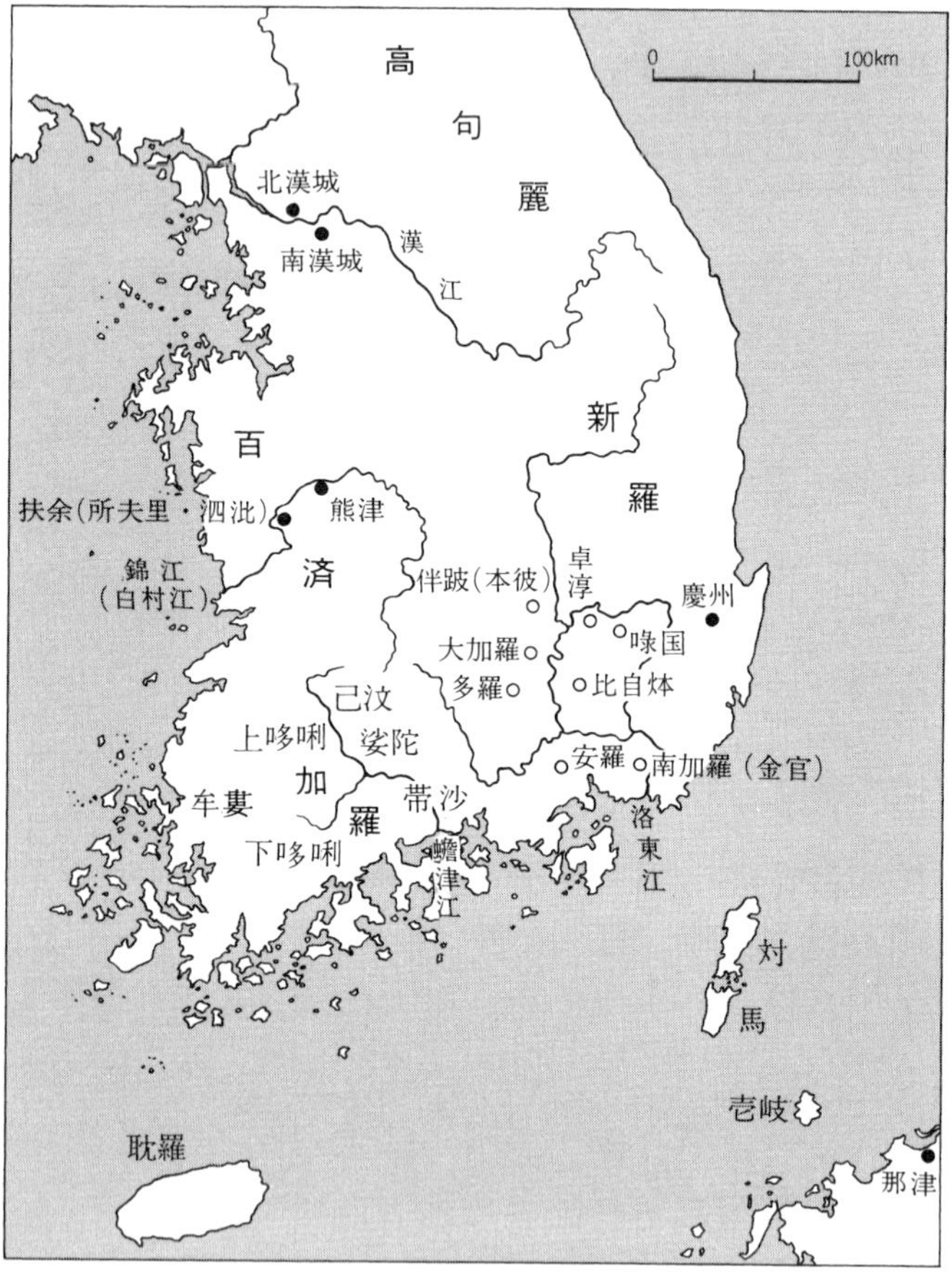
高句麗
0
100km
北漢城
南漢城
漢江
新羅
百済
扶余(所夫里・泗沘)
熊津
錦江
(白村江)
伴跛(本彼)
卓淳
慶州
喙国
大加羅
多羅
比自炑
己汶
娑陀
上哆唎
加羅
牟婁
帯沙
安羅
南加羅(金官)
下哆唎
蟾津江
洛東江
対馬
壱岐
耽羅
那津

12　任那（加羅）諸国図

比丘尼《びくに》・呪禁師《じゆごん》・造仏工・造寺工六人をわが国にすすめ、難波の大別王寺《おおわけおうのてら》（四天王寺の前身という）に安置したといい、崇峻《すしゅん》元年（五八八）、百済より法興寺《ほうこう》（飛鳥寺）の造営のために寺工・鑪盤《ろばん》博士・瓦博士・画工などが送られてきたというのも、南朝人を主とする技術者であった。

欽明七年戊午（五三八）、または同十三年壬申（五五二）のいずれの年紀にしても、百済聖明王から仏像・経論が献ぜられたという、いわゆる「仏教伝来」も、その年代からみれば上記の「諸博士上番」と時期を同じくし、共通する文化現象であるといえよう。つまり梁の文化の輸入である。

つづいて検討すべきものとして、任那《みまな》・加羅《から》をめぐる朝鮮半島南部の政治情勢がある。「継体紀」「欽明紀」の「百済本記」と、「史済紀」「史羅紀」の記事を比べ、ほぼ確定できる史実をあげると、次のようになろう（平野邦雄「継体・欽明紀の対外関係記事」〈『古代東アジア史論集』一九七八年、吉川弘文館、のち『大化前代政治過程の研究』に再説〉）。

(1)南加羅の滅亡　五二三年、新羅の法興王《ほうこう》は「南境」を巡狩したが、その時「南加羅」の国王が来り会した（「史羅紀」法興王十一年〈五二三〉）。ひきつづき五二七年、近江毛野臣《おうみのけの》は、新羅に奪われた「南加羅」（金官《きんかん》）・「喙己呑《とくことん》」（慶山）などの復興をはかるために「安羅《あら》」（咸安）に赴き、新羅王・百済王を集めて協議しようとするが、五二九年新羅は逆に洛東江《らくとうこう》を越え「金官」などの四村を抄掠するという事件がおこる（「継体紀」二十一年〈五二七〉、同二十三年）。

このように、「南加羅」（金官）は事実上崩壊しており、こののち五三二年、「金官国王」が新羅に投降した記事となる（「史羅紀」法興王十九年〈五三二〉、『史記』地理志・梁中大通四年〈五三二〉）。

(2)安羅の通計　五四一年より五四四年にかけて、「安羅」の新羅への内応が始まる（「欽明紀」二年〈五四一〉・同五年所引「百済本記」）。その内応や通計の主体は、安羅ミヤケにいた「阿賢移那斯《あけえなし》」、「佐魯《さろ》麻都《まつ》」などといわれる人物で、彼らは「韓腹」（カラクニ生まれ）の「小家微者《すこしきいえのいやしきひと》」（賤しい身分の者）といわれる安羅人であった。

わが国から遣わされていた「烏胡跛臣《うこはのおみ》」（的臣《いくは》）・「加不至費《かわちのあたい》」（河内直）・「吉備臣」らの武将は、彼らにあやつられ、ミヤケそのものが新羅に通ずることになる。

その頃、「南加羅」（金官）・「卓淳《とくしゅ》」（大邱）・喙己《とくこ》呑《とん》（慶山）はすでに新羅に併呑され、さらに「伴《は》跛《ひ》」（星州）も倭より離れつつあった状況が示され、「安羅」は新羅と境を接するにいたったという。このような状況のもとで、新羅は安羅を攻撃する。攻撃は春秋ごとに兵甲を集めて行なわれ、抄掠して引き上げるという戦法であったらしい。

ついで、五四八年、高句麗を「安羅」が招き入れて、百済を討たせ、つづいて「安羅」の逃げ滅びた空しい地に倭と百済が兵力を投入したとあるのは「安羅」がすでに滅びていたことを示すであろう（「欽明紀」九年〈五四八〉）。

このような『書紀』の記事に対し、『史記』は新羅の法興王が「阿那加耶」（安羅）を滅ぼして郡をおいたとするが、法興王の代は五四〇年までとしているから、年代に若干の食い違いがある（『史記』

地理志咸安郡条)。

しかし、任那・加羅の諸国と新羅の関係をみると、まず国王の新羅に対する「通婚」、貴族の「内応・弐心」に始まり、彼ら指導層の「託《つ》くところを知らず」とあるような内部分裂、それに続いて新羅の軍事的「侵入」が反覆され、そのために人民の「来投・亡入」をまねき、ついに領土の「併合」と「置郡」を経て、最終的に滅亡するというのが通例のパターンである。けっして一時の決戦によって、滅び去るといったものではない。とすれば、『書紀』はその辺の事情をよく写しとっており、『史記』との年代差も解決できないわけではない。

(3)漢城・平壌の失陥　百済・新羅の対立に加え、再び高句麗が百済に重圧を加え始める。こののち百済は、高句麗・新羅二国との敵対を強いられることになる。「欽明紀」は、五四四年頃の記事から、「高句麗と新羅と通和ひ、勢を幷《あわ》せ」とか、「新羅無道にして、狛《こま》国と心をおなじくし」などという文言をしばしば用いているのは(「欽明紀」五年)、このような変化をよく写しとっているといえよう。しかも新羅は、高句麗と百済の戦いを利用し、時として、百済に味方しつつ漁夫の利を占めるのである。

五五一年、百済の聖明《せいめい》王は新羅軍とともに高句麗に侵入し、漢城《かんじょう》(南漢山)を回復し、ついで平壌(北漢山)を攻めたが、五五二年、新羅は高句麗・百済二国の兵の疲れに乗じ、二城を奪ってしまう(「欽明紀」十二年〈五五一〉、同十三年、「史羅紀」真興王十二年〈五五一〉、同十四年、『史記』列伝居柒夫条)。

これは新羅の真興《しんこう》王の時で、真興王は五五五年、北漢山の地に巡行し、封疆《ほうきょう》を定めるにいたる。この事実を記したのが現在に残る『北漢山城巡狩碑』である（今西龍「新羅真興王巡狩管境碑考」〈『考古学雑誌』一二―一一、のち『新羅史研究』一九七〇年、国書刊行会に収録〉、葛城末治『朝鮮金石攷』一九七四年、国書刊行会）。ここに新羅ははじめて西海岸の要地を確保し、中国と直接に通交するにいたるのである。

(4)明王の死　聖明王は、王子余昌《よしょう》が高句麗・新羅と戦い、戦線深くはいったので、その救援に向かう。新羅は全力をあげてこれを迎え討ち、五五五年これを殺害する。王子余昌は、わが国に明王の死を伝える使者として弟恵《けい》を遣わし、欽明天皇は、これを筑紫舟師《つくしのふないくさ》をもって本国に衛送したという（「欽明紀」十四年〈五五三〉、同十五年、同十六年、同十七年、「史済紀」聖王三十二年〈五五四〉、「史羅紀」真興王十五年〈五五四〉）。

(5)大伽耶《おおかや》の滅亡　五六二年、新羅はついに任那・加羅の最奥部にあたる「大加耶」（高霊）を滅ぼす。これが、いわゆる「任那《みまな》官家《みやけ》」の滅亡として、「欽明紀」に記録されている。真興王《しんこうおう》はここに「大伽耶郡」をおいた（「欽明紀」二十三年〈五六二〉、新羅は「任那官家」を滅ぼしたとあり、任那一〇国を並べている。「史羅紀」真興王二十三年〈五六二〉、「加耶」が叛したので、王は「異斯夫」に討たせ、「一時尽降」とあり、『史記』地理志高霊郡条に「大加耶郡」をおいたとある）。

このような記事は、はじめに述べたように彼我の史料の一致するものを採録したので、間違いのない事実である。

これをみると、五二〇〜五六〇年代にわたって、(1)南加羅の滅亡、(2)安羅の通計と消滅、(3)漢城・平壌の失陥、(4)明王の死、(5)大加耶の滅亡という事件が相次いで起こったのが基底的な事実である。つまり、これらは新羅が洛東江《らくとうこう》を越えて、東から任那・加羅を蚕食していったことを示している。百済はそれによって打撃を受けるが、他方で高句麗の南下の圧力を受けて、みずからも上哆唎《おこしたり》・下哆唎《あるしたり》などの四県や、帯沙《たさ》・己汶《こもん》など蟾津江《せんしんこう》の流域へ西から進出し、任那・加羅の領域をあわせていく。ここに、任那・加羅は、東西より存立の基盤を奪われることになるのである。

六世紀にはいって、このようなめざましい政局の展開がみられるのは、高句麗・百済・新羅三国の国制の発展によって、国家間の競合が激しくなったためである（武田幸男「新羅骨品制の再検討」〈『東洋文化研究所紀要』六七、一九七五年〉、同「六世紀における朝鮮三国の国家体制」〈『東アジア世界における日本古代史講座』4、一九八〇年、学生社〉、井上秀雄「朝鮮日本における国家の成立」〈『岩波講座　世界歴史』6、一九七一年〉、坂元義種「古代東アジアの日本と朝鮮」〈『史林』五一―四、のち『古代の日本と朝鮮』一九七四年、学生社に収録〉、同「五世紀の〈百済大王〉とその王・侯」〈『朝鮮史研究会論文集』四、同前、いずれも『古代東アジアの日本と朝鮮』一九七八年、吉川弘文館に再録。〉鬼頭清明「加羅諸国の史的発展について」〈『朝鮮史研究会論文集』一一、のち『日本古代国家の形成と東アジア』一九七六年、校倉書房に収録〉）。三国の国制の発展をみると、もっとも早かったのは高句麗で、広開土王《こうかいどおう》（好太王《こうたいおう》）の南下政策を継いだ長寿王《ちょうじゅおう》（四一三～四九一）が、平壌に遷都するにいたったからで、領土もいちじるしく拡大した。そのため「好太王」はまた「永楽太王《えいらくだいおう》」ともいわれ、大王号が成立したとみられる。これに続いて国制が発展したのは百済であろう。百済について大王号の成立の史料はみあたらないが、四九五年、東城《とうせい》王（牟大）が宋の冊封《さくほう》を受けた時、部下の王族・貴族に将軍号とともに王侯《こう》・太守《たいしゅ》号が与えられており、これら王・侯の上に立つ大王の地位にあったことは十分にうかがわれる。百済の国制の発展が倭と共通するところが多いことを考えれば、倭もまた雄略《ゆうりゃく》天皇（武《ぶ》）の時に大王号が成立していたとみてよい。武も宋に上表し、東は毛人《えみし》、西は衆夷、渡りては海北の国々を征服したというほど、領土を拡大した大王である。倭の大王号は『稲荷山《いなりやま》古墳鉄剣銘』に「獲加多支鹵《わかたける》大王」とあることから立証され、それは四七一年の年紀となる。

新羅の国制が、高句麗・百済二国に比べて遅れていたことは、これまでいわれた通りである。新羅は、法興王《ほうこうおう》から国制を進展させ、真興王《しんこうおう》（五四〇～五七九）の時に画期を迎える。すでに述べたように真興王は、任那・加羅と高句麗・百済に対し勢力を広げ、いちじるしく領土を拡大した。領土の疆域《きょういき》を示す『真興王巡狩碑』のいくつかに「真興太王」と明記されたものがあるように、この王から大王号は成立したのである。

そして、この真興王代に新羅の国制が整い、国力が充実したことが、任那・加羅を含む三国間の戦いをいっきょに激化させていくのであり、百済は聖明王《せいめいおう》（五二三～五五四）、倭は欽明《きんめい》天皇（五三二?～五七一）の治世にあたるが、この二国もさらに国力を充実させたため、三者間に激しい争いを生じたのである。

「任那日本府」の問題　いわゆる「任那《みまな》日本府《にほんふ》」とは『書紀』の用語で、もちろん六世紀までに「日本」の号は存しないのであるから、用語そのものが成立するはずはない。「欽明紀」に引く「百済《くだら》本記《ほんき》」に「海北弥移居《みやけ》」とあるのが当時の用語であろう。ここには、「海北」と「ミヤケ」という二つの概念が示される（「欽明紀」十五年十二月）。

(1)　まず「海北」とは、倭王武《ぶ》の上表文に「渡平海北九十五国」とあるのと同じ概念で、朝鮮半島南部を指し、倭王の将軍号の対象領域として認められた「新羅《しらぎ》、任那、加羅《から》、秦韓《しんかん》、慕韓《ぼかん》」を内容とする。もちろん、新羅が南朝と通交を開いておれば除かれていたから、主たるものは「任那・加羅」であり、これらの地域の軍事的支配を宋は容認したのである。「日本府」の語も「府」の字を用いたのは、「軍事府」「将軍府」を第一義とするからであろう。

(2)　次に「ミヤケ」の概念である（末松保和『任那興亡史』一九四九年、吉川弘文館は、すでに日本府がミヤケの形式をとったと説明している。そののち、八木充『律令国家成立過程の研究』一九六八年、塙書房も、任那をミヤケとみなして、その支配がいちじるしく「軍屯制的」な支配であったとしている。ただしその後、六世紀の二〇・三〇年代に「南加羅」の復興のため、安羅に「行政府的」な「日本府」が設立されたように述べるのは、これと矛盾することになろう）。もともとミヤケ＝屯倉・官家・御宅とは、支配機構としてのヤケ（宅）と、稲・穀を収納するクラ（倉）からなり、それにはミタ（御田・屯田＝水田・

可耕地）が付属していた。これがミヤケの原義であろうが、さらに拡大して鉱山・採鉄地・港湾・塩浜・塩山・軍事基地・狩猟地など、朝廷の直轄地もミヤケに含まれるようになった。その場合、これらの生産活動、施設の建設・維持などの労働の対価としても稲・穀が当然必要であった。律令制のもとで、地方の国衙《こくが》・郡家《ぐんけ》の機能を維持するため、正税が対価として用いられたことと等しい。「海北弥移居《みやけ》」の場合は、このうちの軍事基地にあたり、そのミヤケの維持のためにミタ（水田）が付属したであろう。「欽明紀」に「安羅《あら》に近きところは安羅耕種し、久礼山に近きところは新羅耕種し」というように、安羅と新羅の関係が緊迫し、支配地の錯綜するもとでも、ミヤケの耕作は行なわれていたらしい。

(3)『書紀』によると、全国に設けられたミヤケは、起源をほとんど「安閑《あんかん》紀」においている。「応神紀」などにみえる畿内のミヤケ（屯田・屯倉）を原型とし、諸国のミヤケ（屯倉・官家）はすべて「安閑紀」以後においたのは、それなりの意味のあることでなければならない。「海北」のミヤケもその時期に設立されたものと思われる。たとえば『史記』に、四〇八年、倭が対馬島に営をおき、「兵革・兵粮」を貯えていたことが記されるが、これをミヤケと称した形跡は『書紀』にも認められない。しかるに宣化《せんか》元年（五三六）、那津《なのつ》にクラを建て、「年粮」（兵糧）を貯えさせた時は、ミヤケ（官家）と記し、九州や諸国のミヤケの穀との関係を説明している。海北のミヤケは、那津ミヤケとことに関係が深いであろう。設立も相前後していたと思われる。

海北ミヤケの具体的な記事は「安羅」において表われる。それは「継体紀」の二十三年（五二九）頃からで、おそらく新羅によって南加羅（金官《きんかん》）が空洞化し、任那・加羅が危機にみまわれ、「任那復興」が政治課題となった時にミヤケは設立されたと思われる。すなわち、この年、近江毛野《おうみのけの》臣が安羅に赴いて新羅に破られた南加羅の復興をはかった時、百済の聖明王は「加羅に赴きて、任那の日本府に会ひて相盟《ちか》ひき」と述べたといい、加羅の国主たちについても、「安羅あらたに高堂をたて、勅使を引きてのぼり、国主後に随ひて階をのぼる」とある。ミヤケの機能・施設らしいものが、そこに示されている。しかるに「欽明紀」の二年（五四一）には、任那諸国の「旱岐《かんき》」「日本府臣」とも百済に赴き、聖明王から詔勅を聞くとあって、ミヤケの存在理由はすでに失われていた。とすると、その実質的な存続期間は、ほぼ二〇年くらいにすぎないことになる（大山誠一「所謂『任那日本府』の成立について」〈『古代文化』一九八〇年九・十一・十二月号〉）。

(4)　前項において、五二三年より五三二年にかけての「南加羅」、五四一年より五四八年にかけての「安羅」、五六二年の「大加耶《おおかや》」の滅亡の経過を述べた。このうちミヤケは「安羅」についてのみ記述されるが、全体としてみれば、五二〇年代から五六〇年代までの任那・加羅の政治情勢の中でこそ設立の必要があった。しかも上記の経過をみると、ミヤケが、諸国の王・旱岐や官人の主体的な政治行動を統制する権限をなんらもちあわせていなかったのは明らかで、行政は任那諸国の王に権限があり、ミヤケが保持したのは軍事権である。これが宋より冊封された将軍号とその対象領域に見合うものであることは、十分に整合性がある。

(5)　倭より百済または任那・加羅に遣わされた人物をみると、物部《もののべ》・吉備・紀・的《いくは》・津守《つもり》・河内などの各氏が多く、武将であり、かつ長期にわたって駐留したことを示すように、百済の官位をもつ者が多い。前項で述べたように、百済から倭に上番した諸博士を率いたのも、「将軍」（百済人）と「副」（倭人）で、ともに武将である。そして、このような文化交流においてすら、その目的は「援兵」「救軍」「請軍」にあったのである。

以上に述べた(1)〜(5)の基本的性格を除いて、安羅に設けられたミヤケを論ずることはできない。ミヤケとは特定の政治概念であり、国内ミヤケの概念については次項で述べるが、そのようなミヤケの概念を満たすものとしては、五二〇年以後に設定された安羅のミヤケを指すと考えるほかはあるまい。ただし、それ以前に倭のなんらかの軍事的拠点が任那・加羅にあったことは当然である。「雄略紀」に、「新羅王」が「任那王」に対して、「日本府行軍元帥《いくさのきみ》」に救軍を頼んで欲しいと願ったという、その「行軍元帥」とは、倭王武の「安東大将軍《あんとうだいしょうぐん》」の権限を代行する地位を示すものであろう。しかし、この段階においてミヤケの組織が存在したとは認めがたい。ただし、その軍事的性格は一貫していたとみるべきであろう。さらにさかのぼると、『広開土王陵碑』にみえる「安羅人戍兵」がある。この「戍兵」も、任那・加羅に出兵した倭人・倭兵とともに戦ったのであり、そこになんらかの軍営のあったことが認められる。しかし、それも安羅のミヤケとは段階を異にするとみるほかはなかろう。

2　六世紀の国家組織――ミヤケ制の成立

六世紀の国制の発展　六世紀に、新たな国家組織として登場するのはミヤケである。ミヤケ制は部《べ》民《みん》制と並ぶ大化前代の重要な国制であるが、それとは質的に異なる。これまでミヤケ制についていろいろな学説があり、一定しないのは部民制との相違を把握できないからである。

ミヤケとは、御宅・三宅・官家と書かれ、また屯倉とも記され、むしろ屯倉と記されることの方が多い。そして、ミタつまり御田・屯田も、他方でミヤケと訓まれている。これらは明確な意味があってのことである。

まず、ミ・ヤケを御・宅、三・宅と記すのは、貴族のヤケに対し大王のヤケをそう称したにすぎず、表記上の問題はない。しかし「屯倉」の文字はまったく別で、ミヤケと訓読できるはずはなく、他に例のない造語である。この造語の「屯」とは、「集める・蓄える」という意味とするよりも、木材を積み重ねて壁体を構成する意と解する方がよく、「倉」はもちろん稲・穀を収納する施設をいう。それは律令制において、三角材・丸太材・板材のいずれを問わず、それらを井籠組《せいろうぐみ》に重ねて構築される「校倉《あぜくら》」、つまり「正倉」と同じものを指すとみることができる（村尾次郎『律令財政史の研究』一九六一年、吉川弘文館）。

13　校　　倉（唐招提寺経蔵）

この御宅・屯倉の二つの用語を統一的にみれば、ミヤケは大王のヤケ（宅）・クラ（倉）を中核としている。ヤケは大王《おおきみ》の行政を行い、クラはミタ（田）から収納する稲・穀を収め貯える施設である。つまり、ヤケ（宅）・クラ（倉）・タ（田）の三者は一体のものといわねばならない。このことは、律令制のもとで「郡家《ぐんけ》」をコホリノミヤケと呼び、それに多くの「正倉」が付属し、それには「口分田《くぶんでん》」より収納される「田租・正税」が収められたことと共通する関係がある。地方財政は、この「正税」によってまかなわれたのである。

ここから、大化前代のミヤケ制が律令制のコホリ（郡）制の前身であったのではないかとの仮説が生まれる。これについてはもう少し後に述べるとして、ここでいえることは、ミヤケの原型は畿内のミタ（屯田）の制度にあることで、「前期型ミヤケ」といわれるのがそれにあたり、その根底は土地＝水田の支配にある。この点は、「後期型ミヤケ」にいたっても基本的に変わらない。つまり「安閑紀《あんかん》」以後に記されるミヤケ（屯倉）は多様な目的をもち、水田ばかりでなく、採鉄地・鉱山・塩浜・塩山・港湾・軍事基地などに拡大されたが、それでも一定の土地を占有・支配することに目的があり、その中核にやはりミタ（屯田）があり、収穫物としての稲・穀は、各種ミヤケの経営に欠くべからざるものであった。

つまりミヤケとは、ヤケ（宅）・クラ（倉）・タ（田）を中心に、一定の土地・領域を、朝廷が排他的に占有するために設定したものであり、あくまでも土地に密着した概念である。トモ・べの制度が、人間を支配するものであるのとは基本的な相違がある。ミヤケは、タチカラ（田租）を収めるのが基本であり、田租が土地の面積を基準とするのに対し、トモ・べはミツギ（調）・エタチ（役）を徴収するもので、人間を単位としていたのもそのためである。

＊　ミヤケ制と部民制、ことにミヤケと朝廷の名代・子代を共通するものとしてとらえた論文に、これまで、岸俊男「光明立后の史的意義」（『ヒストリア』二〇、のち『日本古代政治史の研究』一九六六年、塙書房に収録）、井上光貞『大化改新』一九五四年、要選書、関晃「大化前代における皇室私有民」（『日本経済史大系』1、一九六五年、東京大学出版会）などの代表的な論文がある。

これに対し、弥永貞三「大化以前の大土地所有」（『日本経済史大系』1、のち『日本古代社会経済史研究』一九八〇年、岩波書店に収録）は、古代国家において、「人の所有・隷属と、土地所有とは分離併存し、別個の範疇でとらえられていた」と明らかに指摘し、平野邦雄『大化前代社会組織の研究』『大化前代政治過程の研究』一九六九・一九八五年、吉川弘文館、も同じ視点に立っている。

この違いは、土地区分としてのミヤケが、その所在する国・郡の地名をもって呼ばれ、人間集団としてのトモ・べは、これを領有する宮名・王名・貴族名を冠して呼ばれたことにも表われている。たとえば、小墾田《おはりだ》屯倉（大和高市郡小墾田）・児島《こじま》屯倉（備前児島郡）・橘花《たちばな》屯倉（武蔵橘樹《たちばな》郡）・那津《なつ》官家（筑前那珂郡那津）など、例外なく地名で呼ばれているのに、刑部《おさかべ》（允恭《いんぎょう》后忍坂大中《おさかおおなかつ》姫=忍坂宮）・孔王《あなほ》（穴穂）部（穴穂皇子=穴穂宮）・金刺舎人《かなさしのとねり》部（欽明《きんめい》=志貴《しき》島金刺宮）・和爾《わに》部（和珥氏）・中臣部（中臣氏）・秦部（秦氏）などは、すべて領有者の宮号・氏名を冠して呼ばれている。

このことから、ミヤケとトモ・べの制度には基本的な相違があり、ミヤケ（土地区分）とトモ・べ（人的区分）は、五、六世紀以来の国家における二元的な統治組織であり、人間支配から土地支配へ展開するのが通例であるとすれば、『書紀』がトモ・べ制の成立を「雄略《ゆうりやく》紀」にかけ、ミヤケ制を集中的に「安閑紀」に記録しているのも理由のあることであろう。同時に、ミタ（屯田）はミヤケ（屯倉）の前身にあたり、ミヤケはミタの本質を継承しつつ、これを支配体系として全国に拡大したものとせねばならない。畿内から全国へ、水田から領域的支配へと展開するさなかに、それは大きく変質したといえるが、しかし、土地の支配という点では変わりはないのである。

六世紀の国制は、ミヤケ制の段階にはいったといってもよいであろう。

最近のミヤケについての研究をみると、次にのべるような傾向が強い（館野和己「屯倉制の成立」

〈『日本史研究』一九〇〉、本位田菊士「ミヤケの起源と本質」〈『日本史研究』二二一〉、山尾幸久『日本国家の形成』一九七七年、岩波新書、原島礼二『日本古代王権の形成』一九七七年、校倉書房、門脇禎二「七世紀の人民とミヤケの廃止」〈『日本史研究』一三九〉、小林敏男「県・県主制の再検討」二〈『続日本紀研究』一八七・一八八〉）。

(1)　ミヤケはヤマト朝廷の政治的・軍事的な拠点ないしは施設・機関であって、水田や稲・穀との関係は二次的な属性にすぎない。

(2)　ミヤケは六世紀以後に成立したもので、七世紀に中心があり、それ以前のミタとの関係はない。または、四、五世紀の畿内のミタの記事は、『書紀』の造作によるものが多い。

(3)　ミヤケは、在地豪族を人格的に隷属させるもので、はじめは在地豪族の生産関係に依存した貢納制にほかならない。土地支配はこの後に発生する。したがって、ミヤケからは、調《ちょう》・庸《よう》のたぐいも貢納されていたとする。

このような学説は、ミヤケの原義からみてやはり適切なものとはいえない。ミヤケを政治・軍事の拠点・機関と考えることは、ミヤケが土地そのものを占有する意味を排除してしまうであろうし、ミタとの関係を否定すれば、ミヤケが最低限ヤケ（宅）・クラ（倉）・タ（田）を要件とすることの語義そのものがわからなくなってしまう。また在地族長を人格的に隷属させるのは、トモ・べ制であって、それが調・庸制に展開する。調・庸を収めるクラ（庫）と、租を収めるクラ（倉）はその後も別個の概念であって、原理的に混同してはならない。

要するに、ミヤケは土地そのものの支配である。他は二次的属性として発展したにすぎないのである。

土地そのものの支配として、もっとも初源的なものは畿内のミタ（屯田）であり、これが畿外諸国のミヤケ（屯倉）に展開する。それを『書紀』の記事の範囲でまとめてみれば、次のようになろう。

①水田　②可耕地（墾田）　③山林　④採鉄地　⑤鉱山　⑥塩浜　⑦塩山　⑧港湾　⑨軍事基地　⑩漁場　⑪牧場　⑫猟場

ミヤケ制の組織　「仁徳紀」から「安閑紀」にかけて記される畿内のミタ・ミヤケ（屯田・屯倉）は、ミヤケの分類からいえば、①水田、②可耕地（墾田）にあたる。

その特徴をいえば、ミタ・ミヤケは河内・摂津・山背、そしてもちろん大和にも分布し、池・溝・堤などの水利施設の開発を前提に、数町から数十町という水田を開いたこと、それは大化前代でいえば県《あがた》、律令制下でいえば郡・郷よりさらに小地域を指し、すべてそのような地名で表記されたことである。*その耕作には、ミヤケの外から労働力を導入した。つまり、ミヤケの外にある地方豪族の領民の一部を、タベ（田部）・クワヨボロ（钁丁）として、徭役《ようえき》労働を提供させたのである（関晃「大化前代における皇室私有民」に指摘する通りである）。このことを逆にいえば、ミタ・ミヤケの土地の管理と、稲穀の収取そのものは、王権に属したので、畿内の初期のミヤケが地方豪族による間接経営によるものとはいえないことを示している。

＊　仁徳紀　河内　茨田堤《まんた》――茨田屯倉
　　　　　　　　　依網池《よさみ》――依網屯倉
　　安閑紀　摂津　上御野・下御野・上桑原・下桑原良田
　　　　　　大和　小墾田屯倉
　　　　　　河内　桜井屯倉
　　　　　　摂津　難波屯倉

その遺制は、宮内省の「官田」にみられる（『令義解』『令集解』田令置官田・役丁条、『延喜式』宮内省省営田条）。天皇の供御《くご》田としての官田は、畿内の大和・河内・摂津・山背に設けられ、ミタと同じく「三宅田」と呼ばれた。その経営は宮内省が直接に下地を管理し、「田司《たのつかさ》」（屯司）を遣わして収税とクラの管理を行なわせ、また省官人が巡検してこれを監督した。他方で、国郡司は宮内省の算定にもとづいて徭丁の数を定め、耕作と舂運に従わせたのである。これは、ミタ・ミヤケにおける朝廷と地方豪族の役割と共通すると思われる。

『書紀』は、ミヤケ制の画期を「安閑紀」におくが、これは畿内のミタから畿外のミヤケへの展開をそこにおいたからである（「安閑紀」に集中的に記載されるミヤケは、筑紫二・豊五・火〈肥〉一・播磨二・備中三・備後二・婀娜二・阿波一・紀二・丹波一・近江一・尾張二・上毛野一・駿河一の計二六にのぼる）。そこにみえるミヤケの名と、『倭名抄《わみょうしょう》』や平城宮木簡《もっかん》にみられる郡・里（郷）の名をあわせてみると、郡名、里（郷）名と一致するものが多い。その里（郷）にヤケ（宅）・クラ（倉）が設けられていたとすれば、郡名で表示される領域程度がミヤケの範囲といちおう考えられよう。

その経営形態を示す史料はほとんどないが、はじめは地方豪族が傜役労働（田部）を提供したが、やがて土地の管理と収税の職掌も彼らに委任されたようである。ここに田部と土地を一元的に支配する端緒が生まれた。この場合、「屯田司《みたつかさ》」でなく「屯倉首《みやけのおびと》」の称が成立する。このようにして、ミヤケはヤマト王権に直結する地方組織としての性格を明らかにし、コホリの名称が通用されるにいたったとし、ミヤケよりコホリへの展開を考える学説がある（鎌田元一「評制施行の歴史的前提」〈『史林』六三―四〉）。

「宣化紀《せんか》」に、筑紫の「那津《なつ》」の口に「官家《みやけ》」を建て、河内より東の四国と、筑紫・豊・肥の三国からミヤケの穀を運ばせたとある。それは「収蔵穀稼、蓄積儲粮」とある通り、那津という軍事基地に多量の軍粮を貯えたことで、なによりも穀を収めるクラと、それを管理するヤケの設立を第一義としたから、「官家」の文字をあてたのであろうが、その運営のために、おそらく筑前那珂《なか》・糟屋郡程度の地域が付属地として組織されたのであろう。

その場合、穀を運んだ河内より東の四国のミヤケは、尾張連・新家《にいのみ》連・伊賀臣らの在地豪族がこれにあたっているから、ミヤケの管理も彼らに委任していたと思われるが、那津のミヤケには中央からミコトモチとして官人が遣わされたと考えられる。このミヤケはミヤケの分類からいえば、⑧港湾、⑨軍事基地にあたる。

次に、「欽明紀」の吉備のミヤケがある。まず「吉備五郡」に「白猪《しらい》屯倉」を設け、ついで「児島《こじま》屯倉」を設けたとあって、この両ミヤケについて、「敏達紀」とあわせ、計七ヵ所に記事がみえる。

これまでの学説では、白猪のミヤケが設けられた「吉備五郡」は備前・備中にわたり、その中に児島のミヤケをも含まれるとする。つまりこのミヤケは吉備全域にわたるもので、吉備大宰の前身にあたるとする傾向が強い（関晃「大化前代における皇室私有民」、薗田香融「国衙と土豪との政治関係」〈『古代の日本』9、一九七一年、角川書店、のち『日本古代財政史の研究』一九八一年、塙書房に収録〉、栄原永遠男「白猪・児島屯倉に関する史料的検討」〈『日本史研究』一六〇〉）。このような説は、那津のミヤケも、大宰府《だざいふ》の前身とみるが、大伴磐《いわ》が「筑紫」の国政をとったというツクシとは、のちに筑前・筑後に分かれるツクシの範囲をさすので、九州全域とは何のかかわりもない。

しかるに、白猪・児島とは、他のミヤケの通則に従えば、地名である限り別個の存在としなければならず、五郡と児島郡は備前（のちの美作《みまさか》をも含む）に属するはずである。なぜなら、すでに「安閑紀」に備中・備後の七ミヤケが記されていて、備前のみが欠けているからである。この両ミヤケは吉備氏ではなく和気《わけ》氏の勢力圏に属する。それだけ吉備氏より遅れ、和気氏の勢力圏に新たな性格のミヤケを設定したことになる。五郡の中心の白猪とは美作大庭《おおにわ》郡で、他の郡も備前・美作の山間部があてられるであろう。それは通常のミヤケ、すなわち①水田、②可耕地（墾田）といった目的で設立されたものでなく、特殊な生産地を連結したものであろう。もともとこの地域は鉄・銅の著名な産地である。とすれば白猪のミヤケは、④採鉄地、⑤鉱山にあてるのが妥当であり、これまでもそのように考える学説が多かった（弥永貞三「大化以前の大土地所有」、矢島栄一「古代史に於ける屯倉の意義」〈『歴史学研究』三八〉、西川宏「吉備政権の性格」〈『日本考古学の諸問題』一九六四年、河出書房新社〉）。そうすれば、吉備大宰の前身とはなりえないであろう。

律令制のもとでも「雑令《ぞうりょう》」に、銅・鉄は官採を先とすると定められており、ことに銅は政府の占有物であった。実例によっても、政府から採銅使が遣わされ、採銅所が設けられ、そのもとで国司が徭夫を役して採銅し、その料物や食料はすべて正税から支出されている。鉄も国司が徭夫によって採進したことに変わりはない。

ミヤケにおいても、この原理は変わらない。地方豪族の提供する徭役労働の対価として、クラに貯えられた稲・穀があてられたであろうし、白猪のミヤケにおいても、各郡の規模がおよその単位とされたであろう。

児島のミヤケも、備前児島郡一郡を単位とし、ミヤケの中心となるヤケ（宅）・クラ（倉）は、郡内の「三宅郷」とある地におかれたであろう。この郡は全域にわたって塩を生産し、平城宮木簡にも「調塩」の付札が多くみられ、また「三宅連」の氏姓もある。さらに児島郡は、那津・難波間の海上交通の要地であることも古くから知られている。那津・難波両ミヤケとも共通する性格をもったであろう。したがって、先に述べたミヤケの分類に従えば、⑥塩浜、⑦塩山、⑧港湾にあたり、さらにつけ加えれば、⑪牧場を入れてもよいかもしれない。

　このように白猪・児島両ミヤケの性格を考えれば、この両ミヤケは当然別個のものとせざるをえないことになろう。

　児島のミヤケに類するものをあげれば、若狭のミヤケがある。藤原宮木簡・平城宮木簡に、若狭小《お》丹《に》生《う》評（遠敷《おにう》郡）から貢進された調塩付札が多くみられ、「小丹生郡三家里」の地名、また「三家人」「三家首」の氏姓が認められることから、一郡の規模におけるミヤケと考えられてきた（『藤原宮木簡』一解説、一九八〇年、『平城宮木簡』一～三解説、一九六九年・一九七五年・一九八一年、奈良国立文化財研究所、などに記載される材料によって、狩野久「御食国と膳氏」〈『古代の日本』5、一九七〇年、角川書店、

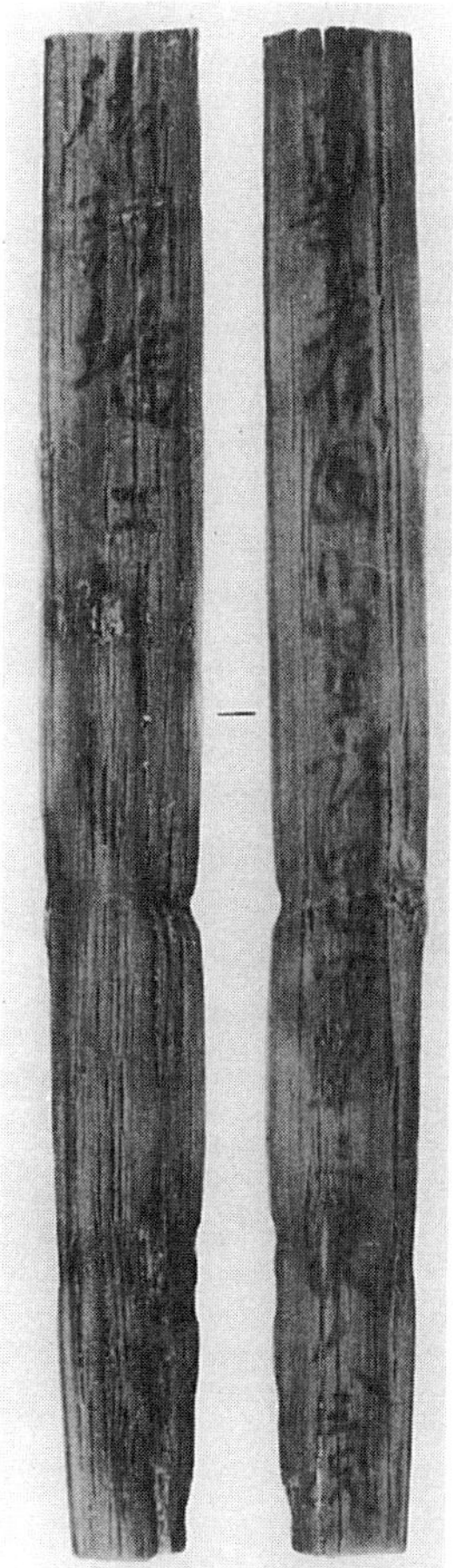

14　「若狭国小丹生評岡田里三家人三成」の「調塩」木簡

のち『日本古代の国家と都城』一九九〇年、東京大学出版会に収録〉）。その場合、三家里にヤケ（宅）・クラ（倉）が設けられたであろうが、この里に三家《みやけのおびと》首の氏姓のあることは「屯倉首」の存在を示し、ミヤケの中心地と考えられよう。

さて、白猪・児島両ミヤケの場合は、中央から「田令《たつかい》」が遣わされたという。そして「田令」は、ミヤケの土地の管理、稲穀の収取よりも人的集団、すなわち労働力としての「田戸」の編成を第一の任務としたように記されている。たとえば、白猪のミヤケに「田部」をおいてから十余年を経て「脱籍免課」の者が多くなったので、「田部丁籍《たべのちょうせき》」を作成させ、それによって「田戸」を増益することができたとある。すでに戸籍を作成し、労働力を戸別に把握したもののようである。

ここでは、ミヤケ制において、「田令」（屯田司《みたつかさ》）が土地・収税でなく、人の編成に重点を移したことになる。もともと「田令」「田部」「田戸」は、①水田、②可耕地（墾田）を基盤としたミヤケの概念である。しかし、白猪・児島両ミヤケは、この①・②を直接の目的としたものでなく、④採鉄地、⑤鉱山、⑥塩浜、⑦塩山、⑧港湾を指しているとすれば、なによりも朝廷は、徭役労働の組織化、つまり田部・田戸を徭丁として把握する必要に迫られたのであろう。ここに土地と人間を一元的に、しかも新しく支配する方式が打ち出されたといってよい。

ミヤケの支配がそこまで達したのは、白猪・児島両ミヤケの段階からであると思う。

ミヤケ制を推進し、全国化したのは蘇我氏の政策であろう。トモ・べ制が大伴・物部氏によってすすめられたことと対照され、それだけ年代の差もある。

蘇我稲目《そがのいなめ》は、那津のミヤケの設定に際して穀を運ばせ、また白猪のミヤケを設定し、みずから児島のミヤケに赴き、葛城山田《かつらぎのやまだ》直を田令に任じたという。馬子《うまこ》も吉備に遣わされ、白猪のミヤケについて田部の増益や丁籍の作成を行ない、白猪史を田令に任じ、それらの経過を復命したという。葛城直・白猪史はその氏姓からみて、ともに蘇我氏の直属の部下である。

この両ミヤケについて「欽明紀」「敏達紀」の記事に混淆や重複があるのは、白猪史の家記と、蘇我氏の復命による政府記録によって記事が作成されたためといわれるのも、それを示すであろう（栄原永遠男「白猪・児島屯倉に関する史料的検討」）。

さらに「推古《すいこ》紀」に、倭（大和）・山背・河内にそれぞれ池・溝を造り、それに応じ三国にミヤケをおいたというのも、これまでの畿内のミタ・ミヤケの完成を示すものである。これにも蘇我氏が深く関与していると思われる。

トモ・べ制にしても、ミヤケ制にしても、この「推古紀」をもってその設定は終りを告げる。ここから国制は再び新たな展開を遂げ、大化の改新にいたるが、その最後の段階に蘇我氏が登場すること、ミヤケ制がコホリ制の前身をなすと考えられることに注目せねばならない。

（原題「東アジアとヤマト王権Ⅱ」〈『日本歴史大系』一、原始・古代、一九八四年、山川出版社〉）

ライシャワー博士と円仁

Ｅ・Ｏ・ライシャワー博士の学問上の業績の最大のものは円仁に関する研究である。

Ennin's Diary – The Record of a Pilgrimage to China in Search of the Law, 1955

Ennin's Travels in Tang China, 1955

がそれで、前者は「円仁の日記――入唐求法巡礼行記（にっとうぐほうじゅんらいこうき）」の英語訳、後者はその研究であり、『世界史上の円仁――唐代中国への旅』（田村完誓訳、一九六三年）の名で邦訳がある。

円仁はいうまでもなく最澄《さいちょう》門下での天台《てんだい》の高僧。承和五年（八三八）、入唐還学僧《げんがくそう》として唐の揚州に着し、天台山への入山を許されず、ひそかに決意して山東半島登州赤山《せきざん》浦の新羅人社会の庇護をうけ、長途の旅をかさねて五台山《ごだいさん》と長安にいたり、密教の研究にはげみ、やがて武宗《ぶそう》の仏教断圧にあい、脱出して承和十四年（八四七）帰国する。この八三八年より四七年におよぶ厖大かつ精細な旅行記が巡礼行記である。

ライシャワー氏は原版序に、円仁を「時代を代表する第一級の宗教的人物」とし、行記を「当時の世界の先端を荷った国家と民族の豊富な描写をもりこんだ、この時代に関するユニークな第一級の資料」と位置づけたが、翻訳を進めるにつれ、「われわれは現在、東と西が一つの世界になる苦しい過程を経験しつつあることに気づくにいたった」という現代的関心が生まれ、さらに円仁に傾倒するようになったのである。この東と西、異質文明との交渉は、ライシャワー氏のその後の重要な視点を形成することになる。

もちろん氏は日本生まれで、十六歳まで目黒のアメリカンスクールに通ったので、すでにその素地はあり、日本語にも堪能であったが、「円仁の旅行に関する私の解説は、主に全文漢文で記された彼自身の素晴らしい日記に基づいてはいるが、『続日本後紀《しょくにほんこうき》』をはじめとするその他の日本・中国・朝鮮の史料を用いて補っている。それらももちろん漢文で書かれている」とのべたとおり、史料のすべては漢文であり、これら多方面の漢文史料を正確に読解されたことは驚嘆に値する。その研鑽はハーヴァード大学大学院時代からはじまったであろうが、とくに一九三五年、ハーヴァード・燕京《えんちん》研究所の派遣留学生として再来日し、東大史料編纂所その他で史料についての訓練を重ねた結果である。一九三五年といえば、すでに日本は国際連盟を脱退し、ぬきさしならぬ軍国主義によって日米関係は悪化の一途を辿っていた時代である。いかめしくも冷たくほの暗い東京帝国大学の一隅で、巡礼行記の古い和綴じの古写本や刊本の諸系統を照しあわせながら、難解な仏教語を尋ね尋ね、これを英訳してゆく若い学徒の情熱と勤勉を、私はいまでも肌に感ずる思いがする。当時、若き天台僧で、史料編纂所の所員でおられた勝野隆信氏との交情を後になって仄聞《そくぶん》したことがある。

本書の第一章にも、「円仁の日記の現状」「テキストの伝承」の項が設けられ、周到なテキストクリティクを推定させるが、仏教史・仏教語に関する基礎研究はもちろん、遣唐使の使命と構成、航海技術、アジアの外交形式、唐の政治経済と官制、中国の歴史地理などの予備知識なくして、行記は理解できないであろう。さらに朝鮮史である。原版序にも、「朝鮮の貿易王張宝高《ちょうほうこう》については、朝鮮の諸年代記、それにいくつかの日本と中国の資料を補助として描いた」とのべている。刊行まで二〇年、それらはよく咀嚼され、研究書としてはめずらしいほど平明な叙述にまで高められたといわねばならぬ。

ライシャワー博士の知性の背後には、東大で研究するまえに、当時欧米の東洋学をリードしていたフランスのパリ大学で、仏教学者としてのポール・ドウミェヴィュ教授に学んだことがあげられよう。円仁の旅行記を選ぶ一つの要因にもなったと思われる。しかし、さらにさかのぼれば、父のA・K・ライシャワー氏の影響を考えなければならない。氏は一九〇五年、日露戦争後の日本に宣教師として来られたが、キリスト教以外の〝大宗教〟である仏教に無関心である欧米の欠陥をのべ、布教のために仏教を研究し、みずから『日本仏教研究』

『往生要集《おうじょうようしゅう》』などを著述した。ライシャワー氏は、この父の『往生要集』は〝極東におけるダンテの神曲〟に比するべきものとした資質をうけつがれたものと思われる。この辺のことは田村完誓氏もふれておられる。

この円仁研究は、出版当初のアメリカでは群をぬいた水準のものであった。ハーヴァード大学でのライシャワー教授の講義も程度が高く、専門的かつ史料主義的なものであったらしい。しかし、アメリカ学者の日本研究は、日本の近代化をその前史としての徳川時代から探るというプラグマティックな関心から再スタートせざるをえなかったから、ライシャワー教授は一方でこれに答えるように、*Japan, Past and Present*、*The United States and Japan*、さらに、*East Asia : The Great Tradition* といった一般的な歴史書をかいた。この系譜は、駐日大使後に出版された *The Japanese* まで及んでいる。

しかし、そこでもはじめにのべた「東と西が一つの世界になる苦しい過程」、また「地域的には極東に属するものであるけれども、この時間や空間の制約をはるかに超えて、我々人類の共有財産の一部」となるものを探求するという現代的関心があきらかに流れているのである。

（『比較文化』三七—二、一九九一年三月、東京女子大学比較文化研究所）

II　帰化人と古代王権

一　畿内の帰化人

1　帰化人の分布

畿内への集中　古代の畿内は、帰化人の集住した地域である。もともと、帰化とは「王化にマイオモムク」という大和王権成立後の歴史的な概念であるから、王権の成立を応神《おうじん》朝にあるとすれば、『記紀』に、わが国へのもっとも古い帰化人である秦《はた》・漢《あや》・文《ふみ》の三氏を応神朝に渡来したものと伝承するのはそれなりの理由がある。

じじつ、帰化人は、五世紀には、王権の基盤である畿内の大和・山城・河内・摂津などに集住していた。しかも彼らは、豪族に私有されるのでなく、王権のもとでなかば国家の民としての立場におかれ、やがてある者は朝廷の官人として登用され、他の者は朝廷に租税をはらい、朝廷の土地を耕し、灌漑《かんがい》施設をつくり、宮廷工房で生産に従った。五、六世紀の朝廷の飛躍的な発展は、彼らに負うといっても過言ではないのである。

しかし、もともと朝鮮から渡来するものは、大和王権が四世紀末から朝鮮南部で戦った騎馬戦による捕虜や掠奪、君主からの贈与によるものはいくらもない。なかにはこのような者もいたではあろうが、帰化人の渡来に数次の波状があり、そのときどきに多くの集団を形成し、また豪族にひきいられるもののあるのをみれば、かの地の戦乱と社会変動にもとづく上層部の政治的亡命、下層農民の生活や経済上の理由による移住というかたちのものが多かったと思われる。

とすれば、大和王権成立以前から、このような渡来者はあったはずであり、地理的にも、彼らはまず北九州や山陰・山陽地方に住みついたであろう。ついで畿内に達するとすれば、河内・摂津あたりを中心としたにちがいない。じじつ、のちのちまでこれらの地方は、帰化人の濃厚な分布圏であった。しかし、それにもかかわらず、帰化人の中心は大和・山城・河内にあった。おそらくそれは、大和が政治的中心となり、全国の帰化人を国家権力のもとに収め、渡来者を帰化人として把握しはじめた、いわば五世紀以後に、朝廷に迎えられ、官人として登用された畿内、とくに大和・山城の帰化豪族たちが、各地の渡来者をみずからの傘下《さんか》におさめ、氏《うじ》という政治集団を形成したからであろう。秦・漢文などの氏は、このようにして全国にひろがった。その意味で、畿内は二重に帰化人の中心となったのである。

平安時代に撰録された『新撰姓氏録《しんせんしょうじろく》』によると、氏は「皇別《こうべつ》」「神別《しんべつ》」「諸蕃《しょばん》」の三つに大別されるが、総数一一八二氏のうち、「諸蕃」は三二四氏で、全体のほぼ三分の一を占める。畿内では諸蕃すなわち帰化氏族がいかに重要であったかがわかるであろう。

帰化人の分布　大陸から畿内への門戸が難波《なにわ》であることはいうまでもない。八世紀になって、渤海《ぼっかい》との交渉がはじまると、越前敦賀津《つるがのつ》の松原館や、能登《のと》の客院がたてられ、北陸コースがクローズアップされたこともあるが、そのときでも、大動脈はやはり大宰府《だざいふ》から難波にいたるコースであった。新《しら》羅《ぎ》・唐・宋などの客使は、まず大宰府の筑紫館《つくしのむろつみ》に安置され、難波の大郡《おおごおり》・小郡《おごおり》に迎えられ、そして大和へはいったのである。はるかに時をへだてた四、五世紀の帰化人もこのコースをとったのは当然である。『記紀』によると、「津の国にいたり武庫《むこ》に及ぶ」とか、「秦人を役し、墨江《すみのえ》（住吉《すみよし》）の津を定む」とか、「住吉の津に泊る」などとある。摂津に上陸した彼らは、河内を経て、内陸の大和・山城へわけ入ったのである。

八、九世紀の帰化人の分布の実態をみると、摂津では東生《ひがしなり》・西生《にしなり》・住吉《すみよし》・百済《くだら》などの南部諸郡を中心とし、それから北、淀川《よどがわ》をへだてた島上《しまのかみ》・島下《しまのしも》・豊島《てしま》などの諸郡にも及んでいる。しかし、それにもまして、淀川と大和川の川内である河内地方、つまり摂津の海辺からやや内陸よりの平野が、帰化人集団のもっとも顕著な居住区であった。ここでも南河内の石川《いしかわ》・古市《ふるち》・安宿《あすか》・錦部《にしこり》・丹比《たじひ》の諸郡が中心で、それより北にすすみ、大県《おおかた》・高安《たかやす》・河内《かわち》、さらに茨田《まんた》・交野《かたの》へ及ぶかたちとなった。

そのころの淀川は下流がもっと南により、大和川は河内平野をむしろ北流していたとみられるが、河内から、さらに大和・山城にいたるコースは、この二つの川に沿うものが多かったであろう。まず、大和盆地へは、大和川をさかのぼり、いわゆる竜田《たつた》越《ごえ》によるものと、葛上《かつらぎかみ》郡の大坂越《おおさかごえ》、あるいは二

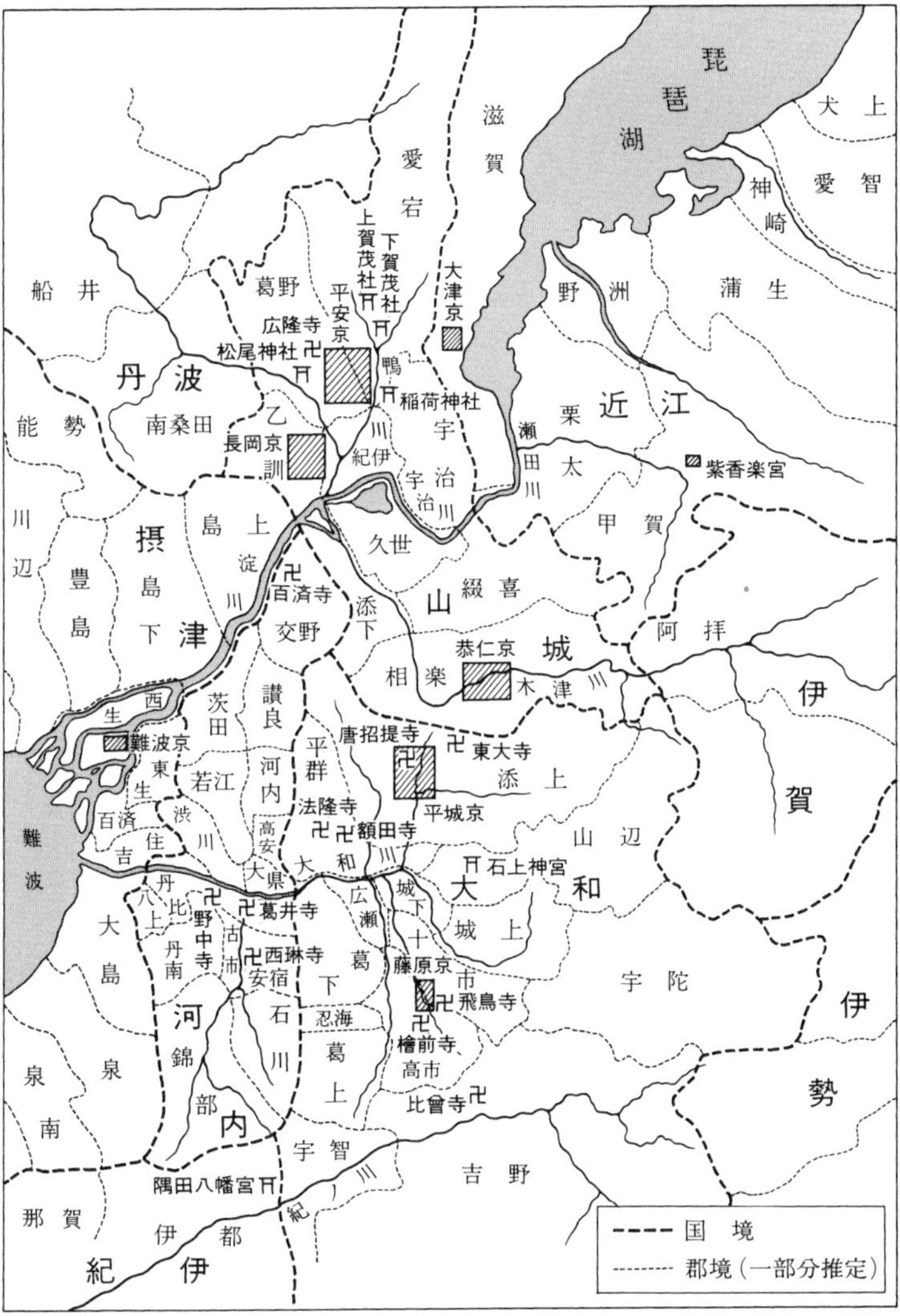
琵琶湖
滋賀
愛宕
葛野
上賀茂社
下賀茂社
平安京
大津京
広隆寺
松尾神社
鴨川
稲荷神社
乙訓
長岡京
紀伊
宇治
宇治川
瀬田川
丹波
南桑田
船井
能勢
川辺
豊島
摂津
島上
島下
淀川
百済寺
交野
茨田
讃良
久世
綴喜
山城
添下
恭仁京
相楽
木津川
西生
難波京
東生
百済
住吉
若江
河内
渋川
平群
唐招提寺
東大寺
添上
平城京
法隆寺
額田寺
高安
大県
大和
大和川
山辺
石上神宮
城下
城上
十市
広瀬
葛下
葛上
藤原京
飛鳥寺
檜前寺、
高市
比曽寺
宇陀
丹比
八上
野中寺
葛井寺
古市
西琳寺
安宿
丹南
石川
忍海
大島
河内
錦部
泉
和泉
泉南
宇智
吉野
隅田八幡宮
紀ノ川
那賀
伊都
紀伊
近江
野洲
栗太
甲賀
紫香楽宮
蒲生
神崎
愛智
犬上
阿拝
伊賀
伊勢
難波
国境
郡境（一部分推定）

15　畿内帰化人関係図

上山麓の竹内峠越《たけのうちとうげごえ》の二官道によるものとがあったと思われる。

そして、大和にはいった帰化人もまた、南部の高市《たけち》・志紀《しき》（城上《しきのかみ》・城下《しきのしも》）を中心に住み、河内からのコースにあたる平群《へぐり》・葛城《かつらぎ》（葛上《かつらぎのかみ》・葛下《かつらぎのしも》）はこれにつぎ、盆地北部の添《そう》（添上《そうのかみ》・添下《そうのしも》）、すなわちのちの平城京のあたりはより後次の居住地であった。

山城のいわゆる京都盆地にはいるには、淀川をさかのぼり、桂川《かつらがわ》・宇治川《うじがわ》を経るものと、木津川《きつかわ》を経て南山城にはいるものがあったが、宇治川をさらにさかのぼって瀬田川《せたがわ》より琵琶湖《びわこ》に達し、南近江にはいるもの、また木津川の要衝泉津《いずみつ》から陸路を奈良に連絡するものもあった。しかし、これらの地域の中心は、やはり、高野川《たかのがわ》・加茂川と、これを下流であわせる桂川（葛野川）一帯の地で、葛《かど》野《の》・愛宕《おたぎ》・乙訓《おとくに》・紀伊《きい》など、のちの平安京を中心とする地区がそれである。これより南に下って大和との中間地域、久世《くせ》・綴喜《つづき》・相楽《さがらか》諸郡のあたりは二次的であり、大和北部が二次的であるのと地域的に共通する。おなじように北山城にはあまり分布がみられない。近江もまた、湖西の滋賀《しが》、湖南の栗《くる》太《もと》、湖東の野洲《やす》・愛智《えち》・犬上《いぬかみ》などの南近江がその中心で、北近江には帰化人はほとんどみとめられぬ。

以上のように、畿内の帰化人は、河内・大和・山城（一部は近江）に集住し、いずれもその南部が拠点であった。そしてこの三大中心地が、それぞれ西文《かわちのふみ》・東漢《やまとのあや》・秦《はた》三氏の居住区に相応するものである。と同時に、畿内帰化人の歴史は、この三氏族から展開するといってよい。

2　秦氏の技術と氏族構成

山城の秦氏　まず秦氏は、秦始皇帝ののちの弓月君《ゆづきのきみ》が「百二十県《こおり》の百姓」をひきい、応神朝に帰化したというが、直接には、新羅《しらぎ》・加羅《から》方面から渡来したものらしく、すでに朝鮮において相当の豪族であったにちがいない。『姓氏録《しょうじろく》』には、天皇より「大和朝津間腋上地《あさつまのわきがみのち》」（葛下郡朝嬬《あさづま》か）を賜わったというが、それは秦氏が大和朝廷に一定の役割をもつようになってから生まれた伝承で、本拠が山城の葛野《かどの》にあったことはまちがいない。

葛野は、鴨川と桂川の氾濫平野である。秦氏がその開拓の主力となったことは『令集解《りようのしゆうげ》』に、河川修復の代表例として「葛野川堰之類」をあげ、『政事要略《せいじようりやく》』にひく「秦氏本系帳」に、これを「葛野大堰」のこととし、秦氏の営造したもので、延暦十九年（八〇〇）には、山城・大和・河内・摂津・近江・丹波の六国から民一万人を発して修復したほどの巨大な施設であったことから推しはかられる。

秦氏は、このような灌漑施設によって京都盆地をひらき、農耕し、養蚕を行ない、機織《はたおり》をし、殖産的豪族として栄えたのである。そして、五世紀末の雄略《ゆうりやく》朝にいたって、秦造酒《はたのみやつこさか》が、「蚕《かいこ》を養い、絹を織り、篋《はこ》に盛って宮廷に貢納し、それが山のごとく朝廷に積まれた」とあり、また配下の「百八《ももや》十勝部《そのすぐり》」をひきい、朝廷に庸《よう》・調《ちょう》を貢納し「大蔵《おおくら》」をかまえ、みずからその「長官」となり、秦氏が蔵の出納を司《つかさど》るようになったともいう。おなじく酒君《さかのきみ》は、諸国に分散していた「秦民《はたのたみ》九十二部一万八千六百七十人」をひきいたが、彼らは、欽明《きんめい》朝にいたって「戸籍」につけられ、「秦人戸数が七千五十三戸」を数え、これを「大蔵掾《じょう》」たる「秦伴造《とものみやつこ》」の配下においたというのである。

以上の伝承は『日本書紀』『姓氏録』『古語拾遺《こごしゅうい》』などにしるされるが、要するに、山城における富と勢力を背景に、秦氏は五世紀末ごろには、宮廷に出仕する官人として国家財政に関与し、豪族としてみずからの民部《かきべ》を設定するとともに、伴造の立場から、彼らをなかば朝廷の民（品部《しなべ》）として支配し、その貢納品を、朝廷の蔵に納め、一族のものに出納を司らせた。これがすなわち蔵部《くらべ》（伴《とも》）である。そして六世紀には、秦部《はたべ》を戸籍に登録するといわれるような、かなり組織的な支配を行なったらしい。

秦氏の技術　このような秦氏は、一方で鋳造・木工などの技術をもって、宮廷工房に出仕した。もともと秦氏の機織の技術は、五世紀以前に伝えられた新羅《しらぎ》系の技術といわれ、「古式布機《ぬのはた》」によって、平織《ひらおり》の絹か、綾織《あやおり》にしても地文にとどまる程度のものを在地で生産し、五世紀末からの南朝・百済《くだら》系の呉織《くれはとり》や漢織《あやはとり》らが、絹機《きぬはた》によって経錦《たてにしき》を織りうる段階に達したものと区別される。後者は、六世紀の宮廷工房において、「呉服部《くれはとり》」「錦部《にしこり》」として組織され、のちに述べる漢氏《あや》の支配下におかれた。

鋳造も、秦氏と新羅人によって技術が伝習されたといわれる。これは「金銀銅鉄」の鋳工で、おもに、銅を加工した。これにたいし、鉄の鍛造は、おもに五世紀末に渡来した百済系の「韓鍛冶部《からかぬちべ》」によって行なわれ、砂鉄・鉄鉱の製錬（タタラ吹き）と鍛造（刃物つくり）の工程をあわせ行なったとみられる。後者は、宮廷工房における新鋭の武器製作者の一群で、このばあいも漢氏の配下に属した。

木工も、秦氏には、新羅系帰化人といわれる猪名部《いなべ》が属し、みずからも多数の木工を輩出した。しかし、これも、六世紀の百済仏教輸入にともなう、新たな仏殿・宮殿建築の技術とは段階を異にする。仏教文化をになったのも漢氏であった。

このようにみると、秦《はた》氏の技術はきわめて在地性がつよく、後進的で、宮廷的・都市的な漢《あや》氏の先進技術と対比される。官人としても、雄略朝の秦造酒から大化改新にいたるまで、秦大津父《おおつち》・秦造河《かわ》勝《かつ》・秦久麻《くま》の三人が歴史に名をのこすにすぎない。酒は大蔵長官といわれ、大津父も山城紀伊郡深草里（京都市伏見区）に住み、伊勢に往来して商売し、欽明《きんめい》天皇に近侍して「大蔵省」を拝命したといい、河勝は葛野《かどの》郡人で、その財力により聖徳太子の側近者となり、久麻も「椋部《くらべ》」であり、朝廷の蔵《くら》の出納者となった。いずれも、その財力をもって宮廷の外護者となったが、高官に登りえたとはいえない。この点でも、秦氏は、大和に本拠をおき、官人化の著しかった後述の漢氏とは異質の存在であったといえる。

秦氏の構成　もと葛野《かどの》の地方は、鴨県主《かものあがたぬし》の居住地で、彼らは鴨社（上賀茂社、京都市上京区上賀茂。

16　上賀茂神社

17　下賀茂神社

下鴨社、同左京区下鴨。後者はやや後にあらわれる）を県神社とし、これを中心に生活圏を形成していた。つまり、鴨県主とは、葛野県主《かどののあがたぬし》なのであり、宮廷の主殿《とのもり》・主水《もいとり》など、天皇の側近に仕えていたのである。帰化人秦氏がこの地域を占めると、『本朝月令《ほんちょうげつれい》』にひく「秦氏本系帳」に、「鴨の氏人を秦氏の聟《むこ》とした」とあるように、両氏は婚姻関係をむすび、賀茂祭も秦氏が主宰するようになり、秦氏の祭る松尾《まつお》神と習合し、それより財政的援助をうけるにいたったらしい。松尾神（京都市右京区嵐山宮町）とは、秦忌寸《はたのいみき》都理《つり》が葛野に勧請したとされる造酒神である。このほか、秦氏には、秦忌寸伊《い》呂《ろ》具《ぐ》が深草の里に祭ったという伊奈利《いなり》神（京都市伏見区稲荷山）があり、これは財福の神といわれるものである。

　このように、秦氏は帰化氏族としては不可解なほど、神祇信仰と密着している。宇佐《うさ》にはじまる八《はち》幡《まん》信仰も、豊前《ぶぜん》に分布する秦氏とふかいかかわりがある。他方で、秦氏は氏寺として蜂岡寺《はちおかでら》（広隆寺、京都市右京区太秦《うずまさ》蜂岡町）を造営した。この寺は、河勝《かわかつ》が新羅の貢進した仏像を祭ったものといい、現存する木造の弥勒菩薩《みろくぼさつ》像は、これにあたる可能性がつよい。『朝野群載《ちょうやぐんさい》』にのせる古縁起によると、この寺はかつては太秦ではなく、いまの北野神社（京都市上京区馬喰町）と平野神社（同北区平野宮本町）のあたり、つまり荒見川（紙屋川）の近くにあったらしい。

　秦氏の氏族構成をみると、同族に、秦大蔵・大蔵秦・秦倉人《はたのくらひと》・秦高椅《はたのたかはし》・秦川辺・秦前《はたさき》・秦人広《はたひとのひろ》幡《はた》（以上、山城愛宕《おたき》郡）、秦物集《はたのもずめ》・秦調《はたのつき》・秦常《はたのつね》（以上、山城葛野郡）、依智《えち》秦《はた》（近江愛智《えち》郡）、簀《す》秦《はた》（近

18　松尾大社

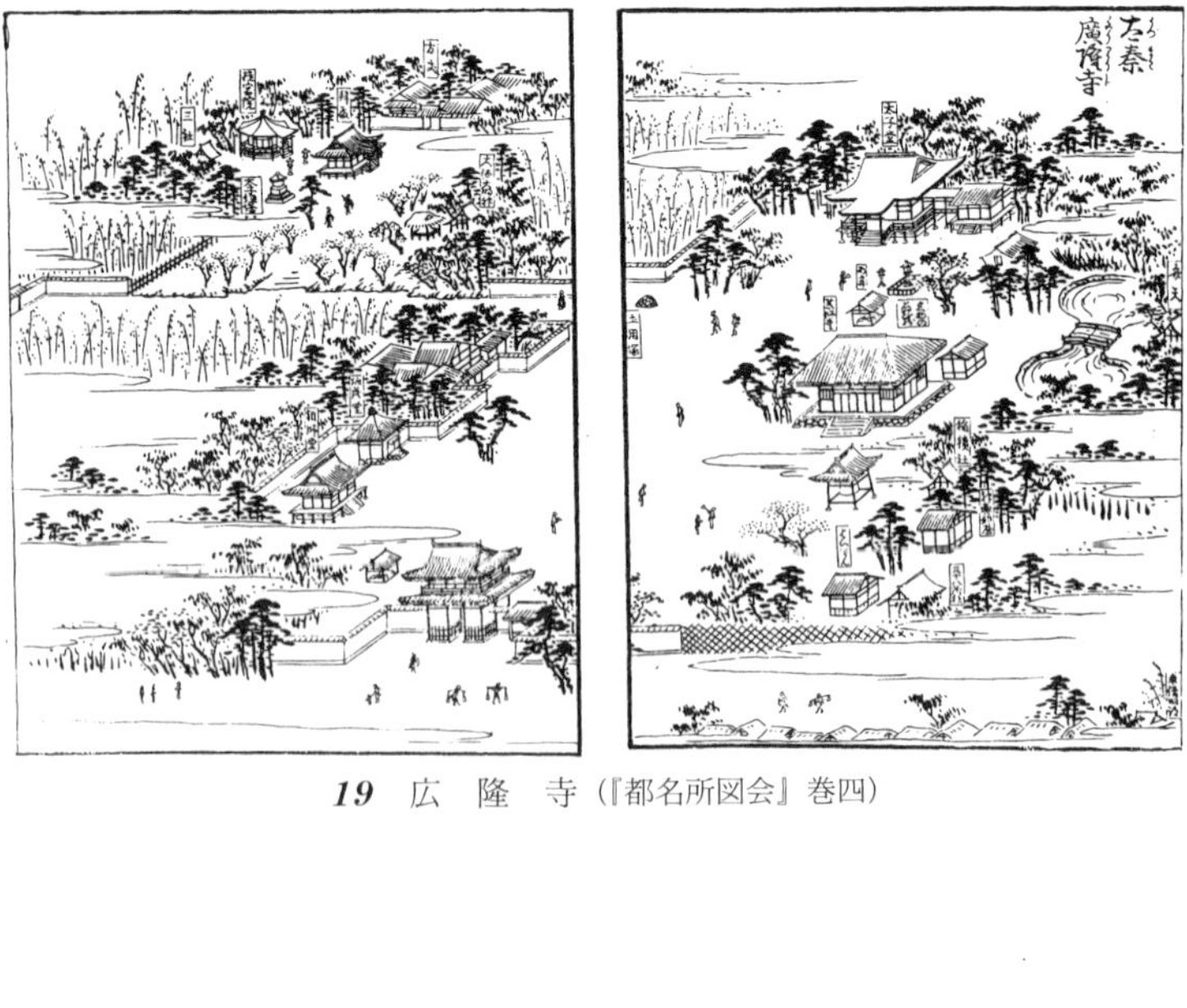

19　広　隆　寺（『都名所図会』巻四）

江犬上《いぬがみ》郡)、秦羸《はたのおき》(河内丹比《たちひ》郡)、辟秦《さかはた》(摂津豊島《てしま》郡)のように、秦の字を冠した複姓の氏が多い。別姓のものには、赤染《あかぞめ》(山城葛野郡、河内大県《おおあがた》郡)、長岡(山城乙訓《おとくに》郡)、巨智《こち》・己智《こち》(大和添上《そうのかみ》郡)、楢《なら》・奈良(大和添上郡楢郷)、高尾(河内高安郡)がみられる程度である。そして、これら秦氏のカバネはすべて造《みやつこ》・連《むらじ》・忌寸《いみき》である。要するに、氏の分化が少なく、同族としての土豪的結合がいかにつよかったかを示している。このうち近江は、山城秦氏の一別区の観があり、郡名を負う依知《えち》(愛知)の名のごとく、秦氏が郡司《ぐんじ》となり、また東大寺封戸《ふご》の租米《そまい》の運上使《うんじょうし》となるなど、一大土豪として成長したのである。

そしてこれらの秦氏は、その基盤として、全国に秦人《はたひと》・秦部《はたべ》・秦人部《はたひとべ》などの貢納民を有していた。その範囲は、東は美濃・伊勢・尾張・越前・越中、西は播磨《はりま》・美作《みまさか》・備前・備中・讃岐《さぬき》・伊予・豊前《ぶぜん》・筑前《ちくぜん》に及んでいる。おそらく秦氏はその人口においても、古代豪族中、最大の規模をもっていたと思う。秦氏の支配の根深さがうかがわれるであろう(平野邦雄「秦氏の研究」〈『史学雑誌』七〇―三・四、『大化前代社会組織の研究』一九六九年、吉川弘文館〉)。

3　漢氏の役割と文氏

大和の漢氏　以上の秦氏と帰化人勢力を二分するのが、ここに述べる漢《あや》氏である。漢氏は後漢霊帝《れいてい》

20　大和高市郡檜前の地（中央は文武陵）

の子孫といわれ、やはり応神朝に、阿知使主《あちのおみ》が「党類《ともがら》十七県《こおり》」をひきいて帰化し、「大和高市郡檜前《ひのくま》村」を賜わり居住したという。

彼らは実際には、百済《くだら》から渡来したものと思われ、同族に百済王から出自したと称するものが多い。そしてこの氏は、阿知使主の子の都加使主《つかのおみ》（東漢直掬《やまとのあやのあたいつか》）の三人の男から、三腹に分かれ、ひきつづき分化を重ねたらしく、七世紀以前に、川原民《かわはらのたみ》・谷《たに》・内蔵《くら》・山口・池辺・文《ふみ》（書）・蔵垣・荒田井・蚊屋《かや》などの枝氏に分かれていたのはたしかである。延暦四年（七八五）、坂上苅田麻呂《さかのうえのかりたまろ》が同族と主張したのは、坂上《さかのうえ》・内蔵《くら》・平田・大蔵《おおくら》・文《ふみ》・調《つき》・文部《ふみべ》・谷・民《たみ》・佐太《さた》・山田の一一氏で、カバネは忌寸《いみき》である。平安初期に漢氏を代表した坂上氏の家系を記す「坂上系図」にひかれている『姓氏録』逸文によると、そのころ、倭漢氏《やまとのあや》が同族と考えていたのは約六〇にのぼる忌寸姓の氏で、ほかに九つの宿禰《すくね》姓と三つの直《あたい》姓をふくんでいた。

漢氏の分化はこのようにはげしく、同族中に多くの異姓が併立し、そのうち、天武《てんむ》天皇の壬申《じんしん》の乱《らん》のころには書直《ふみのあたい》が、養老より天平年間にかけては民忌寸《たみのいみき》が、天平時代から後は坂上忌寸が、それぞれ勢力を得て、族長の立場を占めた。これは、朝廷の官人として有力化した一族が、現実の権力関係によって同族を統制したもので、そのときどきの同族内の勢力の浮沈をあらわしている。しかし、彼らも、阿智使主を共通の祖とする同族意識に結ばれ、苅田麻呂《かりたまろ》の奏言にあるように「檜前忌寸《ひのくまのいみき》および一七県の人夫」として、大和高市《たけち》郡内の地に満ちて住み、他姓のものは十中の一、二にすぎないありさまであった。「檜前忌寸」とは、高市郡檜前郷の地名をもって、同族を総称したのである（関晃「倭漢氏の研究」〈『史学雑誌』六二―九〉）。

今来漢人　しかるに、さきの「坂上系図」によると、漢氏には、この本系の同族のほかに、阿智使《あちのお》主《み》が帰化したときに連れてきたという「七姓の漢人《あやひと》」の子孫と、その後に、阿智使主の旧居地帯方《たいほう》に住む人民はみな才芸ありとして連れかえったものの子孫とを合わせて、三〇以上にのぼる村主《すぐり》姓の諸氏が附属していた。この記事に対応して『日本書紀』には、五世紀末の雄略朝に、西漢才伎《かわちのあやのてひと》歓因知《かんいんち》利《り》というものが、母国の百済より才伎を迎え、これを東漢直掬《やまとのあやのあたいつか》（都加使主）が上桃原《かみつももはら》・下《しもつ》桃原・真神原《まかみはら》の三所に安置したとあって、二つの記事が符合する。それが村主《すぐり》や漢人《あやひと》を名のる忍海《おしぬみ》・飽波《あくなみ》・鞍作《くらつくり》・金作《かなつくり》・飛鳥《あすか》・錦部《にしこり》などの諸氏にあたるのである。

彼らは新来のゆえに、「今来漢人《いまきのあやひと》」とよばれ、そのため大和に「今来郡」（高市郡のこと）が設けら

21 甘橿丘より真神原を望む

れたという。このほか、大和吉野郡に「今来郷」、河内錦部郡に百済郷の名がある。さきの「桃原」も河内石川郡の、「真神原」も大和高市郡の地名である。このように、彼らは、大和と河内に集住したのである。

しかも、苅田麻呂の奏状によれば、百済から、「人民男女、挙落使に従ひ、尽《ことごと》く来る」とあるほど、その集団は大きく、ためについに高市郡からあふれ、諸国の漢人として分置されるにいたったとあり、「坂上系図」では、これを摂津・参河・近江・播磨・阿波などの「漢人村主」にあてている。

さて、実際の畿内の地名あるいは実際に氏の名の知られるものから、今来漢人の居住地を推定してみると、左のごとくなる。

1 桑原村主《くわばらのすぐり》（大和葛上《かつらぎのかみ》郡桑原郷・近江浅井郡・同神《かん》埼《さき》郡・山城愛宕《おたき》郡）

2 佐味《さみ》村主（大和葛上郡佐味郷・河内石川郡佐備郷→常

陸）

3高宮村主（大和葛上郡高宮郷・河内讃良《ささら》郡高宮郷）

4忍海《おしぬみ》村主（大和忍海郡忍海郷・十市《とおち》郡忍海郷→播磨・備前・備中・肥前）

5按《くら》（鞍）作《つくり》村主（大和高市郡・同添上《そうのかみ》郡→御野・備前）

6飛鳥村主（大和高市郡飛鳥・河内安宿《あすか》郡安宿郷）

7檜前《ひのくま》村主（大和高市郡檜前郷）

8飽波《あくなみ》村主（大和平群《へぐり》郡飽波郷・近江犬上郡）

9額田《ぬかだ》村主（大和平群郡額田郷）

10錦部《にしこり》村主（河内錦部郡錦部郷・同若江郡錦部郷→御野・備前）

11高向《たかむく》村主（河内錦部郡高向郷・摂津讃良郡）

などがまずあげられ、このほか、金作は伊賀・伊勢に、韓鍛冶《からかぬち》は近江・伊予・丹波・播磨・讃岐に、大石は山背、白鳥は和泉、大友は近江に、それぞれ実在が確認される。

このうち、佐味《さみ》・忍海・鞍作・飛鳥衣縫《あすかきぬぬい》・飽波・錦部・金作・韓鍛冶などは、あきらかに「百済才伎《くだらのてひと》」、すなわち手工業者の集団で、織物や武器の生産に従い、八世紀にいたっても、宮廷工房における「雑戸《ざつこ》」として位置づけられていた。このように漢氏は、新来の多数の技術者を従えたが、それは漢氏が朝廷の官人であったからであり、おそらくこのとき、百済の官司の諸部の制を輸入して、わが国にも部民制を創始したのではないかと思われる。

今来漢人とは、五世紀末に、日本と百済の関係が軍事的に深まり、また中国の南北朝の対立抗争によって南朝人の百済への流入が多くなったため、日本にも百済人・南朝人の渡来が急速にふえ、彼ら新鋭の技術をもつ帰化人をかくよんだのである。

漢氏の文化　このような構造をもつ漢氏が、当時の飛鳥を中心とする大和朝廷の近く、高市《たけち》郡檜前《ひのくま》に本拠をすえたことは十分うなずかれるところである。そして、あたかも秦氏の葛野《かどの》（鴨）県主《のあがたぬし》にたいする関係とおなじく、漢氏は高市県主《たけちのあがたぬし》との婚姻を通じて、この地方に勢力をのばしたのである。この高市郡には古い豪族として高市県主がおり、天武《てんむ》天皇の壬申《じんしん》の乱のときにも、まだ高市県主許梅《こめ》が高市郡大領の地位にあり、高市社を祭っていた。それがやがて交替し、高市郡の郡領にも、檜前《ひのくまの》忌寸《いみき》の一族が任ぜられるようになった。彼らは「今来神」を祭ったのである。と同時に、高市氏にたいしても、帰化人文化が浸透したらしく、八世紀に東大寺大仏が鋳造されると、その「大鋳師」の名に、高市大国《たけちのおおくに》、高市真麻呂《たけちのままろ》の二人がみえる。

漢氏は飛鳥に新来の仏教文化を創出した。おそらく、その氏寺は檜隈寺《ひのくまでら》で、のち坂上《さかのうえ》氏が知行した道興寺《どうこうじ》はこれにあたるのであろう。檜隈寺跡は、檜前の於美阿志《おみあし》神社（奈良県高市郡明日香村、旧坂合村大字檜前）の境内にあり、東塔・西塔・金堂跡がわずかに知られ、巨大な礎石と平安初期と推定される十三重石塔が残されている。この神社の祭神は阿智使主《あちのおみ》である。

22　南方より檜隈寺跡を望む

23　檜隈寺金堂跡発掘状況

24　坂田寺跡発掘状況

漢氏はまた、蘇我《そが》氏の造立した大寺院飛鳥寺や、舒明《じょめい》天皇の百済大寺にもふかいかかわりをもっている。このほか、鞍作司馬《しば》達等《たつと》が高市郡坂田原に草堂を営んだという坂田寺（奈良県高市郡明日香村）、額《ぬか》田《だ》氏出身の僧道慈《どうじ》が造立したと思われる額田寺（額安寺、奈良県大和郡山市額田部寺方）もあり、池辺《いけべの》直《あたい》氷田《ひた》が本尊を造ったという吉野の比曽《ひそ》寺（奈良県吉野郡吉野町）も漢氏と関係がふかい。

このほかに、今来漢人に関係ある遺跡をあげれば、穴織《あなはとり》社伊居太《いけだ》神社（大阪府池田市綾羽町）、呉服《くれはとり》神社（大阪府池田市室町）、飽波《あくなみ》神社（奈良県生駒郡安堵村大字東安堵飽波）などが数えられる。

このようにみてきたとき、一般に、漢氏の性格は官人的・都市的であり、秦氏は土豪的・在地的であるということもできよう。

河内の文氏　西文《かわちのふみ》氏はのち西漢《かわちのあや》氏ともよばれた。この本系は、やはり応神《おうじん》天皇のとき百済王の貢進した王仁《わに》にはじまるといい、おなじ百済系の東漢《やまとのあや》氏と性格を共通にする点が多いが、それには一歩を譲っていた。

たとえば、延暦十年（七九一）、文忌寸《ふみのいみき》最弟が上表して、文忌寸にはもと二家あり、東文《やまとのふみ》と西文《かわちのふみ》であるが、東文のみカバネが昇進し、西文はふるわないので、同列に扱われるよう願っている。もともと、この二氏は別系のはずであるが、同族を主張するにいたったのは、五世紀末に今来漢人が百済から渡来し、両氏がともにこれを受け入れてからであろう。

西文《かわちのふみ》の本系は、西文《かわちふみ》・武生《たけふ》・蔵《くら》の三氏に分かれ、ともに河内古市《ふるいち》・丹比《たちひ》二郡を中心に集住していた。武生はもと河内馬飼《うまかい》の後裔《こうえい》で、馬《うま》氏を称した。馬（馬飼）には、ほかに河内讃良《ささら》郡菟渟《うぬ》郷の菟野《うぬの》馬飼造《うまかいのみやつこ》や、河内伎人《くれひと》郷の馬史《うまのふひと》らの名もある。蔵氏も、川原蔵人（河内高安郡）、河内蔵人（河内高安郡）、高安倉人（河内高安郡高安郷）、葦屋倉人《あしやのくらひと》（摂津兎原《うはら》郡葦屋郷）などを従えていたものであろう（井上光貞「王仁の後裔氏族とその仏教」〈『史学雑誌』五四―九、のち『日本古代思想史の研究』一九八二年、岩波書店に収録〉）。

しかし、ともかくこの西漢氏の活躍は、五世紀末に今来漢人を百済より迎え入れてからであり、むしろ今来漢人が百済貴須《きす》王の子孫亥陽《がいよう》君から出たというのは、百済王の貢進した王仁を祖とするという西文の本系より、高位の祖先伝承をもつといえる。

今来漢人は、亥陽君の子午定《ごてい》君の三男味沙《みさ》・辰爾《しんに》・麻呂から出で、それぞれ白猪《しらい》（葛井《ふじい》）・船《ふな》・津《つ》（菅野《すがの》）の三氏となったという。このうち王辰爾《おうしんに》に関する伝承がとくに多く、六世紀、敏達天皇に高句《こうく》麗《り》のたてまつった烏羽の表を、飯気で蒸し、帛《きぬ》をもって羽に印し、その文字を判読しえたとあるのは、漢氏の本系にたいする今来漢人の技術的優位をしめし、また彼は蘇我稲目《いなめ》のもとで船 賦《ふねのみつき》を数録《すうろく》し、船 史《ふねのふびと》姓を賜わったともある。その甥胆津《いつ》は、稲目・馬子のもとで、吉備白猪屯倉《きびのしらいのみやけ》の経営にあたり、田部《たべ》の丁籍《ていせき》を記録したので、白猪史《しらいのふびと》の姓を賜わり、その弟牛《うし》は、関税を司ったので、津史《つのふびと》の姓を賜わったという。また大化改新《たいかのかいしん》のとき、焼失する蘇我蝦夷《えみし》の邸から、国記《こくき》をもち出したのも船史であった。

このように、彼らは文筆、とくに朝廷の財政収支の計算・記録を専業としたのである。さきに述べた東 漢《やまとのあや》配下の今来漢人が、朝廷で織物・武器の生産など、手工業を専業としたのとおなじで、ともに先進技術をしめす。

この今来の葛井・船・津の三氏は、やがて本系三氏よりは優位にたつ。たとえば、彼らの墓地は河内国丹比郡の野中寺《やちゅうじ》（大阪府羽曳野市野口上）の南にあったが、延暦十八年（七九九）、津氏の後である菅野朝臣真道《すがののあそんまみち》は、葛井・船・津三氏を代表して、「子孫相守り、累世侵されず」と述べている。さらにまた、真道は天皇の河内由義《ゆげ》（弓削）宮へ行幸にさいしては、西 文《かわちのふみ》の同族六氏の男女二三〇人をひきい歌垣《うたがき》を奉仕した。この西文六氏は、河内丹比・古市二郡に、きわめて近接した強固な生活集団を形成していた。彼らは、その氏寺として西琳寺《さいりんじ》（大阪府羽曳野市古市町古市）を経営した。『西琳寺《さいりんじ》文永注記《ぶんえいちゅうき》』によると、この寺を建てたのは文 首阿志高《ふみのおびとあしこ》で、書 首韓会古《ふみのおびとからあいこ》が塔寺を奉ったという。そして、この寺の僧侶はすべて、この地方の津《つ》・金集 史《かなずめのふびと》・文忌寸《ふみのいみき》・川原椋人《かわらのくらひと》・高屋連《たかやのむらじ》・志貴連《しきのむらじ》ら

25　野中寺跡（船氏の氏寺）

西漢《かわちのあや》系の帰化人の出身者であった。今では、五重塔の心礎をのこすのみで、往時のおもかげもない。

ところで東西漢氏は、さきに述べた今来漢人《いまきのあやひと》の渡来によって、大和と河内の双方において、きわめてふかい共通性をもつことになったらしい。すなわち東漢《やまとのあや》の配下に属する人々の居住地をみると、「飛鳥・飛鳥衣縫《きぬぬい》」は、大和の飛鳥と河内の安宿に住み、「佐味《さみ》」は大和の佐味と河内の佐備に、「高宮」も大和の高宮と河内の高宮に住んでいたと思われる。おなじく東漢配下の「錦部《にしこり》」や「錦織部」にいたっては、河内の錦部のみに居住区をもち、「高向《たかむこ》」も河内の高向以外には考えられないであろう。

また出自についても、「調忌寸《つきのいみき》」は都賀使主《つかのおみ》の子爾波《には》伎《き》直、「調首《おびと》」は百済人努理使主《ぬりのおみ》より出たといい、「河《かわ》内忌寸《ちのいみき》」は魯白竜王《ろのはくりゅうおう》、「河内直《あたい》」は百済貴首王《きすおう》、「民《たみの》忌寸《いみき》」は都賀使主《つかのおみ》、「民首《たみのおびと》」は百済人努理使主より出

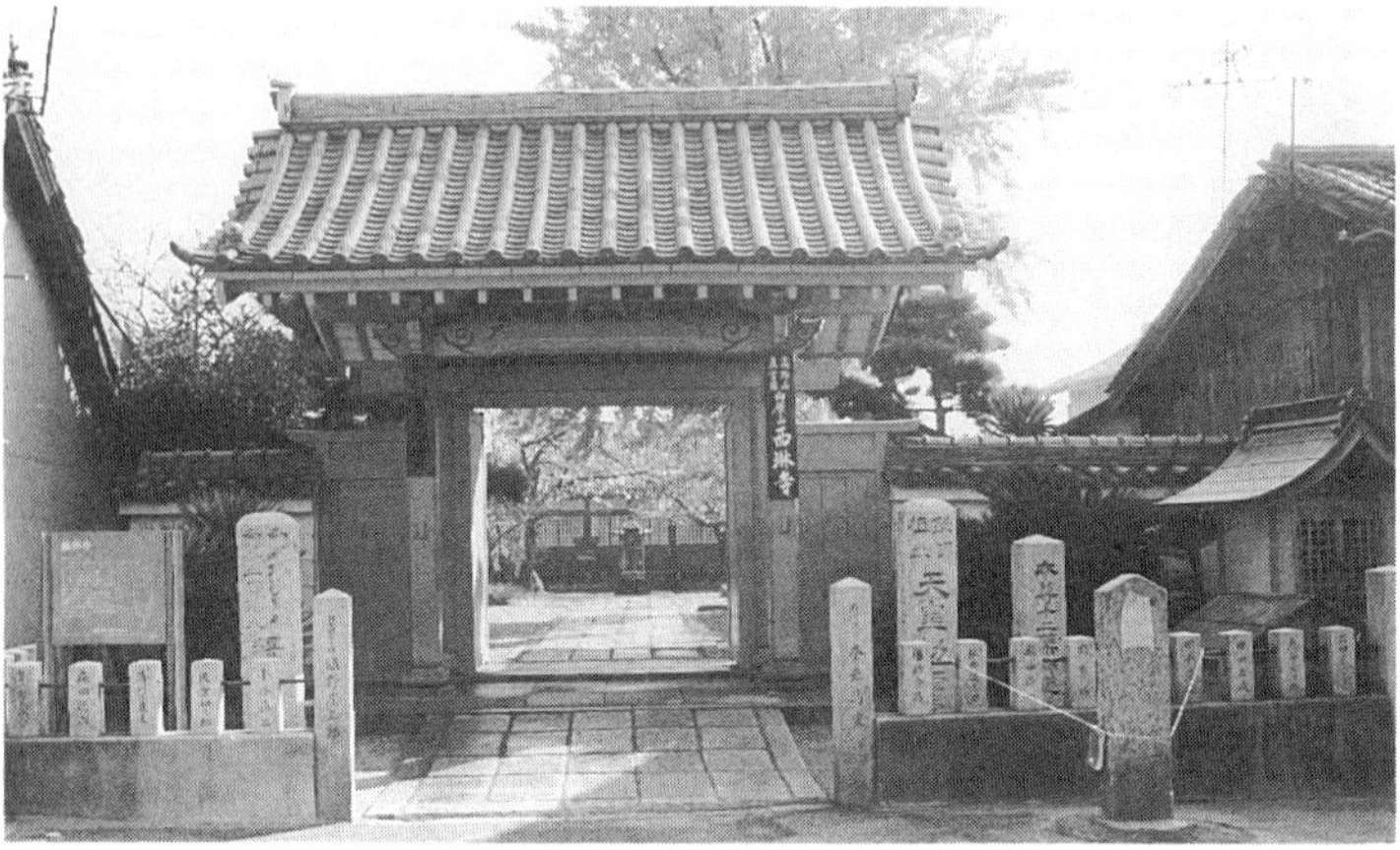

26　西琳寺山門

27　西琳寺五重塔心礎

28　「山代忌寸真作」の墓誌
（神亀5年死去）

るなど、漢氏配下の同系氏族が、一は漢系、一は百済系に両分され、大和と河内に両属している。また、もと西漢《かわちのあや》氏系つまり百済系といわれる氏族のうち、「上村主《かみつすぐり》」（河内安宿郡賀美郷）、「下村主《しもつすぐり》（曰佐《おさ》）」（河内安宿郡資母郷）、「山代忌寸《やましろのいみき》」（河内石川郡山代郷）、「八戸史《やへのふびと》」（河内高安郡）、「河原史《かわらのふびと》」（河内丹比郡）などは、百済ではなく、魏《ぎ》・魯・漢の諸王より出自する伝承をもっている。

このように、大和と河内の両漢氏は、その居住地と出自からみても、混淆《こんこう》している事実を知ることができるのである。

4　百済からの帰化人

和氏と百済氏　百済より渡来した帰化人のうち特殊な地位を占めるものに、大和高市郡を本拠とした和《やまと》氏と、河内安宿《あすか》郡に居をおいた飛鳥戸《あすかべ》氏（のちの百済氏）がある。

和氏は『姓氏録《しょうじろく》』や『日本書紀』によると、百済聖明《せいめい》王の子斯我《しか》君が、武烈《ぶれつ》天皇のときわが国に渡来し、その子法師君が倭君《やまとのきみ》の祖となったものだという。この王族は六、七世紀にはなんらみるべきものはないが、和新笠《やまとのにいがさ》が光仁《こうにん》天皇夫人となり、桓武天皇を生んでから、急速に台頭する。一族の家麻呂《いえまろ》は、「帝の外戚」との理由で、中納言にぬきんでられ、『日本後紀』はわざわざ、「蕃人《ばんじん》相府に入るは、これより始まる」と注記しているほどである。平安京においてもなお、六世紀の帰化族が「蕃人」と称されたことは注目に値するが、これは現在でいえば〝外国人〟という意味で、『姓氏録』の諸蕃の概念にも通じ、帰化氏族の認識が継続していることを示す。とともに、このころから太政官の議政官、つまり公卿の地位に上りうるものを生じたことを示し、坂上氏や菅野氏はその好例である。

この和氏が、平安京で祭った「平野《ひらの》神四座」のうち、第一座は、「今木《いまき》神」であった。「今木神」は葛野《かどの》にうつるまでは、平城京の田村里にあり、「田村後宮今木神」といわれた。光仁天皇夫人としての新笠が、田村後宮《たむらのこうきゅう》に住み、氏の神として祭っていたのであろう。しかし今木と田村はなんの関係もない。おそらく、和氏がかつての大和高市《たけち》郡（今来郡）において祭っていたにちがいなく、江戸時代の考証家伴信友《ばんのぶとも》もまったく同じ見方をしている。それは、東漢《やまとのあや》氏の配下にあった百済系帰化人（今来漢人）たちが、氏の中心として祭った神であろう。すなわち、和氏は飛鳥→平城→平安と進出してきたのである。

つぎに飛鳥戸《あすかべ》氏は、百済安宿《くだらのあすかべ》、百済飛鳥戸氏ともよばれ、のち百済宿禰《くだらのすくね》姓を賜わった。これはその名のとおり、河内安宿郡を本拠とし、大和高市郡飛鳥にも分布した。やはり百済王族より出たといわれるが、氏の名の戸は部の意であるから、さほど高位にあったとは思われない。やはりこれも桓武《かんむ》天皇の後宮に、飛鳥部《あすかべ》奈弖麻呂《のなでまろ》の女百済永継《くだらのながつぐ》を出してから有力となった。彼らは飛鳥戸神社をまつり、この神社を中心にまとまっていたらしい。

おなじく、このころ天皇の姻族として大勢力をもった百済《くだら》王氏《おうし》をあげねばならないが、この王族は、七世紀末の白村江《はくすきのえ》の敗戦による亡命者の子孫であるから、今来漢人よりはさらに新しい段階の帰化人である。

百済王氏　六六三年、白村江の戦いで百済が滅亡したことは、この前後に高句麗《こうくり》の亡んだこととあわせて、帰化人の渡来に画期的な影響を与えた。とくに百済からは、王族・高級官僚より下級官吏・農民層にいたるまで、あらゆる種類の帰化人が渡来した。

百済王氏は、百済最後の王義慈《ぎじ》王の子孫である。王の敗死により、臣下の鬼室福信《きしつふくしん》は日本に亡命し、当時日本にいた二王子のうち、豊璋《ほうしょう》王をたてて国を回復しようとしたが成らず、死をとげ、わずか禅広《ぜんこう》王のみが日本にのこり、持統《じとう》天皇のとき、百済王の姓を賜わるにいたったという。この出自は帰化氏族のうちではもっともたしかだといえる。その孫百済王敬福《きょうふく》が、陸奥守《むつのかみ》として東大寺大仏の塗金を献上したことは、あまりにも有名な史実であるが、一般にこの氏は、百済王《くだらのこにきし》俊哲《しゅんてつ》・邑孫《ゆうそん》・玄《げん》鏡《きょう》と、いずれも陸奥《むつ》鎮守府《ちんじゅふ》将軍などの武将として活躍するのが目だつ。とくに、桓武天皇の後宮に、女御《にょうご》として百済王教法《きょうほう》、宮人として尚侍《ないしのかみ》の百済王明信《みょうしん》、百済王教仁《きょうじん》、百済王貞香らを出し、嵯《さ》峨《が》・仁明《にんめい》両天皇にもひきつづき女を納《い》れてから強大となった。この点では、さきの和氏・飛鳥戸氏と通ずるものがある。

彼らは、河内国交野《かたの》郡に居住した。その地は河内交野原（枚方市中宮周辺の地区の総称）で、現在も百済野と俗称され、百済之原の地名は『万葉集』にもみえる。長岡《ながおか》京の造営前後から、桓武天皇はしばしばこの交野に行幸した。延暦二年（七八三）の交野行幸には、百済王らがみな行在所に奉仕したので、彼らの氏寺である百済寺に正税五〇〇〇束を賜うとともに、百済王武鏡《ぶきょう》ら六人に位を授け、延暦六年にもおなじく交野に行幸し、藤原継縄《つぐただ》の別業《べつごう》に行宮《かりみや》を定め、継縄は百済王をひきいて楽を奏した。継縄の妻は、桓武の後宮に重きをなした百済王明信であり、そのため、交野に別業をもったのである。延暦十年にも、継縄の別業を行宮とし、継縄はふたたび百済王らをひきい、「百済楽」を奏している。このほか、彼らが交野に「天神」を祭るにあたって、「昊天上帝《こうてんじょうてい》」に告げしめたという記事もある。

桓武天皇は、難波《なにわ》の安曇江《あずみのえ》や難波宮にもしばしば行幸したが、このときも、百済王らはおなじく百済楽を奏し、天皇に近侍している。安曇江はいまの大阪市内の大川・天満橋の上流の屈曲部、川崎の地先あたりの水面をよぶ名であろうといわれ、難波宮は、いま発掘のすすめられている大阪市東区の法円坂町台上にあった。だから、百済王の勢力は、この摂津難波あたりまで及んでいたわけである。

彼らの氏信仰の中心は、百済寺《くだらでら》（大阪府枚方市中宮）にあった。現在、四天王寺《してんのうじ》式の伽藍配置が知られ、南大門・中門・金堂・講堂跡の土壇と礎石がのこり、国の指定史跡として整備されている。これと隣接し、百済王神社があるが、これは百済王敬福のとき造立されたとの伝承がある。摂津百済郡(大阪市生野区を中心とする地区)の名も、百済王氏の勢力圏にちなむものではあるまいか。

ここで、畿内の帰化人と宮廷についてふれておきたい。一般に、帰化人が宮廷にはいったことは、八世紀末の特殊な現象にすぎないであろうか。七世紀以前にも、皇子女の名に、一見して、漢王・漢皇子《あやのみこ》・池辺《いけべ》王・百済王・高向《たかむこ》王・高椅《たかはし》王・難波皇子など、畿内の帰化氏族名を付したものがある。これらは、その母でなければ乳母が帰化人の出ではないかと思われ、八世紀にも、朝妻《あさつま》王・大石王・忍海女王・河内女王などあげればきわめて多数にのぼるであろう。そしてこのころ、他方では、宮人として、飛鳥命婦《あすかのみょうぶ》、忍海娘《おしぬみのいらつめ》(内侍《ないし》)、笠命婦《かさのみょうぶ》、神社《かみこそ》女王(内命婦)、気太命婦《けたのみょうぶ》、錦部内侍《にしこりのないじ》、忍《おし》海連伊太須《ぬみのむらじいたす》(女孺《にょじゅ》)、忍海造色夫古娘《おしぬみのみやつこしこぶこのいらつめ》(宮人)、勝玉虫《すぐりのたまむし》(内侍)、沙宅万福《さたくまんぷく》(女孺)、高麗使主《こまのおみ》(内侍・典侍《てんじ》)、下村主白女《しもつすぐりのしらめ》(女孺)など、たしかな帰化人氏女の名をみるのであるから、帰化人が宮廷にはいり、皇子女の養育にあたったことは十分推定できるのである。畿内帰化人と宮廷との交流について、このような推定の行なわれたことはないので、とくにこの際強調しておきたい。

百済の亡命者　さて、白村江《はくすきのえ》の敗戦とともに渡来した百済王族や高級官僚は、はじめ近江に安置された。天智《てんじ》天皇のとき、余《よ》・鬼室《きしつ》らの男女七〇〇余人を近江蒲生《がもう》郡に置くとか、百済男女四〇〇余人を近江神前《かんざき》郡に置くとか記されている。「余」とは百済王氏のことであり、「鬼室」とは福信《ふくしん》らの高級官僚の氏であるから、彼らは集団的に帰化亡命し、おもに近江に置かれたことが知られる。当時、天智天皇は近江大津京に都を遷しているので、宮室の所在する国郡に安置されたのであり、かつて漢氏が大和の飛鳥に住居せしめられたことと原理は変わらない。このように、朝廷の周辺に配されるのが、帰化人の特徴であるからである。ところが、これら百済の新帰化人の氏をみると、余・鬼室・答本《とうほん》・沙宅《さたく》・四比《しび》・吉《きち》・谷那《こくな》・憶頼《おくらい》・木素《もくそ》・許《こ》・賈《か》・楽浪《さざなみ》など、古い帰化人とはまったく氏姓を異にし、しかも、『日本書紀』『続日本紀《しょくにほんぎ》』の記事は、なまなましい史実そのものを伝えているのである。

彼らはまず天智天皇に登用された。鬼室集斯《きしつしゅうし》は「近江令《おうみりょう》」施行にあたり、学職頭《ふみのつかさのかみ》に任ぜられ、答本春初《とうほんしゅんしょ》は天智天皇より長門《ながと》に遣わされ、城を築き、大友皇子《おおとものみこ》の学士の一人となり、四比福夫《しびのふくふ》と憶《おく》礼福留《らいふくる》は、天智天皇より筑紫に遣わされて、大野・椽《き》の二城を築き、大宰府《だざいふ》の設立に参加した。

しかし、大津京は永続せず、壬申《じんしん》の乱を経て、つぎの天武天皇はふたたび飛鳥にうつり、難波にも宮居を営んだから、天武天皇がこれらの新帰化人を登用した形跡はほとんどみとめられない。のみならず、天武天皇は、天智天皇と大友皇子に鋭く対立し、壬申の乱をひきおこしたのであるから、むしろ新帰化人を退け、古い東西漢氏系の武力をもっぱら利用したのである。書首根麻呂《ふみのおびとねまろ》、書直智徳《ふみのあたいちとこ》、書直薬《ふみのあたいくすし》、民直小鮪《たみのあたいおしび》、民直大火《たみのあたいおおひ》、坂上直老《さかのうえのあたいおゆ》、坂上直熊毛《さかのうえのあたいくまげ》、大蔵直広隅《おおくらのあたいひろすみ》、倉檣直麻呂《くらがきのあたいまろ》、佐味君少麻呂《さみのきみおまろ》、谷直根麻呂《たにのあたいねまろ》、山背直小林《やましろのあたいおばやし》、調首淡海《つきのおびとおうみ》などが天皇の舎人《とねり》となり、武将となって活躍し、このほか秦氏系の秦造熊《はたのみやつこくま》、赤染造徳足《あかぞめのみやつことこたり》、黄書造大伴《きぶみのみやつこおおとも》の名もある。

29　大宰府都府楼跡と周辺（背後に大野城）

表3　百済系新帰化人の賜姓と本貫地

氏名	賜姓	本貫地
鬼室	百済王・岡連	左京・右京・和泉
憶頼	石野連	右京
吉・吉智	吉田連	左京
答本	麻田連	右京
賈	神前連	左京
楽浪	高丘連	河内
荆	香山連	左京
谷那	難波連	右京
刀利	丘上連	不明
戸	松井連	不明
国	国中連	不明
四比・志斐	椎野連	不明
肥	城上連	不明
角	羽林連	不明
高	殖槻連・清原連等	左京
王	蓋山連	左京
狛	古衆連・長背連	右京

注　高・王・狛の三氏は高句麗系の新帰化人である。

畿内帰化人の武力の問題はあらためて考えねばならないが、天武天皇の帰化氏族への依存度はきわめて高いにもかかわらず、百済の新帰化人の名はついにひとりもみえないことは注目すべきである。天皇は白村江の敗戦にかんがみ、しきりに遣新羅使《けんしらぎし》をつかわし、新羅仏教を輸入し、新羅との国交回復につとめている。帰化人にたいしても、百済人を登用せず、反天智政策をとったものと思われる。

したがって、これらの百済系新帰化人の活動の場は、飛鳥・藤原京にはなく、その後の平城京をまたねばならなかった。彼らは最新の技術のゆえに、八世紀、律令制下の実務的官職に任ぜられたのである。

政府は、このような新帰化人にたいし、神亀元年(七二四)二月、「官々に仕《つかへ》奉《たてまつ》る韓人部《からひとのとも》一人二人に、その負ひて仕ふべき姓名を賜ふ」(『続日本紀』)と定めた。カラヒトノトモとは、もっぱら諸官司に登用された百済亡命新帰化人をさし、彼らが、秦氏・漢氏など古い帰化人のトモノミヤツコ・トモの世襲的官職に代わって、新たな職務についたことを意味している。新帰化人はまだ日本姓をもたないので、同時に賜姓を行なったものにほかならぬ。

彼ら新帰化人の新たな職務とは、律令制度下の明経《みょうぎょう》・明法《みょうぼう》・文章《もんじょう》・暦算・陰陽《おんみょう》・天文・呪禁《じゅごん》・医術・兵法・築城・造仏・冶金の各分野にわたっており、帰化人としてのはっきりした特性を示している。つぎに彼らに対する賜姓とその後の本貫地をみると、表3のとおりである。

もちろん本貫地といっても、『姓氏録《しょうじろく》』に登録されたものにすぎないが、事実上、彼らの大部分は官人として、平安京の左右京に居住するものが多かったであろう。

彼らがどれほどの生活圏をもったかは不明であるが、すでに都に住み、地方への氏のひろがりはない。旧来の帰化人のように地方にひろく民部《かきべ》を領有するような豪族的性格はもちえなかったのである。百済王氏は在地の豪族ではあったが、もちろん地方の部民は保有するはずもない。

5　奈良朝の帰化人

平城京の旧帰化人　奈良時代にはいって、七世紀以前の古い帰化人たちは、畿内においていかなる地位を維持したであろうか。

まず、東西漢氏に属する「史部《ふひとべ》」は、律令制大学寮の入学資格を与えられ、実際上も、船史《ふなのふひと》・津《つ》史・白猪《しらい》史より、大学生・秀才・大唐学問僧・遣唐判官などを出し、『経国集《けいこくしゅう》』の秀才対策文にも、葛井諸会《ふじいのもろえ》・船沙弥麻呂《ふなのさみまろ》・白猪広成《しらいのひろなり》・蔵伎美麻呂《くらのきみまろ》らの提出したものがのこされている。

つぎに、律令制の兵部《ひょうぶ》省造兵司、宮内省鍛冶司《かぬちし》、大蔵省縫部《ぬいべ》司などの工房に上番した「雑戸《ざっこ》」に、朝妻《あさつま》・朝妻金作・韓鍛冶部《からかぬちべ》・鞍作《くらつくり》・山背甲作《かぶとつくり》・河内手人《かわちのてひと》・忍海部《おしぬみべ》・飽波漢人《あくなみのあやひと》・錦部《にしごり》など、東西漢氏に属する氏の名がみえ、このうち、山背・河内の地名を付するのもあり、また実際に、河内・近江に居住する雑戸の例もみとめられる。

つぎに画師《えし》である。画工司《えだくみのつかさ》や造東大寺に属した画師の家系として、河内直《かわちのあたい》・河内画師《かわちのえし》（河内丹比《たじひ》郡→右京）、黄文連《きぶみのむらじ》・黄文画師《きぶみのえし》（山城久世郡→右京）、秦（山城愛宕《おたぎ》郡・河内丹比郡→左京）、簀秦《すはた》・簀《す》秦画師《はたのえし》（近江犬上郡）、息長《おきなが》・息長丹生《おきながのにう》（近江坂田郡・大和城下《しきのしも》郡→右京・左京）、倭画師《やまとのえし》・養徳画師《やまとのえし》（左京）らが、実際に知られ、上村主《かみつすぐり》（近江滋賀郡→右京）、下村主《しもつすぐり》（河内大県《おおあがた》郡）、高椅忌寸《たかはしのいみき》（山城愛宕郡）、竹志史《つくしのふびと》（摂津百済郡）らもみとめられる。かれらの中にも帰化氏族が多いことがわかる。

たしかに、これらの世襲的職務は畿内の帰化人のものであるが、もはやそれは大化前代の遺制にすぎない。雑戸の解放がひろく行なわれ、白丁《はくてい》（律令制下の雑務に従った無位無官の良民）の番上工《ばんじょうこう》がこれに代わり、画師にも、他の氏姓のものが著しく進行しているのである。

もちろん、帰化人として、たとえば、刑部《おさかべ》親王と藤原不比等《ふひと》の主宰した大宝律令《たいほうりつりょう》選定に、伊岐《いきの》連博徳《むらじはかとこ》、白猪史骨《しらいのふびとほね》、田辺史百枝《たなべのふびとももえ》、鍛造大角《かぬちのみやつこおおすみ》、額田部連林《ぬかだべのむらじはやし》、山口伊美吉大麻呂《やまぐちのいみきおおまろ》、調伊美吉老《つきのいみきおい》人《ひと》、黄文連備《きぶみのむらじそなう》、田辺史首名《たなべのふびとおぶとな》等々、東西漢氏と秦氏系の氏が参加し、遣唐使・遣新羅使・遣高句麗使、あるいは掌客使《しょうきゃくし》などの外交関係にも、民使《たみのつかい》・高田首《たかたのおびと》・勝《すぐり》・大蔵衣縫造《おおくらきぬぬいのみやつこ》・吉士《きし》・難波吉士《なにわのきし》・津史《つのふびと》・桑原連《くわばらのむらじ》らの氏がただちに見いだされることは、立法・文筆・通訳などの帰化人の特性によるものであろう。

しかし、それにもかかわらず、このような古い帰化人の奈良時代における特徴は、むしろその土豪化にあるとみるほうが正しい。大和の高市《たけち》郡の郡司に、檜前忌寸《ひのくまのいみき》一族が任命されたことはすでに述べたが、実例としても、大和の蚊屋忌寸《かやのいみき》（高市郡大領《たいりょう》）、河内の茨田勝《まんたのすぐり》（讃良《ささら》郡大領）、河内連（河内郡大領）、八戸史《やへのふびと》（高安郡少領）、摂津の吉志《きし》（西成《にしなり》郡擬《ぎ》大領）、難波忌寸（東生《ひがしなり》郡大領）、近江の大友村主《すぐり》（滋賀郡大領・少領）、穴太村主《あなほのすぐり》（坂田郡主帳）、依智秦公《えちはたのきみ》（愛知郡大領）、秦大蔵忌寸（愛知郡少領）などがただちに見いだされるのである。

このようにして古い帰化人は京畿において重要な役割を演じつつも、やがては日本の氏姓を称し、あるものは土豪化し、あるものは農民のなかに埋もれ、一般の特性を消滅して、畿内の一般住民と同化してゆくのである。百済から亡命した新帰化人が、その新しい技術のゆえに、律令政府の諸部門に登用されたのと対照的であるといえよう。

同化とは一つには氏姓の混合である。奈良時代には京畿の帰化人にたいする賜姓がさかんに行なわれた。その結果、たとえば桑原村主《くわばらのすぐり》→桑原公の改姓によって、「左京皇別」の桑原公と同姓となり、高志毗登《こしのひと》→高志連の改姓によって、「右京神別」の高志連と区別がつかず、倉人《くらひと》→大和連、戸・根《ね》→額田部宿禰の改姓によって、「摂津神別」の大和連、「右京・山城・摂津神別」の額田部宿禰と同姓となった例のほか、秦毗登《はたひと》→阿倍小殿朝臣（奈良皇別阿倍朝臣）、三財部毗登《みたからべのひと》→笠臣（右京皇別笠臣）、あるいは、難波連（河内皇別難波忌寸・難波）、錦部《にしこり》連（山城神別錦部首）、長岡忌寸（左京皇別長岡朝臣）のように、氏を「皇別」「神別」と共通にするものが著しく増加した。ここではすでに「諸蕃《しょばん》」としての特性は失われているといえよう。

唐の帰化人　奈良時代に、唐から若干の帰化人が畿内に渡来している。これらはさほど重要ではないが、最後にそのいくつかについてふれておきたい。たとえば、王元仲《おうげんちゅう》ははじめて飛丹《ひたん》薬をつくり、従五位下を授けられ、王文度《おうぶんたく》は唐の左衛郎将《さえいろうしょう》で、楊津連《やつのむらじ》の姓を授けられ、晏子欽《あんしきん》は大使沈惟岳《ちんいがく》とともに来朝したままわが国に帰化し、栄山忌寸《さかやまのいみき》の姓を賜わり、薩弘恪《さつこうかく》は帰化後、音博士《こえのはくし》となり、水田四町を与えられ、大宝律令の撰定に参加し、袁晋卿《えんしんけい》は吉備真備《きびのまきび》に従って来朝し、音博士、大学頭に任ぜられ、清村《きよむら》宿禰を賜わっている。このほか、張道光《ちょうどうこう》、陳袁濤塗《ちんのえんとうと》、陳懐玉、沈清庭《ちんせいてい》、沈庭勗《ていきょく》、徐公《じょこう》卿《けい》、続守言らの名もある。

彼らは個人的な機縁でたまたまわが国にとどまったもので、おそらく京畿に住んだと思われるが、帰化人としての重要性はもはやない。このころの文化は、帰化人によってもたらされるのでなく、遣唐使によって、畿内に輸入されていたからである。

畿内における帰化人の歴史は、ほぼ平安時代中期に、その幕を閉じるといえよう。

（『古代の日本』五（近畿）、一九七〇年、角川書店を補訂）

長岡京と秦氏──木簡による新史料

昨年の十二月十三・十四の両日、私は奈良国立文化財研究所でひらかれた第三回の木簡《もっかん》研究会に出席しました。各地から出土したあたらしい木簡に注目しましたが、中でも長岡《ながおか》京の二三〇点にも上る木簡は皆の注目をあつめました。

長岡京は、桓武《かんむ》天皇が平安京への遷都を試るまえに建設した宮都で、最近の発掘調査の結果、臨時に営まれたものでなく、本格的に経営しようとされたものであることが分かってきました。発掘の行なわれているところは、まず大極殿《だいごくでん》をはじめとする朝堂院《ちょうどういん》と内裏《だいり》で、これらと各官庁をあわせた地域がいわゆる大内裏、つまり長岡宮にあたるはずですが、木簡はこの長岡宮の東、つまり京域から出てきたのです。その出土地は長岡宮の東を限る東大宮大路、つまり左京一坊大路の東一二〇メートル、南を限る二条大路の北一二〇メートルの地点で、東西に走る溝の遺構から発見されたのです。おそらく長岡京を造営するための現場事務所とでもいった施設があって、そこに多くの職種のものが勤務し、また各国から造営の資材や食料が送られてきたのでしょう。各国から貢進された物品の付札には、国・郡・郷名や、綱丁《ごうちょう》といって運搬責任者の名や、その受取り責任者の名などが記入されています。この受取り責任者の名に、「秦安万呂《はたのやすまろ》」とか「肪万呂」とかの名がたくさんみられることが注目されるのです。実物の木簡は、これを眼の前でみますとまことに生々しく歴史を語っています。その生々しい木簡のことは、また後に改めて述べます。

かつて私は、「和気清麻呂《わけのきよまろ》」について書きましたとき（人物叢書『和気清麻呂』吉川弘文館）、長岡京への遷都は、延暦三年（七八四）当時、摂津大夫《せっつのたいぶ》であった清麻呂が、桓武天皇にその必要をつよく提示したのではないかと述べました。和気氏は、その出身地たる備前・美作《みまさか》においても、また廟堂においても、山背の豪族である秦氏と関係ぶかい立場にありました。長岡京の造営に、表向き活躍するのは藤原種継《ふじわらのたねつぐ》です。この種継の母は、『公卿補任《くぎようぶにん》』によりますと、秦源（朝元）の女であったのです。秦朝元《はたのちようげん》という人は、大宝年間に父の弁正《べんじよう》とともに入唐しましたが、父が唐で客死したため、ひとり唐から帰り、医術にすぐれ、また弟子をとって漢語を教えたこともありました。その後、天平年間に、入唐判官《じよう》としてふたたび唐に使します。当時としては、秦氏を代表する人物といってよいでしょう。『万葉集』に、唐から帰朝した後、橘諸兄《たちばなのもろえ》の宅で正月の雪見の宴がもよおされましたが、朝元は和歌を上手によむことができず、諸兄はたわむれに、麝《じゃ》を以て贖《あがな》えといったので、朝元はただ黙していたという逸話が伝えられています。諸兄は当時の左大臣で、朝元は従五位上でしたから、身分の違いはありますが、陰然たる勢力をもつ実務官僚の秦氏としては、朝元は高位の人といってよいのです。しかも政府の財政を事実上握る「主計頭《しゅけいのかみ》」という職務についたのです。山背の秦氏を代表する立場にいたといってよいと思います。

さて、長岡京はもちろん山背にあります。藤原種継が活躍していたころ、秦忌寸足長《たるなが》は、長岡京の「宮城」を築いた功によって、一躍外正八位下から従五位上を授けられ、これまた「主計頭」に任ぜられます。また秦忌寸宅守は、長岡京の「太政官院垣」を造った功によって、従七位上から従五位下に叙されています。そして彼は「主計助《すけ》」となりました。これらは山背の秦氏が、その私財によって、長岡京の造営に助力したことを示すとともに、またその功績やその立場によって、政府の財政を担当する実務官僚ともなったことを示しています。

すでにこれより前、まだ平城《へいぜい》京がつづいている時に、聖武《しょうむ》天皇は山背に恭仁《くに》京を経営したことがあります。この宮の造営にも、秦嶋麻呂《しままろ》は、「大宮垣《おおみやがき》」を築いた功によって、正八位下から一躍して従四位下を授けられた実績があり、これによってかれは造宮省《ぞうきゅうしょう》の「録《さかん》」、さらに「輔《すけ》」に任ぜられました。また長岡京がつぶれて平安京が造営されたとき、『拾芥抄《しゅうがいしょう》』にひく『天暦御記《てんりゃくぎょき》』によりますと、平安京の大内裏は、かつての秦河勝《かわかつ》の宅所であったと記され、また平安京の造宮大夫藤原小黒麻呂《おぐろまろ》の妻は、上にのべた秦嶋麻呂の女でした。

そして小黒麻呂の子の藤原葛野麻呂《かどのまろ》は、その名も山背の〝葛野〟つまり秦氏の本拠である今日の京都にちなむもので、かれ自身も、和気清麻呂の子の広世《ひろよ》とともに、「造京式」を桓武天皇に撰上したのです。葛野麻呂の母が嶋麻呂の女であることは、種継の母が朝元の女であることとまったく共通していることがおわかりのことと思います。

　このように、山背に造られる帝都は、すべて秦氏とふかい関係があることを再考しなければなりません。

　さて、秦氏は財務官僚でした。すでに、『日本書紀』や『新撰姓氏録《しんせんしょうじろく》』によりますと、雄《ゆう》略《りゃく》天皇のとき、秦酒君《さかのきみ》が配下の秦氏をひきいて「庸調《ようちょう》」を朝廷に貢進したので、諸国の貢調がみちみち、「大蔵《おおくら》」をたて、酒君をその「長官《かみ》」としたと記されています。また『日本書紀』では、欽明《きんめい》天皇のころ、秦人を諸国に安置して戸籍につけ、その戸数が七〇五三戸にもなったので、「大蔵掾《じょう》」の秦伴造《とものみやつこ》をもってこれを支配させたとあります。この秦伴造とは、秦大津父《おおつち》をさすらしいのです。さらに、聖徳太子が亡くなったとき、妃が「天寿国曼《てんじゅこくまん》荼羅繍帳《だらしゅうちょう》」をつくりますが、実際に監督したのは、「椋部秦久麻《くらべのはたのくま》」であると記されていますが、この椋部とは「蔵部《くらべ》」のことです。

　このような例は、いずれも秦氏が朝廷の蔵を管理した起源を説いているのですが、酒君のように「長官」とはあっても、事実上の責任者という意味で、そのあとの「掾」とか「椋部」の官の方が真実です。先に述べた足長や宅守にしても、主計頭や主計助を極官としたのです。そこで、奈良時代の秦氏の例を知られる限り列挙してみましょう。

(イ)秦前広幡《はたさきのひろはた》(大蔵《おおくら》少録)　(ロ)秦忌寸《いみき》智麻呂《ちまろ》(主税助《しゅぜいのすけ》)　(ハ)秦忌寸朝元(主計頭《かみ》)　(ニ)秦忌寸長野(主税頭)　(ホ)秦忌寸足長(主計頭)　(ヘ)太秦公忌寸宅守(主計助)　(ト)秦鎰取(主《かぎ》鑰《とり》)　(チ)秦永岑(大蔵史生《ししょう》)　(リ)秦雪村(大蔵大主鎰)　(ヌ)秦忠雄(大蔵大典鎰)　(ル)太秦連雅(大蔵大録)　(ヲ)秦貞世(内蔵蔵人)　(ワ)秦奥世(大蔵省掌)

右のような官人の名がみえ、大蔵省、内蔵寮《くらりょう》、主計寮、主税寮の役人が多いことがわかります。大蔵省でいえば、せいぜい四等官の録《さかん》であり、民部《みんぶ》省の被官の主計・主税寮では頭《かみ》・助《すけ》もありますが、これらは従五位以下の官なのです。まして、主鎰《かぎとり》・典鎰(鎰は鑰とおなじカギのこと)や蔵人(蔵部《くらべ》)などは、倉の開閉と物品の出納の実務責任者なのです。実務官僚の意味がわかると思います。この他に造東大寺司《ぞうとうだいじし》においても性質は変わりません。

(カ)秦息成《おきなり》(倉人)　(ヨ)秦麻呂(蔵人)

このような例は、かつて私が述べたものを若干補足したものです(『大化前代社会組織の研究』吉川弘文館)。このほか秦氏の氏姓をみますと、「秦大蔵造《はたのおおくらのみやつこ》」とか「秦大蔵連《むらじ》」らがおり、また「秦倉人《はたのくらひと》」は、山背国愛宕《おたき》郡の戸籍に実に二六名もいるのです。氏姓からも、秦氏と政府の蔵の関係がわかるでしょう。しかも、右にあげた実例はすべて下級官人といってよいので、正史にはあまり現れないのです。正史には原則として五位以上に達したものを記載するからです。したがって、(リ)〜(ヨ)までの例はすべて文書に記録されたもので、このうち(ヌ)・(ル)、(ヲ)・(ワ)などは同一の文書に名をならべて記されているもので、いかにこのような大蔵や内蔵の下級官人が秦氏に一般的な職務であったかが知られると思います。

そこで長岡京の木簡の記事を解読しなければなりません。すでに述べましたように、これらの木簡の記事は、長岡京と秦氏、財務官人と秦氏という二重の前提を負うているのです。この前提はわれわれが木簡を解読するための、いわば予備知識とでもいうべきものです。

はじめに述べましたが、長岡京は本格的に経営されようとした宮都です。これまでもいろいろの研究がありますが（喜田貞吉『帝都』日本学術普及会、大井重二郎『上代の帝都』立命館大学出版部、福山敏男『大極殿の研究』平安神宮、など）、最近、長岡京の発掘をふまえた新しい研究が出版されています（福山敏男、中山修一等『長岡京発掘』ＮＨＫブックス）。今回の木簡については京都府教育委員会の高橋美久二氏が発表されました。

さて木簡にはいろいろな種類がありますが、ここで関係するのは貢進物《こうしんもつ》の付札です。貢進物はすべて長岡京の造営に要する物資なので、山背、近江、美濃、三河、信濃、越前、播磨、紀伊、讃岐、伊予などからのものです。ほぼ延暦八年三月から延暦九年五月までのものに限られているといってもよいでしょう。物資としては、米・塩・油・鮨鮑《すしあわび》・鯛腊《たいのきたい》・雉腊《きじのきたい》・

鹿宍《しかのしし》などの食料、鍬・钁・鉄・荒炭《あらすみ》などの用材がみとめられますが、官庁としては、太政官の「作官曹司所」「大臣曹司作所」「造右大臣曹司所」「造大臣曹司所」などや、宮内省の「大炊寮《おおいりよう》」などがみとめられます。

秦安麻呂（安万呂）らは、このような物資の受取人で、おそらく「太政官厨家」の出納責任者であったのではないでしょうか。「官厨家」は、太政官の厨房ですが、地子米・塩などの収納・支出をつかさどる財務官司でもありました。安万呂はまず、延暦九年三月七日と九日の「紀伊国進地子塩」、同九年五月十三日「近江国米綱丁大友醜麻呂《おおとものしこまろ》」、同九年五月十九日「美濃国米綱丁勝栗万呂《すくりのくりまろ》」の収納に立会ったらしく、そのほかにも、延暦九年三月九日、四月五日、八日、十五日と十八日の「作箸」などの出納に署名がある、つまり日付でいえば、三月七日、九日、四月五日、八日、十五日、十八日、五月十三日、十九日と連続して収納の記録があり、署名は「秦安万呂」とフルネームで書いたものと、「安万呂」と名のみを記したものの二つに分かれています。たとえていえば左のようです。

（イ）「美濃国米綱丁勝栗万呂
延暦九年五月十九日秦安万呂」
「近江国綱丁大友醜麻呂
五月十三日秦安麻呂」

（ロ）「紀伊国進地子塩三斗　安万呂
　延暦九年三月九日」
　「三月九日安万呂」
　　「十八日作簀八十三人料
　　　　秦安万呂」

まだ他にもありますが、(イ)・(ロ)に典型的に示されています。まずこの日付の部分は、各国からの発信の日付なのか、受取りの日付なのか意見が分かれますが、私は、木簡の書式からみれば発信の日付と思います。つまり、平城京出土の貢進物の木簡にしても、正倉院にある調庸布 絁《あしぎぬ》の墨書にしても、日付は発信日と考えてよいからです。しかも、長岡京の木簡は、上端の両側に切り込みを入れたものがほとんどで、貢進物に付した荷札でありましょうから、この荷物を送り出した国元で、発信日も書く方が自然でしょう。中でも、左のように、受取人の名を記入していないものもあるのです。

（ハ）「美濃国綱丁勝栗万呂
　九年五月廿一日」

これは受取りのときに日付だけを記入したのではない証拠でしょう。もしそうならば、受取人の名も起すのが当然であるからです。

しかし問題はこれに止まりません。一つは木簡の墨書の筆蹟で、発表者によれば、二筆あるいは三筆に分かれているものもあるということです。このばあい、日付から下の部分が異筆のもの、または日付と「秦」の一字までが異筆で、それ以下の「安万呂の名がさらに別筆である場合もあるというのです。もちろん、同筆、異筆の問題は、さらに現物についてよく見ねばなりませんから、絶対視はできないでしょう。ただもしこれを真実とすれば、日付を受取りのときのものとする可能性ものこされます。しかし、もしこれを受取りの日付とすれば、これを「安万呂」とわざわざ異筆で書くことはあり得ないのです。

私は、あまり細かく考える必要はないと思います。たとえば、近江にしても美濃にしても紀伊にしても、何日かずつ間隔をおいて荷物を発送しています。同じ日に数荷のこともあります。誰が運送の責任者になるかは、一定期間は決っていたでしょう。発送の日になって日付を記入します。そのとき、長岡京の受取人は誰かは周知のことだったと思います。それは秦氏なのです。受取り側の署名者は名前を記入すればよいのです。古来、自署とは名を記すことです。たとえば正倉院の有名な献物帳《けんもつちょう》にしても、紫微《しび》令藤原仲麻呂《ふじわらのなかまろ》以下が署名しますが、みな名前だけを本人が自署するのです。長岡京の場合も「安万呂」とか「肋万呂」とか名前だけのものが多くあります。私はこの肋万呂も秦氏である可能性はきわめて高いものと思います。安万呂は紀伊国進地子塩三斗、延暦九年三月九日の同日付の四枚、肋万呂も近江の綱丁大友醜麻呂のもたらした貢進米、延暦九年五月七日の同日付の四枚に自署しているのです。いずれも「肋万呂」とのみ自署しています。そのような場合、発送した国元で、名前のところだけ空けて、秦という氏姓はあらかじめ記入しておいても差支えはないわけです。みな顔見知りだったにちがいありません。それは私の推定なので、秦氏が長岡京の出納責任者としてはそれほど有名なものであったと思うからです。それにしても何故、おなじ荷札木簡が四枚もセットとしてあるのでしょう。これは安万呂や助万呂が受取ってから、最終の消費官司に届けられるまで、それぞれの受取り記録として必要であったとの見方もあります。

いずれにしても、長岡京から出土した木簡は、生々しい造営費用のやりとりを示していて、私には興味がつきません。秦氏が重要な役割りを果していたことはまちがいのないところですが、今回の木簡は、はからずもそれを示してくれました。このことを記しておきたかったのです。

（『秦氏研究』一九七八年一一月）

二　畿外の帰化人

1　西国と秦氏

秦氏の特色　畿内の帰化人と対比して畿外の帰化人をとりあげてみたい。畿内の秦《はた》・漢《あや》二氏の畿外に有する民部《かきべ》が、すべて大陸から渡来した集団であるとはいえず、婚姻により、または政治的な結合により、同一の氏姓を称するようになったばあいも当然あるであろう。ここではそれらの集団が秦《はた》部《べ》・漢部《あやべ》などとして、二氏の配下に組織されるまでの過程を考えてみる必要がある。もちろん畿内にくらべて史料がきわめて少ないので、伝承を分析することが多くなるが、それはやむをえないであろう。

秦氏の氏族構成が、山城の宗族を中心に、全国に分散する、ピラミッド型の土豪としての典型を示すのに対し、漢氏・文《ふみ》氏は、官人貴族として、大和・河内に集中し、同族各氏の併立型を示し、前者は、在地的、後者は都市的と言いかえることも可能であることはすでに述べた。

ここで注意されるのは、古い渡来者集団は、主として秦氏に帰属し、あたらしい帰化人は主として漢氏のもとに組織されたのではないかと思われる点である。したがって、ここでは秦氏の集団をとりあげることにする。古い渡来者集団とは何か。

新羅・加羅系集団　(1)垂仁《すいにん》紀に、新羅《しらぎ》王子天日槍《あめのひぼこ》が渡来し、神宝を但馬《たじま》におさめたという。『播磨《はりまの》国風土記《くにふどき》』は、この説話を、揖保《いいぼ》郡揖保里、宍禾《しさわ》郡川音《かわと》村、同村奪谷《うばいたに》、同郡高屋里《たかやのさと》、同郡柏野里《かしわののさと》伊《い》奈加川《なかがわ》、同郡雲箇里《うるかのさと》波加村《はかむら》、神前郡《かんざきぐん》多《た》馳里《だのさと》の各条にわたって述べ、この外来者と地主神の争い、外来者の安住化の過程をきわめて象徴的に語っている。『日本書紀』の一書には、日槍が天皇より播磨国宍粟《しさわの》（宍禾）邑《むら》と淡路島出浅邑《いでさのむら》とを与えられ住んだとある。系譜からいえば、その子孫が田道間守《たじまもり》という但馬の土豪となっている。この説話は、一面では、意富加羅《おおから》の王子都怒我阿羅斯等《つぬがあらしと》の渡来説話とも混淆しているが、阿羅斯等とは、任那《みまな》・加羅《から》の王族の称号である。

(2)『播磨国風土記』はさらに、飾磨《しかま》郡《ぐん》巨智里《こちのさと》を韓人山村《からひとのやまむら》らの祖柞巨智《ならのこち》の拓いたところと伝え、『峯相記』によると、そのころ飾磨郡白国《しらくに》（新羅訓）山の麓にある二つの寺は、ともに「巨智大夫」の氏寺であると伝えられていた。さらに『風土記』には、飾磨郡豊国《とよくに》村は、筑紫豊国の神をまつるとあるが、これは豊前香春《かはる》の新羅神を指していることはまちがいなく、先の新羅訓《しらくに》村は、新羅人の居住したところだと述べている。

(3)『隋書《ずいしょ》』に、隋使の渡航経路として、壱岐—対馬—竹斯（筑紫）—秦王国—十余国—海岸（難波）の道程が示されていることは周知のとおりである。十余国は瀬戸内海沿いの国々であるから、「秦王国」とはこれまでいわれてきたように「周防国《すおう》」の同名異字であろう。この国について『隋書』は「其人華夏に同じ」と記しているが、これは隋使の空想の所産なのではなく、『隋書』の新羅伝に、「其人雑りて、華夏、高麗、百済の属有り」とあり、また新羅の諸産物を「ほぼ華と同じ」と記するように、新羅に対して同様の語が用いられている。華夏とは中国のことであるのはいうまでもなく、『北史《ほくし》』『梁書《りようじよ》』の諸夷伝《しよいでん》は、新羅のことを「言語、名物、中国人に似たり」と記し、中国人に似る理由を「居するに秦人を以てす、故にこれを名づけて秦韓という」と追記しているのである。

この点はさかのぼって『魏志《ぎし》』東夷伝《とういでん》が、辰韓《しんかん》（新羅）は、「其の言葉、馬韓《ばかん》（百済）と同じからず、秦人に似るあり」とし、『後漢書《ごかんじよ》』東夷伝が「秦語に似るあり」としたのを引き継いだものと思われる。

要するに、新羅は秦人の居地であるから秦韓といい、風俗・言語・物産ともに中国に似ていると主張しているわけである。七世紀はじめ、周防の地が新羅とおなじ、華夏・秦王国などの語で表現されたことは重視さるべきことである。

(4)『豊前国風土記』逸文によると、豊前田河郡香春郷《たがわぐんかはる》は、そのむかし新羅国の神が自ら渡り来て住んでいたところで、この香春神《かわら》を祭る山からは銅と薬用化石が採取されたという。豊前銅は平安時代まで鋳銭司《ちゆうせんし》等に対する有力な供給源であった。『延喜式《えんぎしき》』神名帳では、この神は「田川辛国息長大姫《たがわからくにおきながおおひめ》大目命《おおめのみこと》」で、「辛国《からくに》」すなわち「韓国」の神であることが明記されているが、この香春神は、宇佐神

30　慶州金冠塚古墳出土の金銅製冠帽

31　慶州金鈴塚古墳出土の耳飾り

ともに豊前を二分する勢力をもっていた。上述の加羅皇子都怒我阿羅斯等《つぬがあらしと》の婦が逃れて難波と豊前の「比売語曾神《ひめこそのかみ》」として祭られたというのはこの神で、難波のそれは、『摂津国風土記』逸文に、「新羅女神」が本国より逃れ住んだ比売島のこととされているのである。いずれにせよ、このように勢力ある豊前の新羅神をまつる集団が存したことは疑いないであろう。

(5)『筑前国風土記』逸文によると、仲哀《ちゅうあい》天皇の遠征を迎えた筑紫伊都県主《いとのあがたぬし》の祖五十迹手《いとで》は自ら称して、高麗国意呂山《こまのくにおろやま》から天降る日桙《ひぼこ》（天日槍）の苗裔《びょうえい》だといったとし、(1)と同系の説話をのせている。

(6)熊本県玉名郡菊水町江田《えた》にある前方後円墳から発掘された遺物として、鏡、冠帽、沓《くつ》、耳飾り、玉類、馬具、武器、甲冑のあることは周知のところである。金銅製の冠帽と沓、金製の耳飾りが新羅慶州金冠塚《けいしゅうきんかんづか》・金鈴塚《きんれいづか》から発掘されたものと酷似することについて、原田淑人氏は、この古墳の主人公は新羅人ではないかと推定された（原田淑人『東亜古文化論考』一九六二年、吉川弘文館）。鉄製環頭《かんとう》大刀《たち》に銀の象嵌銘があり、作者が「張安」という人物であることも一考を要する。新羅がはじめて衣冠の制を中国風に改めたのは、金春秋《きんしゅんじゅう》（武烈王《ぶれつ》）がわが大化四年（六四八）、入唐して唐儀に従ってからであり、著名な法興王《ほうこうおう》の時代にも、まだいわゆる新羅六部の服色は「夷俗」であったと中国史書に記されているのである。

(7)「敏達《びだつ》紀」によると、火葦北国造《ひのあしきたのくにのみやつこ》刑部靫部《おさかべのゆけい》阿利斯等《ありしと》が、宣化《せんか》天皇のとき海表（朝鮮）に使したという。肥国《ひのくに》の国造《くにのみやつこ》の一人として、任那・新羅系の称号阿利叱智を有する豪族の存在したことは注目してよい。

上記の史料はすべて各々性質を異にするものに記載されたもので、それらがたまたま新羅・加羅系の渡来者に関するものに集中していることは重視しなければならない。そしてそのすべての舞台は西日本である。先に秦氏の支配する集団が西日本に集中することをあげた。そして、その一つ一つをみると、新羅・加羅人の伝承は、秦氏の存在と完全に重複するのである。

秦氏の分布と新羅・加羅系集団　(1)秦氏の居住区もまた天日槍《あめのひぼこ》とおなじく播磨西部諸郡を占める。そして『風土記』にいう巨智《こち》氏は、『新撰姓氏録《しんせんしょうじろく》』に「己智、秦太子胡亥《こがい》より出づ」とあり、秦氏とおなじ出自とされる。巨智は、長岡忌寸《ながおかのいみき》・山村《やまむら》忌寸と同祖となっているが、八世紀以後に、山村許智・山村曰佐《おさ》・奈良（柞《なら》）巨智・楢《なら》曰佐らが長岡忌寸・山村忌寸・奈良忌寸に改姓された例、秦忌寸が奈良忌寸に改姓された例も存在する。実際上も、東大寺の写経生であった秦在礒《はたのありいそ》は、許智在石・己知在石・許智蟻石・己知蟻石・秦在石・秦蟻礒などとも表記され、揖保郡《いいぼぐん》の少宅《おやけ》郷の人であった秦田村君有礒とは、これと同一人物を指しているらしい。先の『風土記』に、「韓人山村の祖柞巨智」とみえるのは、この山村忌寸や奈良忌寸を指しているのである。おなじ播磨西部の赤穂郡の郡司は秦《はたの》造《みやつこ》内麻呂《うちまろ》で、この郡にある大避大明神は、『本朝皇胤紹運録《ほんちょうこういんしょううんろく》』に、「秦氏の祖」とされていた。

(2)概して瀬戸内沿いの山陽道は銅産地であるが、その鋳造技術は新羅系のもので、秦氏関係の濃厚な分布圏でもあったと説かれているとおりである（八木充「山陽道の銅産と鋳銭司」〈『内海産業と水運

の史的研究』一九六六年、吉川弘文館〉)。

(3)秦王国すなわち周防国が、新羅系集団の居住地であったと思われることは上述したが、石原道博氏は、秦王国とは、「山陽道西部にあった秦氏の居住地」をさすのであろうと推定された(和田清・石原道博編訳『魏志倭人伝・後漢書倭伝・宋書倭国伝・隋書倭国伝』一九五一年、岩波書店)。延喜八年(九〇八)の周防国玖珂《くが》郡玖珂郷戸籍では、「秦人」姓のものがきわめて多い。秦氏の「秦」という称は、新羅に関して中国史書という「秦人」「秦韓」に由来するものと考える。「華夏」に同じというのは、中国の秦より出自したものと考えられていたからであり、この点では、秦氏を秦始皇《しんのしこう》の裔《すえ》とするわが国の伝承の背景をなしている。

(4)豊前が秦氏の集団居住地であったことはしばしば指摘されている。大宝二年(七〇二)の豊前国仲津郡丁里、上三毛《かみつみけ》郡塔里・加自久也里の戸籍残簡では、住民のそれぞれ九四パーセント、九六パーセント、八二パーセントが秦系の氏姓で占められる。香春《かわら》の銅産は、この秦系集団のになうところで、その産銅は、周防《すおう》・長門《ながと》の鋳銭司《ちゅうせんし》に送られていた。現在のこる「採銅所」の地名は、平安時代にも明証がある。

このような各地の新羅・加羅系集団の伝承と秦氏の分布が一致するものとすれば、五世紀以後、中央の秦氏が各地のこのような集団を支配下においたことはまずまちがいないと考えられ、それら地域集団の古さは、それらが西日本のみに分布することからも推察される。

2　「豊」国の秦氏

豊国造と宇佐国造　「豊《とよ》」のクニにおいて、豊国造として登場するのは、豊国直《とよくにのあたい》の祖ウナデ（『豊後風土記』）、国前《くにさき》臣の祖ウナデ（「景行紀」）、豊国造の祖ウナノスクネ（『国造本紀』）など、ウナデを祖とする系譜である。これは、景行《けいこう》天皇の九州遠征に本土から従ってきた臣下であり、はじめに豊前の偵察を命ぜられ、大王の軍の先駆となって土酋を追いはらう。大王は「豊前国長峡県《ながおのあがた》」に宮を定め、さらに「豊前国仲津《なかつ》郡中臣《なかとみ》村」にいたって、ウナデに「汝の治国」を「豊国」と名づけよとして、「豊国直《とよくにのあたい》」の姓を賜わったというのである。

これに対し、宇《う》佐国造《さのくにのみやつこ》としては、ウサツヒコ、ウサツヒメ（「神武紀」）、ウサツヒコノミコト（『国造本紀』）が登場する。彼らは宇佐に土着する豪族で、神武《じんむ》天皇の東征にさいし、天皇がここにしばらくとどまったので、婚姻関係を結んだとされる。

この豊前の両勢力の堺は、山国川であり、現在の福岡県と大分県の県境である。京都《みやこ》・仲津・田河・上毛などの諸郡は山国川の北、つまり左岸で、六世紀の「安閑《あんかん》紀」にみえる朝廷の屯倉《みやけ》も、この地域に集中して設けられる。肝等《かと》屯倉（京都郡苅田）、大抜《おおぬき》屯倉（企救《きく》郡貫）、我鹿《あか》屯倉（田河《たかわ》郡赤）、桑原屯倉（田河郡桑原）、腠崎《もりさき》屯倉（企救郡門司）がそれで、これらの地はのちの京都郡苅田郷、苅田駅

表 4　豊前秦氏の分布

<table>
<tr><th></th><th>秦部</th><th colspan="4">勝　　　　姓</th><th>その他の姓</th><th>総人数</th></tr>
<tr><td rowspan="3">丁　　里</td><td rowspan="3">217</td><td>丁勝</td><td>狭度勝</td><td>川辺勝</td><td>某勝</td><td rowspan="3">27</td><td rowspan="3">404</td></tr>
<tr><td>51</td><td>43</td><td>34</td><td>32</td></tr>
<tr><td colspan="4">160</td></tr>
<tr><td rowspan="3">塔　　里</td><td rowspan="3">63</td><td colspan="2">塔　　勝</td><td colspan="2">某　　勝</td><td rowspan="3">4</td><td rowspan="3">131</td></tr>
<tr><td colspan="2">55</td><td colspan="2">9</td></tr>
<tr><td colspan="4">64</td></tr>
<tr><td rowspan="3">加自久也里</td><td rowspan="3">26</td><td colspan="2">河　辺　勝</td><td colspan="2">上　屋　勝</td><td rowspan="3">12</td><td rowspan="3">66</td></tr>
<tr><td colspan="2">15</td><td colspan="2">13</td></tr>
<tr><td colspan="4">28</td></tr>
<tr><td>某　　里</td><td>10</td><td colspan="4"></td><td></td><td>10</td></tr>
<tr><td>累　計</td><td>316</td><td colspan="4">252</td><td>43</td><td>611</td></tr>
</table>

注　この表は，昭和 33・34 両年度にわたって行なわれた正倉院戸籍原本の調査をもとに，現行刊本を再整理したものである。秦部＋勝姓の総人数にたいする比率は，丁里 94 %，塔里 96 %，加自久也里 82 %，某里 100 %で，その平均では，93 %にのぼる。

(『和名抄』、兵部式)、抜気、貫庄(『万葉集』『宇佐大鏡』)、赤庄(『住吉神社文書』)、田河郡桑原(『宇佐大鏡』)、杜崎《もりさき》駅(兵部式)にあたることから、郷土史家の地名比定はおよそみとめられてよいとおもう。

そしてこれらの地域こそ秦氏の濃密な分布圏でもあった。『正倉院文書』の大宝二年(七〇二)、豊前国戸籍をみると、某勝《すぐり》—秦部《はたべ》の構造をもつこの氏の総人口に対する比率は、仲津郡丁里九四パーセント、上三毛郡塔里九六パーセント(『和名抄』上毛郡多布郷)、上三毛郡加自久也里八二パーセント(『和名抄』上毛郡炊江郷)で、全体の平均で人口の九三パーセント以上を占

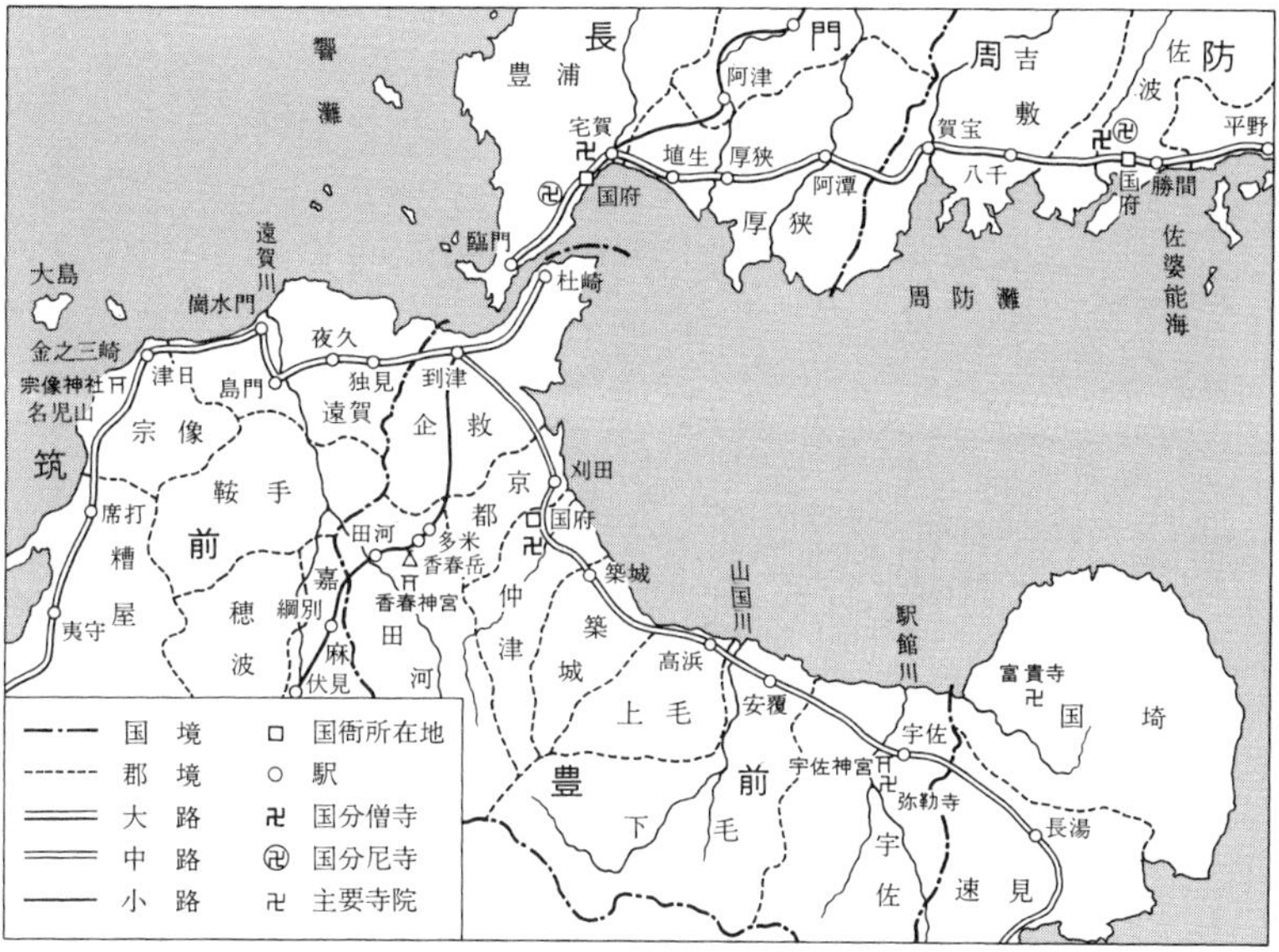

32　豊前秦氏関係図

める。「勝《すぐり》」とは、「村主《すぐり》」のカバネとひとしく、在地の帰化族の小首長とみられている。戸籍にみえる塔勝（多布郷・塔里）、丁勝（丁里）、狭度勝（狭度郷）、高屋勝（高屋郷・高家郷）、大屋勝（大家郷）のように、仲津、上毛、下毛の各郡にわたる里（郷）名が多い。秦氏の勢力が宇佐郡にのびると辛島《からしま》勝（辛島郷）も有力な在地首長となった。これらの里（郷）における秦氏の共同体的性格のつよさを物語っているであろう。

これらの秦系氏族のまつる神は田河郡の香春《かわら》神であろう。筑前の宗形君《むなかたのきみ》の宗像《むなかた》神、阿曇連《あずみのむらじ》の住吉《すみよし》神とならぶ。『延喜《えんぎ》式神名《しきしんみょう》帳《ちょう》』では、豊前六座のうち、宇佐三座・香春三座とあり、豊前国を宇佐と二分する式内社であった。この香春神は、『豊前風土記』逸文によると、「新羅国神」とあり、豊前の銅産とふかい関係にあるのである。同社に蔵する古文書によると、中世以来宮司は赤染《あかぞめ》氏を称した。もっとも古くは、『香春社古縁起《かわらしやこえんぎ》』にひく『伝教大師流記《でんぎょうだいしるき》』に、最澄《さいちょう》の入唐《にっとう》にさいし、香春神宮寺の檀那《だんな》として赤染連清がみえ、この赤染氏は、常世神《とこよのかみ》の信仰と関係ぶかく、八世紀に「常世連」に改姓されている。秦氏と同系の帰化氏族なのであって、志賀海神社の宮司が安曇《あずみ》氏であることと共通性があるであろう。豊国直《とよくにのあたい》とは、このような秦系集団をおいては考えられない。

秦氏の技術と文化　『三代実録《さんだいじつろく》』によると、「豊前規矩《きく》郡銅」があり、「豊前国採銅使」が任ぜられた。銅を産する地域は、今日の上・中・下の採銅所村で、『和名抄《わみょうしょう》』でいえば、この村は「香春郷」に属するのである。

上にのべた「新羅国神」は、この「田河郡香春郷」に渡来したと書かれており、「規矩郡銅」とあるのは、採銅所村が田河郡と規矩郡の郡境にあるからである。『延喜主計式《しゆけいしき》』では、わが国の鋳銭年料銅は、長門・備中とともに豊前から供給されていた。秦氏が古代の銅産や鋳造技術において果たした役割りについては、かつて詳しく述べたことがあり（『大化前代社会組織の研究』一九六九年、吉川弘文館）、八木充氏その他の学者もふれているので（「山陽道の銅産と鋳銭司」〈『内海産業と水運の史的研究』〉）、ここでは述べない。

もう一つ、この問題を理解する上でのべておきたいのは、秦氏はおそらく弁辰《べんしん》（加羅《から》）、辰韓《しんかん》（新羅）からの渡来者ではないかと考えられる点である。中国の『北史《ほくし》』や『梁書』の諸夷伝には、新羅について、「言語名物中国人に似たり」と記し、その理由として、「居するに秦人を以てす、故に名づけて秦韓《しんかん》といふ」と述べている。つまり、新羅は「秦人」の住むところだから、風俗や言葉も中国に似ているとみているのである。それをさかのぼってゆくと、すでに『魏志』東夷伝にもおなじ思想がある。『魏志』は辰韓について、「その語馬韓《ばかん》（百済）に同じからず、秦人に似るあり」としているのはそれで、「秦韓」（辰韓）、すなわち後の「新羅」と「秦」の関係を、三世紀に指摘していることになるであろう。秦氏のもたらした文化や技術が新羅系のそれであると思われるのは、そこに原因があるのかも知れない。そして時代は少し下るが、九州考古学において、白鳳時代の豊前の寺院跡の発掘調査の結果、この山国川以北の地が、いわゆる「新羅系瓦」の濃厚な分布地であることが指摘されてきたのも偶然ではないであろう。秦氏に属する某勝《すぐり》―秦部の分布はまさにこの地域に一致するからである。

宇佐君と宇佐宮　ところで、これらの氏族集団に対して、山国川の南部、すなわち右岸に展開する宇佐君《うさのきみ》についてはどうであろうか。

宇佐君の中心はいうまでもなく宇佐神宮にあるはずである。この神は比咩《ひめ》神と八幡《はちまん》神から成り立っていて、八世紀に設けられた神宮寺も比咩神の比咩神宮寺と、八幡神の弥勒《みろくじ》寺とに分かれていた。中《なか》野幡能《のはたよし》氏は、この関係を地方豪族宇佐氏の秦斎していた比咩神が、その後に、帰化人秦氏のもとにあ

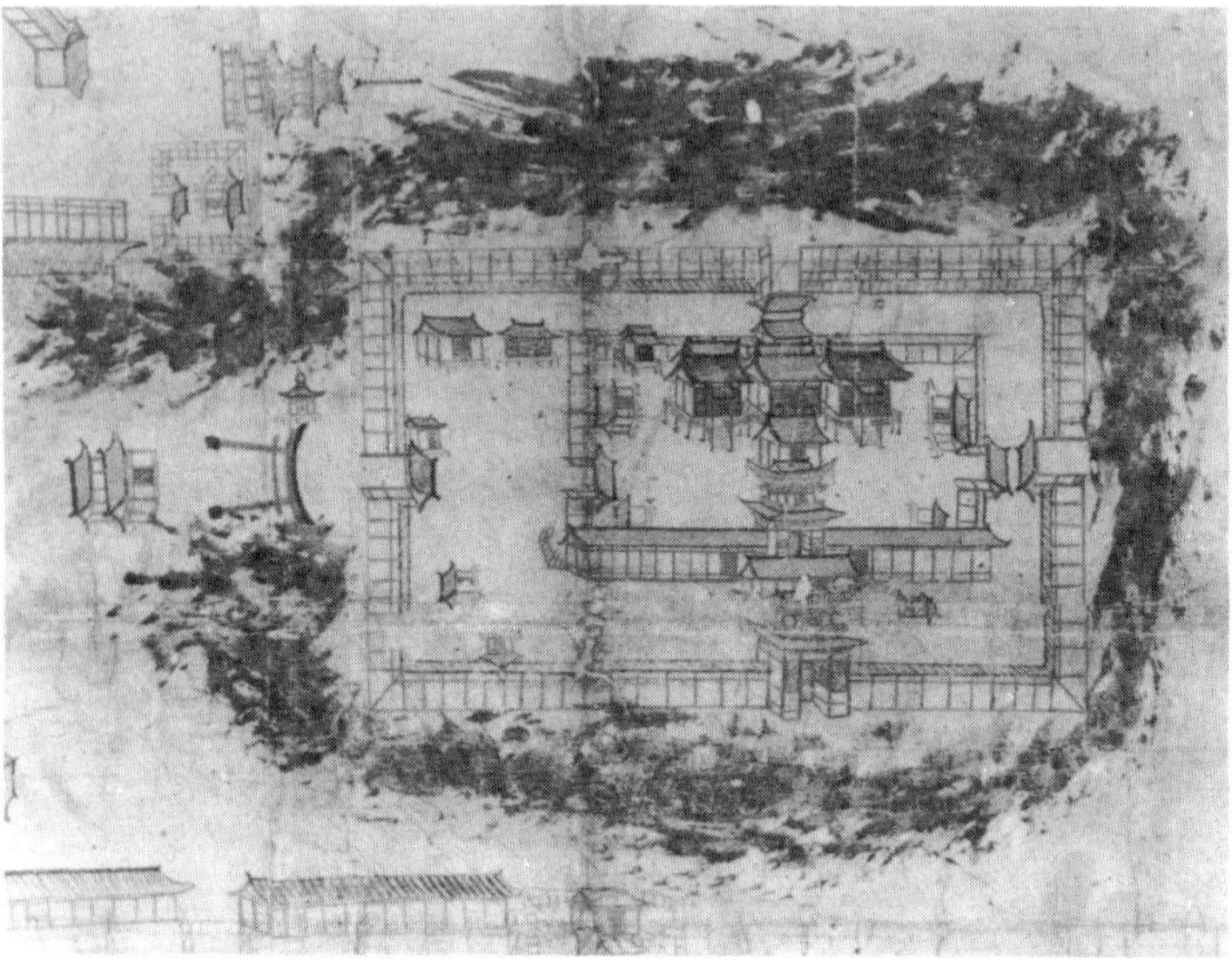

33　宇佐神宮応永絵図（部分）

った辛嶋勝《からしまのすぐり》らの八幡神に押され、習合していったのではないかとみている（『八幡信仰史の研究』一九七五年、吉川弘文館）。その時期は、上にのべたように豊前に大和王権によって屯倉《みやけ》が集中して設定されるにいたった六世紀半ばごろで、秦氏はこれらの屯倉の管理と経営を通じて、次第に宇佐君らを圧倒していったのではないかとするのである。その視点は全体として正しいとおもう。

　実際の宇佐宮の伝承を考えてみると、その設立にかかわったのは「宇佐君」ではなく、「大神比義《おおみわのひぎ》」という人物で、これに「辛嶋勝」が加わっている。これらの伝承は、『東《とう》大寺《だいじ》要録《ようろく》』『扶桑略記《ふそうりやくき》』『宇佐《うさ》八幡託宣集《はちまんたくせんしゅう》』『宇佐宮縁起』『宇佐弥勒寺縁起』『二十二社註式』などという文献にみえるのであるが、共通してその時期を欽明《きんめい》天皇のとき、すなわち六世紀半ばとしている。先の秦氏による屯倉管理の伝承とも一致するのである。しかし、実は、宇佐宮は天平年間までほとんど動静は分からない。歴史にあまり現われないのである。

しかるに、天平二十年（七四八）、東大寺大仏建立の守護神として宇佐はにわかに脚光をあびる。聖《しょう》武《む》天皇の悲願としてのこの事業に、大神田麻呂《おおみわのたまろ》と杜女《もりめ》は宇佐大神を奉じ、みずから神輿《しんよ》とおなじ紫輿に乗って上京し、天皇、太上天皇、皇后らに迎えられ、位階を授けられる。それから一〇年を経ぬ間に、宇佐は大社に列し、禰宜《ねぎ》・主神も破格の恩典に浴するのである。

秦氏と宇佐氏　これからみると、宇佐宮の創立に関する大神比義の伝承も、このころ定着し、正統派たることを朝廷に承認されたのであろう。しかし、六世紀ごろから、大神－辛嶋勝の系列が宇佐の祭祀を制したことを否定する必要はあるまい。養老四年（七二〇）、隼人《はやと》の反乱にさいし、征隼人軍に、禰宜辛嶋勝波豆米《はづめ》が神軍をひきい加わったと記録されているのは、それが継続していることを示すであろう。辛嶋勝は秦氏の直系の配下であるにしても、大神氏がなぜ登場するのかは分からない。それで豊前の大神氏を大和のそれと別系と考える説もある。しかしカバネは両者とも「朝臣」で、差異はなく、おそらく大和と山背の加茂大神の祭祀を通じて秦氏との関係が発生していたものであろう。

東大寺大仏と八幡神の結びつきも、この秦氏を介する豊前の産銅にあるのだろう。天平十二年（七四〇）、河内《かわち》知《ち》識《しき》寺《じ》で盧《る》舎《しゃ》那《な》仏《ぶつ》をみた天皇が大仏造立を思いたち、まだ造仏に成功しないでいるとき、宇佐八幡が現われ、「われ天神地祇を率ひ誘ひて、必ず成し奉らん、事だつに非ず、銅《あかがね》の湯を水となし、わが身を草木土に交へて障ることなくなさん」と託宣《たくせん》したという。みずから銅を掘り、溶解し、鋳造する作業に協力することを約したことになろう。『東大寺要録』にひく銅銘文によると、実際にも「西海の銅」が用いられたとある。

しかし、大仏造立のあと、主神大神田麻呂と杜女は薬師寺僧行信《ぎようしん》とはかって厭魅《えんみ》したとの理由で除名され、多褹《たね》と日向《ひうが》に流されてしまう。かくして宇佐君が宮司に返り咲く。道鏡《どうきよう》はこの宇佐君と結び、大神氏の追放をはかる。天平神護元年（七六五）、宇佐公池守《うさのきみいけもり》を造宮使に任じて八幡を大尾山に移したと推定されており、翌年、宇佐君の奉ずる比咩神に、勅願によって封六〇〇戸を施し、神護景雲元年（七六七）、比咩神宮寺《ひめじんぐうじ》を造り、四年で功を終えさせた。中野氏は、道鏡時代に宇佐宮は比咩神のものとなり、比咩神は八幡神の上におかれる。道鏡の偽の神託《しんたく》をもちこんだのも、宇佐氏によって代表される神職団であるとのべている（『八幡信仰史の研究』）。だから和気清麻呂《わけのきよまろ》が道鏡の野望を阻止したのち、豊前守として現地に乗りこんだとき、宇佐神職団の再編成を行なったのであろう。清麻呂は宇佐氏をおさえて、大神氏をふたたび「大宮司」とした。しかし、宇佐氏を「少宮司」として、地位を定着させたのだから、公正な裁決というべきであろう（平野邦雄『和気清麻呂』一九六四年、吉川弘文館）。

このような経過をみるとき、大神《おおみわ》―辛嶋勝《からしまのすぐり》と宇佐氏との対抗関係は歴史的なものであり、その基底に秦系集団と宇佐君の対立が横たわっていたことが想定されるのである。

秦氏の渡来はいつであろうか。応神天皇の代に弓月《ゆづき》君の渡来が伝えられるが、九州の秦系集団がこの中央の秦氏の祖と同時期に渡来したと考える必要はない。大宝二年（七〇二）の豊前戸籍が一里（郷）ごとにほとんどまとまって同系の氏姓を称することは、その族的共同体の古さを物語る。彼らもまた辰韓《しんかん》（秦韓）よりの渡来者ではないかと推定されるが、おそらく数次にわたって九州に移住したと考えることは不当ではない。『日本書紀』によれば、五世紀末の雄略《ゆうりやく》朝に、諸国に分散していた「秦民」を集め、トモノミヤツコ秦酒公《はたのさけのきみ》に賜わった。よって酒公は「百八十種勝《ももあまりやそのすぐり》」をひきいて、朝廷に庸調《ようちょう》を貢進したとあり、同時に「漢部《あやべ》」を集め、その「伴造《とものみやつこ》」を定めたともある。『姓氏録』では、秦氏が「秦民九十二部一万八千六百七十人」をひきい、その「伴造」となったことが記されている。これは部民《べみん》制の創出によって、諸国に分散していた古い渡来者集団を秦氏の配下に加え、貢納民として組織したことを示すものであり、漢氏のばあいとも共通する。この部民化の過程に、一里（郷）がまとまって同姓化され、某勝―某部となるのは、いわば地方豪族配下の民を共同体ごとに部民に編入する古い形式といえよう。「雄略紀」に「百八十種勝」を配下としたとあるのは、豊前の「某勝」の形式によく符合し、族縁共同体の紐帯の深さを物語っている。

3　ヤマト王権の帰化人認識

新羅・加羅系集団と倭国　これまでにのべたように、加羅《から》・新羅《しらぎ》系の渡来者についての伝承が、播磨・周防・筑前・豊前などの西日本一帯にかなり濃厚にのこり、それが秦氏系の集団と重なり合っている事実があるとすれば、この事実をどう解釈するかということである。

『魏志《ぎし》』東夷《とうい》伝《でん》弁辰《べんしん》の条に、「辰韓《しんかん》人は男女とも倭に近く、亦身を文す」とか、「弁辰」の鉄を「韓、濊《わい》、倭皆従ひてこれを取る」とあるのは、辰韓（新羅）、弁韓（加羅）の地域がともに倭と関係ぶかいことを示し、その倭とは直接には北部九州をさすことにまちがいはない。また倭人伝に、壱岐《いき》・対馬《つしま》の島人が「船に乗り、南北市糴《てき》す」とある南北も、弁辰と九州をさすのである。つまりこのような族長的段階においては、倭と弁韓（加羅）と辰韓（新羅）との結合がつよかったことを示し、ヤマト王権はこのような通交を吸収しながら、あらたに百済《くだら》との国交を樹立した。『日本書紀』によると、甲子年（三六四）、百済王は「久氐《くてい》、弥州流《みつる》、莫古《まくこ》」の三人を「卓淳《とくしゅ》」に遣わし、倭王と通交しようとし、丁卯（三六七）、この三人が来朝し、国交がひらかれた。さらに壬申（三七二）、「久氐」らはふたたび来朝して、「七枝刀《しちしとう》」以下を献じたという。これは『日本書紀』では応神《おうじん》朝にあたっている。石上神宮《いそのかみ》に蔵する「七支刀」の銘文に、「泰和四年」（三六九）、「倭王」のために、「百済王、世子」

が作成して贈ったことが明記されているのは、これを裏づけるといってよい。

ヤマト王権と百済　つまり、ヤマトの王が百済との国交をひらいたのは四世紀後半であり、それまでの九州の諸族長による弁辰諸国（加羅、新羅）との通交を打破し、吸収することに目的があったと考えられる。この後もヤマト王権は加羅に兵を進め、新羅と対抗するのである。

加羅・新羅系の渡来者は、この族長的段階に対応する。それはむしろヤマト王権との直接のかかわりはなく、したがって、九州を中心に瀬戸内海沿岸の地域に集住した。ヤマト王権の国家組織の進展にともない、かれらは畿内の秦・漢氏など、王権に直接する帰化人の配下に編入され、秦部《はたべ》・秦人部《はたひとべ》、漢部《あやべ》・漢人部《あやひとべ》などを称するにいたったものとみられる。

この段階にいたってはじめて帰化人の範疇でとらえられる。『古事記』『日本書紀』が、秦・漢などの帰化氏族の始祖伝承をすべて「応神天皇紀」にかけ、それ以前にさかのぼらせていないことは、『記紀』の編者にすでにこのような認識があったのではないか。この点をふくめさらに検証を重ねる必要がある。

（原題「帰化人の役割」〈『古代の日本』一（要説）、一九七一年、角川書店〉、原題「九州における古代豪族と大陸」〈福岡ユネスコ協会編『九州文化論集』一（古代アジアと九州）、一九七三年、平凡社〉を補訂）

三　帰化氏族の特性

帰化氏族とは、かつて大陸から帰化し、わが国の「氏《うじ》」に編成されたものをさす。つまり王族や豪族とそれらに率いられる族員によってまず「氏」が構成され、やがて、その基盤となる「部《べ》」を領有支配することによって、総体としての「氏」の構造が成立するという点においては、わが古代の「氏」と共通の組織をもち、その後、律令法のもとでも、官位制にもとづく貴族的官人や下級官人、あるいは班田農民たる公民に編成され、一律に律令法の適用をうけたのであるから、帰化氏族という特定の範疇を設ける必要はないという議論もある。

かなり以前のことになるが、一九六九年度の歴史学研究会大会において、筆者が「八、九世紀における帰化人身分の再編」という講演を行なったときも、そのような意見が出された（『歴史学研究』二九二）。このような意見は現在もある。「渡来人」ということばが一見、無雑作に使われることにもそのようなニュアンスがあるのであろう。

八、九世紀の段階で、帰化氏族にたいするそのような形式的なとらえ方は成立するのであろうか。いわば〝異民族〟の受容がそれほど単純なものであろうとは思われない。帰化氏族がそのもたらした文化・技術・習俗によってわが社会に強い刺激をあたえ、古代国家の形成に前進的な役割りを果たすとともに、あらたな国家・社会のなかに混触し、いつしかその一部と化する道程はさほど短期間ではないし、また単純でもないであろう。

ここでは帰化氏族が、いつごろまでその文化的・社会的特性を保持していたか、手がかりになる素材をありのまま提示してみたいと思う。

1　帰化氏族の文化的特性

今来漢人　古典的な帰化氏族に位置づけられる秦《はた》氏と漢《あや》氏は、雄略《ゆうりゃく》朝に、「秦の民」が臣《おみ》・連《むらじ》らに使役されているのを集め、「秦酒君《はたのさけのきみ》」に賜い、それによって秦氏は「百八十種勝《ももあまりやそのすぐり》」をひきいて庸《よう》・調《ちょう》を貢納するようになったといい、またおなじく「漢部」をあつめて、その「伴造《とものみやつこ》」として「漢直《あやのあたい》」を定めたともあるのは、五世紀末に、秦・漢両氏に「氏」の組織が形成されたとする説話で、わが国の氏姓制度《しせいせいど》の成立と軌を一にしている。

しかし、さらにこのとき漢氏は故国より才芸に巧みなものを多く迎え、かれらを「今来漢人《いまきのあやひと》」「百済才伎《くだらのてひと》」とよび、宮廷工房において「品部《しなじなのとも》」に組織したという。古代国家のあらたな政治組織としての「部」の制度は、このような帰化集団の組織からはじまると考えるのが定説である。そしてその遺制は、律令制の生産官司の伴部《ともべ》と品部《しなべ》・雑戸《ざつこ》にまでおよび、鍛冶《かぬち》・金作《かなつくり》・鞍作《くらつくり》・甲作《よろいつくり》・靫負《ゆげい》・楯縫《たてぬい》・錦織《にしごり》・綾織《あやはとり》・呉服《くれはとり》・布縫《きぬぬい》の各分野にわたっている。これを「負名氏《なおいのうじ》」「負名入色人」と称するのは、それが氏や工人の伝統的職務として世襲されたからである。『坂上系図《さかのうえ》』に、倭漢《やまとのあや》の本宗氏の「忌寸《いみき》」姓六〇氏のもとに記される「村主《すぐり》」姓三〇氏などはこれに相当する。

しかし、律令制社会においては、すでに八世紀前半に、いわゆる〝雑戸解放〟によって、「山背甲作《やましろのよろいつくり》」「朝妻金作《あさつまのかなつくり》」「金作部」「忍海漢人《おしぬみのあやひと》」「飽波漢人《あくなみ》」「韓鍛冶《からかぬち》」などが、その負名《なおい》を除かれている。しかもかれらはすでに実務からはなれ、在地の土豪・農民と化しているものがほとんどで、ここにはじめてかれらの専業が名実ともに消滅し、その身分からも解放されたのである。今来漢人が帰化してから二〇〇年をへて、このような行政的措置が完了したことになる。

これにたいし秦氏配下の民は、律令制の生産官司において、造紙・装潢《そうこう》・画師《えし》・鋳工・木工の分野になお多くみとめられるが、それらは伴部《ともべ》と品部・雑戸という「負名」に組織されてはおらず、早くから、一般の工人、つまり「白丁《はくてい》」によって代られ、専業たる特性を失っていたとみてよかろう（平野邦雄『大化前代社会組織の研究』一九六九年、吉川弘文館）。

秦氏、漢氏の本宗家については、次項「社会的特性」において併せのべることとしたい。

韓人部　斉明《さいめい》・天智《てんじ》朝の白村江《はくすきのえ》の敗戦によって、七世紀末にわが国に帰化した百済《くだら》・高句麗《こうくり》の王族・貴族らがある。かれらもまた畿内に居住し、律令官人として登用された。そして百済・高句麗・

新羅《しらぎ》の農民層はおもに東国に配された。律令官人として登用された帰化氏族の動向はどうか。

律令制のもとで、漢氏配下の「東西史部《やまとかわちのふひと》」が、やはり「負名氏《なおいのうじ》」として大学寮《だいがくりょう》の入学資格をあたえられていたことは、『経国集《けいこくしゅう》』の秀才対策文に、「葛井《ふじい》」「船《ふな》」「白猪《しらい》」「蔵《くら》」など漢氏の同族のみえることから立証される。他方で、天智朝に、新帰化人の鬼室集斯《きしつしゅうし》が「学識頭《かみ》」に任ぜられ、その後、律令制の「大学頭」や「諸博士」にも百済からのあたらしい帰化氏族が任命され、漢系の帰化氏族にたいする優越を示している。「負名氏」の知識と技術はすでに指導性を失っていたのである。

八世紀に、律令官人として登用された新帰化氏族を、「韓人部《からひとのとも》」と総称している。

神亀元年（七二四）、「官々に仕へ奉る韓人部一人二人に、その負ひて仕へ奉るべき姓名賜ふ」とあるのはそれを示すが、それらの氏が「負名氏」であるのではなく、代々、その知識と技術によって官司に登用されたという意味にとどまる。

このときの改姓と、その氏のおのおのの族員が任用された官職・専門分野を示すと左のとおりである。

百　済

吉《きち》・吉智＝解薬、医術優遊、内薬佑・正、侍医→吉田《きちた》連

答本《とうほん》＝築城（兵法）、学士、大学博士、大宰大典（漢詩）、典薬頭（左大史）、右大史→麻田《あさだ》連

都能《つぬ》・角＝陰陽家、陰陽優遊→羽林連

賈《か》＝解工、学業優遊→神前《かんさき》連
楽浪《らくろう》＝大学頭（文章優遊）→高丘《たかおか》連
四比《しび》・志斐＝築城・陰陽允・博士、天文博士、算術優遊→椎野《しいの》連
荊《けい》＝漢詩・大宰少典、遣唐使知乗船事→香山《かごやま》連
号粛《ごしゆく》＝医家（学業優遊・方士）→御立《みたて》連
胛《こう》＝医家、侍医（方士）、越前国医師→城上《きのえ》連
谷那《こくな》＝兵法、陰陽師→難波連

高句麗
高＝陰陽師《おんみようじ》、陰陽頭《かみ》兼陰陽師、画師、金工、遣唐留学生、雅楽寮少属→男捄《おゆか》連・殖槻《うえつき》連・清原連等
王＝陰陽家（天文博士）、近江国岡村鋳物師→新城《にいき》連・蓋山《みかさやま》連
狛＝鋳工→古衆《こす》連・長背連

新　羅
金＝解薬、天文博士→国看《くにまき》連

唐
薩＝音博士、律令撰定→河上忌寸

この神亀元年以外の改姓を次に加えてみる。

百　済

鬼室《きしつ》＝学識頭、解薬、図書寮書生→百済公・岡連

刀利《とり》＝大学生、大学博士（宿儒・漢詩）→丘上《おかのえ》連

戸《こ》＝仏工、冶金工（内匠・助）→松井《まつい》連

国＝算師、大仏師→国中《くになか》連

憶頼《おくらい》＝築城→石野連

沙《さ》宅《たく》＝法官大輔、学士、呪禁博士

このような例をみると、韓人部《からひとのとも》として百済からの帰化氏族が圧倒的に多いのは当然として、多方面の専門的分野で他をリードしていたことがわかる。それは実務的知識的官人といってもよいであろう。これに比べると王族などはさらに上位にあった。百済王族の余《よ》→百済王や、和史《やまと》→和朝臣→高野宿禰、高句麗の背奈《せな》→高麗朝臣などはその例で、宮廷で枢要な地位を占めた。

桓武《かんむ》朝の延暦二十三年（八〇四）、和朝臣家麻呂《いえまろ》は中納言となったが、「その先は百済国人なり、人と為り木訥にして才学なし、帝の外戚を以て特に擢んでらる。蕃人相府に入るは此より始まる」とされた。百済王も桓武天皇の後宮に女御《にょうご》・尚侍《ないしのかみ》として女を納《い》れ、天皇より「朕の外戚」と称され、嵯《さ》峨《が》・仁明《にんみょう》天皇にも女を入内させている。また桓武天皇はしばしば河内交野《かどの》に行幸したが、百済王の一族は挙って「百済楽」を奏し、「踏歌《とうか》」を行なって歓迎し、天皇はこの地で「昊帝上帝《こうてんじょうてい》」の祭りを

行なった。即位にさいするこのような南郊の祭りは大陸の習俗であり、わが国にはじめて輸入されたものである。

かれらが帰化氏族たることをひろく認められ、またみずからもその特性をつよく有していたことを示している。

しかし、同時にこのような改姓によって、わが氏族との混融が進んだのもまちがいない。この後も天平宝字元年（七五七）、「それ高麗、百済、新羅人等、久しく聖化を慕いて来りてわが俗につく。姓を給わんことを願わば、悉《ことごと》く聴許せよ」とし、その結果、次第に改姓し、天平宝字五年には、帰化氏族あわせて三六氏、一八八人に、韓《から》→中山連、王《おう》→楊《やなぎ》津連、甘良《から》→清篠連、刀利→丘上《おかのえ》連、面→春野連、高→浄野造、戸《こ》→松井連、科野《しなの》→清田連、佐魯《さろ》→小川造、達沙《たつさ》→朝日連、上部王→豊原連、前部高→福當連、前部→御坂造・柿井造、後部王→高里《たかさと》連、漢人→雲梯《うなで》連、伯徳→雲梯造のように願い出によって「蕃《ばん》姓」を「和《やまと》姓」に改め、さらに低位の層に、延暦十八年（七九九）、甲斐国の百済帰化人一九〇人に、止弥《とみ》→石川、久信耳→広石野、信濃国の高麗帰化人一一人に、卦婁→須々岐、後部《こうほう》→豊岡、前部《ぜんほう》→村上、篠井・朝治、上部《じょうほう》→玉川・玉井、下部《かほう》→清岡、高麗→御井と改姓している。これらは東国に移住せしめた農民であり、この層にまで改姓が広がったことを示している。

このようにして、『新撰姓氏録《しんせんしょうじろく》』によると、「蕃姓」と「和姓」が混淆し、「前姓、後姓」が入りまじり、わが「高貴之枝葉」と「日本之神胤」を、帰化氏族みずからが称するようになったというのである。あらたな帰化氏族にたいする行政的措置は一応完了したことになる。その帰化からここまでほぼ一〇〇年を経過している。

2　帰化氏族の社会的特性

漢氏と秦氏　倭漢《やまとのあや》氏で、七世紀末までに姓を確認できるものは、時代順にならべると、川原民《たみ》直、坂上直、池辺直、長《なが》直、荒田井直、山口直、書《ふみ》直・文直、高田首、草《かや》直・蚊屋《かや》直、民直、田井直、大《おお》蔵《くら》直、路《みち》直、椋垣《くらがき》直・倉墻《くらがき》直・蔵垣直、谷《たに》直、長尾直、宇閇《うえ》直・於《うえ》直、忍坂《おさか》直、調《つき》首などが、欽明朝から天武朝までの間に確認できる。このうち記事の重複があるから、一応、倭漢系一六氏ということにしておきたい。これらは上に一応「倭漢」を冠することもあって、同族であることは疑いない。

関晃氏は、倭漢氏は、「朝廷における活動からいっても、社会的経済的な努力からいっても……古い帰化人のうちで第一に指を屈すべきもの」であったから、一族は発展し、「対等の立場で分裂していった」、「同族であっても、同族意識はあまり強くなく、極めて開放的であった」とされる（『帰化人』一九五六年、至文堂）。

倭漢氏が大和に居住して、六世紀以後、朝廷に登用されて官人化し、氏を分化させていったことは事実である。しかし、天武朝においても、一六氏にのぼる集団の巨大性は維持されていたので、その同族集団としての性格を示すのは、まず壬申《じんしん》の乱であろう。この乱には、(1)民直《たみのあたい》小鮪《おしび》・大火《おおひ》、(2)坂上直老《おゆ》・熊毛《くまけ》、(3)文直《ふみのあたい》成覚《じょうかく》、書直智《ち》徳《とこ》、(4)大蔵直《おおくらのあたい》広隅《ひろすみ》、(5)路直《みちのあたい》益人《ますひと》、(6)倉墻直《くらがきのあたい》麻呂《まろ》、(7)谷《たに》直根麻呂、(8)長尾直《ながおのあたい》真《ま》墨《すみ》、(9)蚊屋直《かやのあたい》木間《このま》、(10)調首《つきのおびと》淡海《おうみ》、(11)高田首《たかだのおびと》新家《にいのみ》、さらにおなじ天武朝に宇閇直弓《うえのあたいゆみ》が参加し、功績をあげている。あわせて一二氏、一六人にもおよび、あきらかに同族の意志による集団的行動を示す。そのため、天皇は、天武六年（六七七）、「東漢《やまとのあや》直」に詔して、「汝等党族」の犯した「七不可」にもかかわらず、「漢直之民」の罪を許すことにしたのである。そのため天武十一年、「倭漢直」に連《むらじ》を賜わったとき、「倭漢直の男女、悉《ことごと》く参赴《まうおもむ》き、姓を賜ふをよろこび拝朝す」とあり、おなじ年に、諸氏にたいし「其眷属《やから》多にあるものは、則ち分かちて各々氏上を定む」としたのも、直接には倭漢氏を対象としたものとみてよい。それほどこの氏は「眷属」「党族」の多いことで知られた。そのため上記のような分氏が確認され、八色姓《やくさのかばね》の「倭漢忌寸《やまとのあやのいみき》」という氏の名称はこのあと消滅し、これに代わる「檜前忌寸《ひのくまのいみき》」という総称が生まれたのである。

倭漢氏をもっとも官人化の進んだ帰化氏族とすれば、逆にもっとも官人化の遅れた氏族が秦氏であるといってよい。かつて筆者は、「秦氏は殖産的氏族とよばれるにふさわしく、尨大な構成員をかかえ」、「著しく底辺の広大な在地的土豪的性格」をもっていたとのべたことがある（「秦氏の研究」(一)・(二)〈『史学雑誌』七〇―三・四、『大化前代社会組織の研究』〉）。

秦氏で七世紀末までに史上にあらわれるのは、秦酒君《はたのさかのきみ》・秦大津父《おおつち》・秦造河勝《かわかつ》と、それに『天寿国《てんじゅこく》繡帳《しゅうちょう》』の秦久麻の四人で、天智《てんじ》朝の朴市《えち》秦造《はたのみやつこ》田《た》来津《くつ》を加えても五人にすぎない。

八色姓で連から忌寸に改められたのも、山背葛野《かどの》の本宗家を中心とするきわめて限られた範囲であったと思われ、その後も個々に忌寸に改姓されているにすぎない。このような状況のもとで、改姓の画期となったのは、天平二十年（七四八）、「右大史正六位上秦老《おゆ》等一千二百余烟に伊美吉《いみき》姓を賜ふ」とある記録で、『姓氏録《しょうじろく》』にも、このとき「京畿にあるもの、咸く改めて伊美吉の姓を賜ふ」とあって、京や山背にある秦氏が一気に多量に改姓されたことを示している。それほど秦氏は朝廷における官人としての地位は低かったのであるが、在地において一二〇〇余烟が同時に伊美吉（忌寸）に改姓されるような例は、わが古代の氏にはありえないであろう。ここに秦氏のもつ根深い集団性をみとめねばならぬ。したがって、『日本書紀』に、「秦人の戸数七千五十三戸、大蔵掾をもって秦伴造となす」とか、『姓氏録』に、「秦民九十二部、一万八千六百七十人を得て、遂に酒に賜ふ。ここに秦民を率ゆ」とあるのは正当性がある。この秦氏も、天平宝字元年（七五七）、橘奈良麻呂の乱に、一族が背後で協力したらしく、天皇は「奈良麻呂が兵を起すに雇はれたりし秦どもを遠くに流したまひ、今遺れる秦どもは悪しき心なく、清き明き心をもちて仕奉れ」と宣している。壬申の乱の漢氏との共通性がある。

八世紀における帰化氏族　『続日本紀《しょくにほんぎ》』にみえる帰化氏族の改姓の例から、その社会的特性を考えてみよう。三〇人以上がまとまって改姓された例を表5にまとめてみる。

表5　帰化氏族の改姓

	年月	氏族名	人数	改姓	
1	養老3・7	賀茂役首・千羽	(人)一六〇	賀茂役君	
2	神亀2・6	和徳史	三八	大県史	
3	神亀2・7	川原椋人	四六	河原史	河内丹比郡
4	天平勝宝2・5	伊蘇志臣(親族)	三四	伊蘇志臣族	
5	天平勝宝2・8	依羅我孫 神奴・祝	五 五三	依羅宿禰 依羅物忌	摂津住吉郡
6	天平宝字2・6	桑原史(男女) 桑原史(男女)	九六 一一五五	桑原直	大和葛上郡 近江神埼郡
7	天平宝字2・8	津史	三四	津連	
8	天平宝字3・12	山田史・忌部首 山田史・忌部首・壱岐史	七四 四〇三	―連 ―連	
9	天平神護元・12	馬毗登	四四	武生連	右京・河内古市郡
10	天平神護2・2	桑原連・桑原村主	四〇	桑原公	左京・大和
11	天平神護2・10	毗登戸	九四	高安造	河内
12	天平神護2・12	高志毗登	五三	高志連	和泉
13	神護景雲2・2	韓鍛師毗登 韓鍛師部	一二七	坂本臣	讃岐寒川郡
14	神護景雲2・3	楊胡毗登(男女)	六四	楊胡忌寸	左京
15	神護景雲2・11	神依田公	四一	賀茂	土左土左郡
16	神護景雲3・6	別部・忍海部・財部・物部	六四	石生別公	備前藤野郡・邑久郡・御野郡
17	神護景雲3・10	秦勝	五三	秦原公	讃岐香川郡

18	宝亀元・4	弓削宿禰 弓削連	九 三八	弓削朝臣 弓削宿禰	
19	宝亀元・11	山田連	三〇	山田宿禰	
20	宝亀7・12	秦忌寸 秦忌寸	二二 九七	奈良忌寸 朝原忌寸	左京 山背葛野郡
21	宝亀8・正	田辺史	五四	上毛野公	左京
22	宝亀8・3	直 直 紀名草直・直	二八 三三 一〇九	紀神直 紀名草直 紀忌垣直	紀伊名草郡
23	天応元・6	坂本臣	六四	坂本朝臣	和泉和泉郡
24	延暦2・4	和史	三五	和朝臣	左京
25	天平18・3	中臣部・占部	(烟)二五	中臣鹿嶋連	常陸鹿島郡
26	天平20・5	秦	一三〇〇余	秦伊美吉	(京畿内)
27	天平神護2・10	三財部毗登	九	笠臣	備前
28	延暦10・9	凡直	二一	讃岐公	讃岐寒川郡
29	延暦10・12	佐婆部首	二〇	岡田臣	讃岐寒川郡

注1　これまで同種の表はあったが、かなり出入がある。特殊なものとして、白村江戦後の新帰化人の安置例や、隼人・雑戸などの例は除いた。

2　このほか、人数・烟戸いずれの例にも入らぬものに、神護景雲三年六月美作備前両国の家部、母等理部二氏人等を頭を尽して石野連に改姓した例がある。

3　25～29は烟戸の数を示す。

これらの例のうち、必ずしも帰化氏族と確定できないものもあるが、大部分はそれとみとめてもよいであろう。

26秦の一二〇〇余烟、6桑原史の一二五一人、8山田史の四七七人、13韓鍛冶の一二七人、20秦忌寸の一一九人などは、文献にみえる最多数の改姓例で、わが古代の氏にはみとめられない。また三〇人に満たないため、この表から省いたが、それに近いもの、または合計すれば三〇人を超える例の多くも帰化氏族である。たとえば、天平十九年（七四七）、赤染造《あかぞめ》→常世連《とこよ》（九人）、天平勝宝二年（七五〇）、赤染造→常世連（二四人）、宝亀八年（七七七）、右京、河内大県《おおあがた》郡人赤染→常世連（一三人）、遠江蓁原《はいばら》郡、因幡八上《やかみ》郡人赤染→常世連（一九人）があり、これらを合わせれば四五人の改姓となる。赤染造や常世連は秦氏の同族と考えられる。この何人というのは、おそらく戸主か有位の資格者の数なのであって、その下の家族・戸口は除外されているであろう。だから人数はもっとふえると思われるが、次でのべるわが氏の改姓と原理はおなじであろうから、比較上はこのままの数を用いることとする。統計上、改姓の人数の多いことは、わが氏とあきらかに異なる。同姓の範囲の広いことを示すといってよい。

わが氏との比較　わが氏の代表例として中臣氏《なかとみ》をかかげておく。

中臣氏の系譜を示せば左のとおりである。

この系譜にみる中臣氏とは、欽明《きんめい》朝の中臣鎌子連《なかとみのかまこのむらじ》や敏達《びだつ》・用明《ようめい》朝の中臣勝海連《なかとみのかつみ》といった有力な家系とは別系のものである。鎌足《かまたり》が東国の中臣氏出身だという説はそのようなところから出てくるのであろうが、少なくとも可多能古にはじまるあらたな家系が台頭したとみることができよう。おなじ氏族でもわが国の氏はそれだけ政治的変動が多いということになる。政治的変動が多いということは、

34　中臣氏の系譜

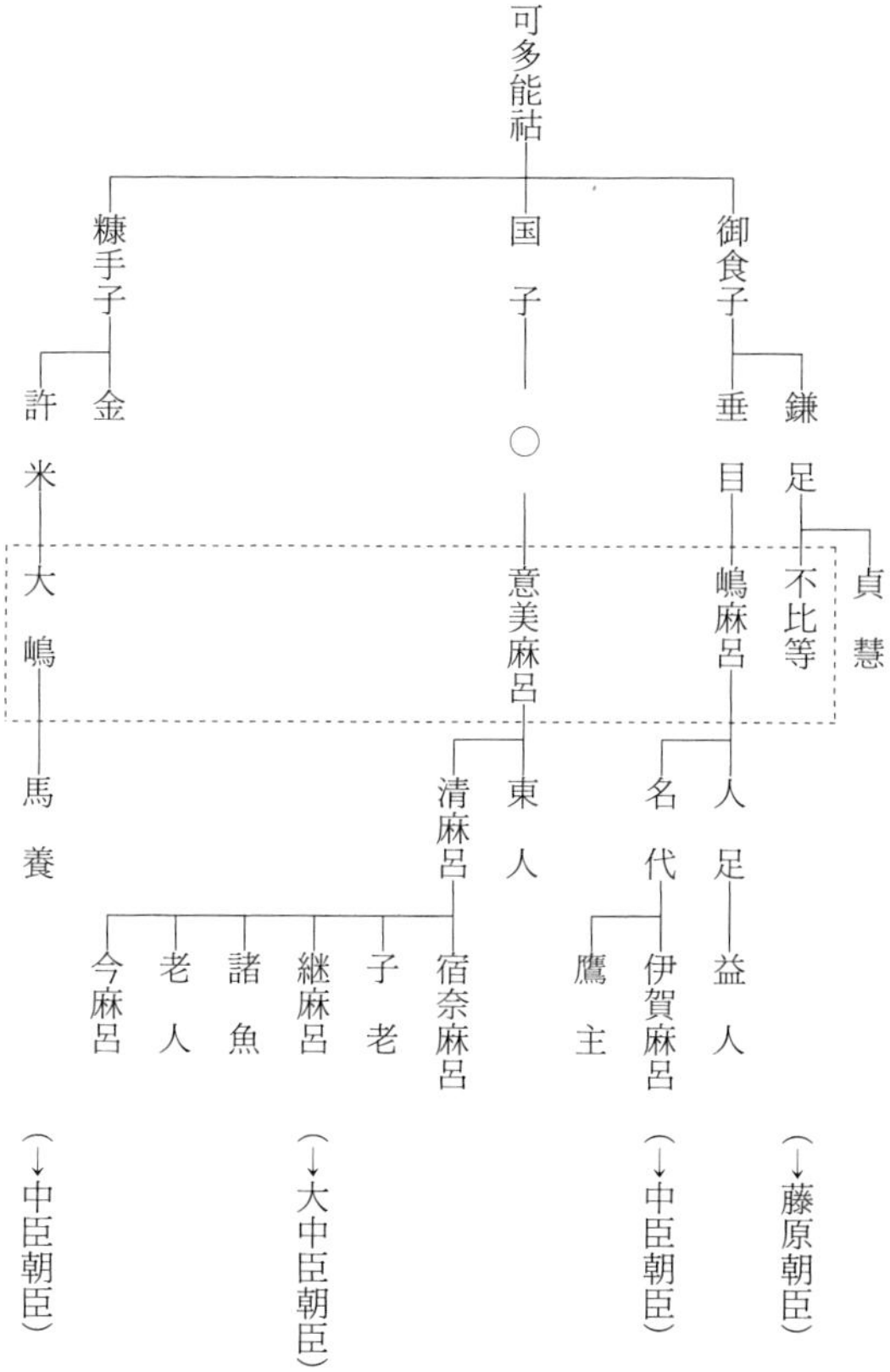

天智八年（六六九）、中臣鎌足が死にのぞんだとき、「大織冠と大臣《おおおみ》位を授け、よって姓を賜ひて藤原氏となす」とあるのにも現れている。つまり、位階と官職の位次にもとづいて改姓が行なわれたので、天武《てんむ》朝に氏姓制度を再編したとき、「授位」と「改姓」を連動させたことの萌芽を示している。つまり、天武朝において、「小錦《しょうきん》下位」（五位）と「連」を対応させ、この「連」への改姓を前提として、八色姓でさらに「真人《まひと》・朝臣・宿禰・忌寸」の四姓に分化させた。小錦下位から上を「大夫《まえつぎみ》」と称したのであるから、この小錦下位以上、大夫という議政官に昇りうる氏を撰定したのが八色姓の目的であったとみることもできる。

さて、この系譜をみると、天武朝の八色姓の段階にあたるのは、点線で囲んだ世代の三系四家である。この世代が中臣連より朝臣に改姓されたので、この段階ではまだ藤原朝臣は記録されていない。しかし、鎌足の子不比等《ふひと》は、持統《じとう》朝に藤原朝臣史（不比等）とあるから、すでに別系の氏を形成していたのである。しかるに、おなじ持統朝に意美麻呂《おみまろ》は中臣朝臣臣麻呂、大嶋は逆に藤原朝臣大嶋とあって、この二人はついで葛原朝臣《ふじわらのあそん》に改められた。「藤原」と文字を区別して「葛原」と称したのであろうが、文武《もんむ》朝に入ると、「藤原朝臣に賜ふところの姓は、よろしく不比等これを承けるべし、ただし意美麻呂等は旧姓（中臣）に復すべし」とされ、嶋麻呂・意美麻呂・大嶋の系はすべて中臣朝臣に戻された。ここに藤原朝臣は不比等の直系の子孫のみに継承されることとなり、子の武智麻呂《むちまろ》（南家）・房前《ふささき》（北家）・宇合《うまかい》（式家）・麻呂《まろ》（京家）のみが藤原朝臣を称したのである。

鎌足はもともと中臣氏の神祇の職掌を拒否して、律令官僚をめざした。いわば氏の祖業をすて、古代国家の普遍性をその基盤としたともいえる。普遍性とは律令制そのものに体現される。しかるに、律令制のもとで、その祖業をついだのは、意美麻呂―清麻呂の系が中心で、神祇伯《はく》に歴任され、清麻呂のとき、「両度神祇官に任じ、供奉に先なし、是をもって姓大中臣《おおなかとみ》朝臣を賜ふ」とあるように、他の中臣よりは一段上位の「大中臣」を称し、他の嶋麻呂・大嶋の系は、そのまま「中臣」にとどめられた。ここに中臣氏は、藤原朝臣・大中臣朝臣・中臣朝臣に分化し、なおその下位には、中臣連のまのものから中臣部にいたる階層が存在したのである。

天武朝にはじまる氏姓制度の再編とは、このようなことを指す。藤原朝臣と大中臣・中臣朝臣とは、別氏であって、その間に同族としての紐帯はほとんどみとめられない。氏姓が朝廷における地位（位階と官職）に連動して改められるとは、この事実をさす。帰化氏族たる漢氏も、朝廷の有力な官人としての地位によって、氏が分化したのは、この通則によるのであるが、しかもなお先にのべたとおり、氏の存在形態にわが古代の氏と異なる点があるのは注目せねばならない。

おなじように、「八世紀における帰化氏族」の項でのべた多数の帰化氏族に比べる意味で、それとおなじようなわが律令国家の下級官人をとりあげねばならぬ。

八世紀に行なわれた改賜姓は、天武朝の八色姓《やくさのかばね》にもれた下級官人の氏がほとんどで、氏の再編がそこまで及んだことを示す。氏姓は戸籍制度によって一般農民にまで及ぶことになるのである。かつて阿部武彦氏は、『続日本紀《しよくにほんぎ》』の改賜姓の例三七三をあげ、このうち個人名による改姓が一六三で、全体の四三パーセント、二人が三二、三人が二三、四人が二二、五人が一二で、個人から五人までの改姓は合計で二五二人となり、全体の六七パーセントを占めるとのべた。そこから改賜姓とは一般に個人を単位とし、その個人は決してある団体を代表するものではなく、小家族の戸主を単位に改姓したものであるとのべた（「上代改賜姓の範囲について」〈『史学雑誌』五五—二、のち『日本古代の氏族と祭祀』一九八四年、吉川弘文館に収録〉）。

ついで喜田新六氏は、天武朝の八色姓から後の改姓は、ほとんど個人単位で、中央と地方を問わず、身分の低いもの、つまり五位以下の有位者、下級の京官、国郡司などが多く、氏の一部のものが別氏となって本氏より分かれ、さらにそのうち一人が官位の栄進によってふたたび改姓されるという順序をへたものであるとした（「八色之姓制定以後における賜姓の意義」「姓の性格の変化と氏族の分合」〈『中央大学文学部紀要』一四・二〇〉）。

このような学説は、上にのべてきたこととも共通するが、異なる点もある。もっともあたらしくは熊谷公男氏のように、定姓とは本来特定個人の姓名を確立すること」で、決して〝対氏族策〟ではないとするものもある（「位記と定姓」〈『続日本紀研究』一八三〉）。すなわち『続日本紀』で、叙位と改姓の関係のあきらかな例をみると、いずれも叙位ののちに改姓されていて、改姓が数人におよぶときは、そのうちの中心人物の叙位が契機となっている。たとえば養老三年（七一九）正月、板持《いたもち》連内麻呂が従六位上より従五位下に叙されたのち、同年五月、板持史内麻呂ら一九人に連姓を賜わったが、叙位の記事はすべて改姓後の姓で記される。神護景雲元年（七六七）八月、陰陽允山上《やまのうえ》朝臣船主が正六位上より従五位下に叙されたのち、同二年六月、右京人従五位下山上臣船主ら一〇人に朝臣姓を賜わったのも、おなじ例で、このとき叙位の割注に、「景雲二年はじめて朝臣を賜ふ、これ位記《いき》によりて書す」とわざわざ記しているのは、位記に改姓後のあらたな姓が記入されたことを示す。

しかしながら、このような改姓・定姓が〝個人〟を対象とし、〝氏〟にたいするものでないと断定することはできない。官位は〝個人〟、氏姓は〝氏〟に属するという原理まで否定することはできないであろう。問題は氏の範囲である。

つぎのような例もある。『続日本紀』に、宝亀四年（七七三）二月下総国猨《さ》島《しま》郡人従八位上日下《くさか》部浄人《べのきよひと》が「阿《あ》倍猨《べのさ》島臣《しまのおみ》」を賜わったとあって、これと別に『正倉院文書』の同年二月の太政官符によれば、「戸主日下部衆智、戸主日下部万呂、戸主日下部秋麻呂、戸主日下部龍嶋」にたいし、「件《くだん》の人等本姓を改めて、阿《あ》倍猨《べのさ》島《しま》姓を賜ふ、省よろしく承知せよ云々」とあるのは、このときの改姓が決して個人に対するものでなく、同族への改姓をともなうものであったことを示す。前者は有位者で位記に記されるので、正史に記録されたが、後者は無位であるから、民部《みんぶ》省に命じ、戸籍を改訂させたのである。戸籍に定姓の機能があったことは、おなじ『正倉院文書』に、天平勝宝七年（七五五）、造東大寺司雑工の秦祖父・船人、秦常大吉、秦物《はたのも》集広立《ずめのひろたて》という右京・河内・山背に本貫をもつ四人が、「天平勝宝四年籍に、秦伊美吉の姓を授くること已に訖んぬ」との理由で、公験《ぐげん》の改正をもとめたことからも分かる。これは、先にのべたように、天平二十年（七四八）、秦老ら一二〇〇余烟に「秦伊美吉」をあたえた結果、天平勝宝四年籍で、「秦伊美吉」に改訂されていたことを示す。

いずれにしても、戸籍は天智九年（六七〇）の「庚午年籍《こうごねんじゃく》」によって、それまでの父系・母系の両姓の混融した氏の組織を改め、父系による直系の原理を確立した結果、氏が数家族程度に限られるようになったと考えられる。

さらにまた、わが古代の氏姓は、本来個人にあたえられる官位と連動して、改姓されたから、その意味でも、氏の範囲は限定されたのである。

これを「八世紀における帰化氏族」の項でのべた下級の帰化氏族と比べると、帰化氏族もまたおなじ氏の原理を適用されていたにもかかわらず、氏の基盤の広さに異なった社会的特性をもっていたことが推しはかられるであろう。

3　帰化氏族の問題点

ここで唐や新羅における氏族はどうであるか。あらましを考えてみよう。

仁井田陞《にいだのぼる》氏（『支那身分法史』一九四二年、座右宝刊行会、『中国法制史研究』奴隷農奴法・家族村落法、

一九六二年、東京大学出版会）、池田温氏（「唐代の郡望表――九、十世紀の敦煌写本を中心として」上・下〈『東洋学報』四二―三・四〉）の見解をまとめると次のようになろう。

唐では、貞観の「氏族志」、顕慶の「姓氏録」が手がかりとなる。まず敦煌発見の「貞観氏族志残簡」によると、唐の氏族（宗族）は、各郡別に数姓が登録され、これを合わせると「今、八十五郡にして、合わせて三百九十八姓」となり、そのほか、「史籍にのせざる二千一百の雑姓」があったが、両者は通婚を禁ぜられていた。いわゆる〝士庶不婚〟である。この「氏族志残簡」は文中に貞観八年の年紀があるから、『貞観政要』にいう貞観六年（六三二）の第一次氏族志にあたり、太宗は貞観十二年にこれを改訂している。それは科挙《かきょ》制によって世族勢力が除かれはじめたからであるが、世族はただちに衰えたわけではなく、天宝年中（七四二～七五五）に天下に頒った「天下郡望氏族譜」にも、「郡望三百九十八姓」がそのまま記されている。そののちも、敦煌発見の天暦十四年（七七九）よりは降るとされる「新集天下姓望氏族譜」に、天下十道を区分して、州ごとの姓望をあげているが、最後の嶺南道を除き、「九道九十二郡」で「七百九十一姓」をあげている。そこには新興氏族の台頭はみられるものの、やはり旧族は新情勢に対応しながら地位を保ちつづけたのである。

これにたいし、わが古代においても、「氏族志」と「姓氏録」は編纂された。『新撰《しんせん》姓氏《しょうじ》録《ろく》』の序文には、天平宝字末年（七六一カ）の「氏族志」と、延暦十八年（七九九）の『氏族本系帳』は、改賜姓によって氏姓の混乱と系譜の詐称がおこったので、これを正そうとしたものであるとのべ、その総まとめとして『姓氏録』を作成する旨をのべている。

その内容は、天武八姓によって定められた「真人《まひと》」を一括して「皇別」の首部におき、それ以下に「朝臣」などをまとめ、つづいて「神別」「諸蕃」の順に配列している。これは天武八姓で、皇室との血縁関係の遠近によって、氏族の地位を再編しようとした方針をついだものである。これは、唐の貞観十二年の「氏族志」が、唐朝を中心に氏族を再編しようとしたことと共通性があるといわれるが、氏族の社会的独立性は比較にならず、はるかに朝廷中心の政治体制という意味合いがつよい。天皇によって改賜姓が行なわれ、たえざる氏の身分変動がおこり、そのため氏の分化が促進された。氏とは、もともと朝廷を構成する「臣《おみ》・連《むらじ》・伴造《とものみやつこ》・国造《くにのみやつこ》」のあいだで組織されたといわれるが、『姓氏録』がまず京畿の氏のみを収録したのもそれを示し、京畿の氏のみで、皇別三三五、神別四〇四、諸蕃四四三の計一一八二氏にのぼるほど細分化されているのである。

しかも、もともと延暦十八年の『氏族本系帳』は、「天下の臣民、氏族已に衆し」とし、「籍帳」によって本枝を弁ぜられないようになったので、天下に布告して本系帳を提出させたとし、「凡庸の徒」は「惣集して巻をなせ」と定め、「京畿の氏」「地方の氏」の区分を行なっている。いわば「凡庸の徒」の多い「地方の氏」も、氏族と認定されているので、おそらく数千姓に達したであろう。

しかし、かれらは唐の「雑姓」とも異なって、「世族」にあたる「京畿の氏」との通婚を禁ぜられるというようなことはなかった。つまりわが氏族には、唐の氏族のような〝内婚制〟すなわち〝士庶不婚〟（当色婚）、〝良賤不婚〟の制度や、〝外婚制〟すなわち〝同姓不婚〟の制度はなかったのである。唐の氏族三九八、雑姓二一〇〇と、わが京畿の氏一一八二、地方の氏数千以上を比べると、その数においてはなはだしい開きがある。中国の氏族（世族）は、巨大な社会集団として各地に割拠し、それ自体自治組織をもち、宗約（族約）という法を定め、宗長（族長）また房長を中心に政治を行ない、宗祠（宗廟）をまつり、宗譜（族譜）を編纂し、義荘（義倉）という救済制度を族内に経営し、外力にたいしては共同防衛を行なうという機能をもった。わが国の氏族の国家にたいする依存性のつよさからいえば、氏族の成立基盤に本質的な相違があったといわざるをえないであろう。

新羅《しらぎ》の氏族の実態は不明なところが多い。王姓としての金・朴のほか、貴族姓として、六部の李・崔・孫・鄭・裴・薛があり、他に張・昔などがみとめられるが、王姓を除けば、八世紀に成立したといわれ、これらの慶州貴族以外は、原則として姓を有していなかった。

これら慶州貴族のカースト的身分制が「骨品制《こつぴんせい》」である。「骨品制」とは、国王を中心に、貴族とその同族を階層的に編成した身分体系といってよいが、この制度にはいくつかの段階があって、一概にはいえない。およそいえば、新羅十七等官位のうち、第一等の伊伐飡から第五等の大阿飡まではに「真骨」によって占められ、王族の位であり、第六等の阿飡以下が「六頭品」（得難）より「四頭品」にいたる貴族の位であり、「三頭品」より「一頭品」までが平人・百姓の身分にあたるという。ほぼ三段階のカースト制の区分はみとめてよいであろう。つまり、慶州貴族は独自の身分を保ち、門閥連合とでもいうべき「和白《わはく》」と、その代表物者たる「上大等」によって、国王・王族の権力に対抗し、他方で地方勢力たる村主以下の平人に対して、排他的独占的な地位を守った。かれらは六部名に示される王京の地縁集団を代表し、族内婚、世襲職業、階層間の忌避などの制度によってカースト身分を維持したといえる（井上秀雄「新羅の骨品制度」〈『歴史学研究』三〇四〉、のち『新羅史基礎研究』一九七四年、東出版に収録、武田幸男「新羅の骨品体制社会」〈『歴史学研究』二九九〉、「新羅骨品制の再検討」〈『東洋文化研究所紀要』六七〉、三品彰英「骨品制社会」〈『古代史講座』七、一九六三年、学生社〉）。

金官加羅《きんかんから》の王族金痩信《きんゆしん》と結んだ金春秋《しゅんじゅう》（武烈《ぶれつ》王）は、即位元年（六五四）、唐法を継受して律令制を開始したとされ、これにより慶州貴族をおさえ、国王による中央集権を進めたため、新旧貴族の抗争がはげしくなるが、九世紀にいたっても、新興の地方豪族張宝高《ちょうほうこう》の暗殺事件で知られるように、慶州貴族の独占的地位は失われたとはいえない。

貴族身分の永続性・排他性、王権に対する独自性、地域的社会集団としての強固性、そしてまた、士庶不婚制や同姓不婚制など中国に近く、わが古代の氏族とは異なる面がつよいことを思わせる。

朝鮮の氏族は、高麗《こうらい》をへて李朝《りちょう》にいたって完成する。『万姓大同譜』は、「文献備考に載せるところ、総じて四百七十九姓」とし、これらは「百年の世族」であり、「上下団結して渙散せず」とのべ、その社会的存在としての強固性を説いている。わが国では、結局このような「族譜」は発展せず、また存在もしなかった。

さて、このような唐・新羅の氏族の特性がどれほど帰化氏族によってわが国にもち込まれたか。それは豪族・貴族がわが国に帰化したときの集団の大小によっても異なるであろうし、集団がどれほど維持されていたかも分からないが、同族の観念そのものは彼地の習俗として保有していたであろう。

しかしまた、帰化氏族は、わが古代の氏姓制度によって氏に編成されたもので、ことに天武朝にはじまる氏の再編によって、律令制下ではその組織を大きく変容させたとする見方も成りたつ。にもかかわらず、先にその組織をわが古代の氏と比較してくわしく述べたように、やはりわが氏族とは異なる同族関係をもっていたことはみとめてよかろう。

これまでにのべた「1、文化的特性」「2、社会的特性」は、史料にあらわれた歴史現象を単に指摘したにすぎないので、それをどう位置づけるかが課題となる。少なくとも、七世紀末以前の帰化氏族が八、九世紀まで、歴史現象としてこのような特性を維持していたとすれば、このような特性が消滅するのは、平安中期を待たねばならないと考えられよう。

〈筆者の専門論文「八世紀〝帰化氏族〟の族的構成」〈竹内理三博士古稀記念会編『続律令国家と貴族社会』一九七八年、吉川弘文館〉より要約〉

III　古代国家と大陸

一　帰化人と聖徳太子

1　隋外交の展開

小野妹子の派遣　推古天皇十五年（六〇七）秋七月（陰暦）、『日本書紀』にただ一行、「大礼《だいらい》小野臣《おののおみ》妹子《いもこ》を大唐《もろこし》に遣《つかわ》す、鞍作福利《くらつくりふくり》を以《もっ》て通事となす」とある記事は、聖徳太子《しょうとくたいし》の対アジア政策、ひいては六世紀末の困難な政局を主導しようとする太子の決意を知るうえで、まことに重要な意味を秘めている。

とくに国際政局と国内政治の展開が不可欠に結びついている古代にあたっては、太子の外交路線を知ることが、国内諸勢力に対し、太子がどのような改革を指向したかを知ろうとするうえでの重要な要素ともなろう。

太子の事業のうち、「十七条憲法」や『三経義疏《さんぎょうぎしょ》』が、まず文献のうえで疑問点のあるのにくらべると、隋《ずい》との外交については『日本書紀』と『隋書』の双方に、それぞれはっきり対応する記録があって、正確な史実を伝えているという意味でも、太子を知るには、まず外交からはじめるのが賢明である。

では、いまの『日本書紀』の記事にかえろう。

はじめて遣隋使となった小野妹子《おののいもこ》は、近江《おうみ》国（滋賀県）滋賀郡小野村から出身したらしい。たしかに、のちになってここには小野神社があり、小野氏の五位以上のものは、春秋二回の祭りに、京からこの近江の氏神へ往来することを許されていた。もともとこのあたりは帰化人の多いところである。妹子も彼らから影響をうけたかもしれない。彼の子孫も、唐《とう》・新羅《しらぎ》・渤海《ぼっかい》などに、使者としてつかわされたものが多い。福利は鞍作《くらつくり》氏だから、もちろん帰化人である。そのため通訳に任じられたのである。鞍作氏には有名な止利《とり》仏師もいる。

さて、妹子は、あけて十六年四月に帰国する。このとき有名な隋使の裴世清《はいせいせい》ら一二人が、いっしょに筑紫《つくし》（北九州）に着いた。そして朝廷からつかわされた難波吉士雄成《なにわのきしおなり》に迎えられて、難波《なにわ》（大阪府）に向かう。雄成も帰化人で、この氏は摂津《せっつ》（大阪府・兵庫県）一円に居住する外交専門の家柄である。使人を迎えるため、難波にはあらかじめ迎賓館が設けられていた。すでにあった難波の三韓館《さんかんのむろつみ》のほかに、わざわざ新設されたのである。

はなやかな隋使の歓迎風景　雄成に案内された一行は、瀬戸内海をひと月あまり航海して、六月に難波津に入港し、江口に出迎える満艦飾の船三〇隻のはなやかな歓迎風景のなかを、無事迎賓館にはいった。接待係は、中臣宮地連麻呂《なかとみのみやじのむらじまろ》・大河内直糠手《おおかわちのあたいぬかで》・船史王平《ふなのふびとおうへい》の三人で、このうち糠手・王平の二人もやはり河内（大阪府）の帰化人である。彼らによって、使者は二ヵ月足らず難波で厚遇され、八月にはいると、飾馬《かざりうま》七五頭を仕立てられ、飛鳥京《あすか》（奈良県高市郡明日香村）に向かう。おそらくその馬には、金銀のすかしぼりのある鞍金具《くらかなぐ》がおかれ、馬の胸や尻《しり》の皮ひもには、雲珠《うず》や杏葉《きようよう》・馬鐸《ばたく》などがかざりつけられていたであろう。

難波を出発した一行のはなやかな行列は、ひとまず大和城上郡《しきのかみ》の海石榴市《つばきいち》（奈良県桜井市）の街区にくりこむ。ここで朝使額田部連比羅夫《ぬかたべのむらじひらぶ》の礼辞をうけたが、それは使人らがいわば「観閲式」を挙行したのである。繁華な市のちまたに集まった人びと――大和の諸豪族や農民たちは、この大陸の使者たちの行列に目をみはり、大いに威圧されたことだろう。それは百済《くだら》や新羅《しらぎ》の使者ではなく、まさに「隋帝国」の使者なのであった。宣伝効果満点というところである。おそらく太子は、それを計算し、歓迎行事を組んだにちがいない。

このあと、はじめて使者の一行は、国書奉呈のため、宮廷に参内《さんだい》し、物部依網連《もののべよさみのむらじ》らに先導されて、推古《すいこ》天皇に使いの旨を言上する。「大唐の国信物を庭中におき、裴世清みずから国書をもち、両度再拝して使いの旨を言上した」と、『日本書紀』には書いてある。ここで物部氏の一族がでてくるのは注意を要する。依網連《よさみのむらじ》は河内の住人である。蘇我氏に滅ぼされた物部一門がここに太子によって登用されたとみてよい。

天皇の左右には、皇子・諸臣らがならび、ことごとく「金の髻華《うず》」を頭につけていた。これはちょうど四年前、聖徳太子が定めた「冠位十二階」の制度によって、冠位に応ずる色別の絁《あしぎぬ》でつくった内冠帽に、金銀製の外冠飾をつけていたありさまをさすのであろう。衣服もみなこの冠にあわせた錦《にしき》や綾《あや》・羅《うすぎぬ》のものを着ていたという。冠位制にもとづく公式の服装を着用したのは、これがはじめてのことであった。

ひきつづき、宮廷で供宴があり、九月には、ふたたび難波で別れの宴がもよおされた。そして同じ月のうちに、使者は帰国の途につくのである。

本番の文化輸入　これは推古天皇十六年（六〇八）九月のことであり、裴世清が来日してから、まさに半年を経過している。この半年は、国内政治にもじゅうぶん利用された。示威と宣伝の効果は上がったであろう。そしてここに、小野妹子はふたたび遣隋大使として、小使の吉士雄成、通事の鞍作福利をともなって渡海する。この三人は前回につづく外交の老練家であるが、今回はこの練達者にそえて、いよいよ八人の留学生・留学僧が送りこまれる。ひとたび打開された外交路線にのって、本番の文化輸入へと計画は前進したのである。この八人の新鋭の知識人は、倭漢直福因《やまとのあやのあたいふくいん》・高向漢人玄理《たかむこのあやひとげんり》・新漢人日文《いまきのあやひとにちもん》・南淵漢人請安《みなぶちのあやひとしょうあん》らですべては漢人つまり帰化人であり、彼らこそ数十年ののち、大化改新の立て役者となる人物である。太子の計画に狂いはなかった。

妹子は、推古十七年九月に帰国する。他の留学生たちは、そのまま中国にとどまり研鑽《けんさん》をつんだ。

『日本書紀』で、最も確かな遺隋使の記録は、以上に述べた六〇七・六〇八年の二回であり、隋使は、六〇八年に一度来日したことになる。

『隋書』の見聞　それでは、『隋書』ではどうだろうか。「倭国《わこく》伝」によると、倭王多利思比孤《たりしひこ》は、大業《たいぎょう》三年（六〇七）、使いをつかわして隋に朝貢し、これに対し煬帝《ようだい》は、翌年文林郎裴清《ぶんりんろうはいせい》を倭国《わこく》につかわした。裴清は百済をへて、竹島にいたり、南のかた耽羅《たんら》島（済州島）をのぞみ、都斯麻《つしま》国（対馬）をへて、一支《いき》国（壱岐）に達し、さらに竹斯《つくし》国（筑紫）に上陸する。そしてさらに東に転じ、秦《しん》王国（周防国か）を通過し、十余国（瀬戸内海ぞいの国ぐに）をへて、海岸（難波津）に着くのである。そして、筑紫から東の国ぐには、すべて倭《やまと》（大和）に属するとしるしている。その見聞はまことに正確である。

さて、難波に上陸したとき、倭王は阿輩台（『北史』には何輩台）をつかわし、数百人の兵士たちに儀仗《ぎじょう》を設け、鼓角を鳴らして一行を迎えさせ、のち一〇日たって、また可多毗《かたび》が二百余騎を従えて郊労（町はずれまで出迎えて労をねぎらう）し、使者はそれから都にはいり、倭王と会見したという。この会見で、倭王は「いまことさらに道を清め、館を飾り、もって大使をまつ」と、周到な歓迎準備を行なったことをのべている。会見が終わると、迎賓館で宴を設け、使者をつかわし、産物を贈った。

このように、『隋書』の記事は、まったくよく『日本書紀』のそれと一致する。遣使の年次はもちろん、難波に上陸したのちの行動もよく符合《ふごう》する。難波に迎えた何輩台とは、掌客使大河内直糠手のことと思われる。「何」は「大河内」の「河」の一字をとったのであろうし、「輩台」は「糠手」の音をなまったものであろう。一〇日後に使者を迎えたという可多毗《かたび》は、一行が難波から海石榴市にいたったとき、礼辞をのべた額田部比羅夫のことである。カタビはヌカタベの音をうつしたものである。『日本書紀』によると、小野妹子も、隋では蘇因高《そいんこう》といわれていた。「蘇」は、「小野」の「小」の一字の音をとったもので、「因高」は「妹子」の音のなまったものである。

ともかく、『隋書』と『日本書紀』が、人の名まで一致することは、ほとんど史実に誤りがないことを証している。

周到な太子の計画　このように事件の経過をたどってみて、痛感されるのは、聖徳太子が隋と通交するには、あらかじめ周到に計画し、準備していたということである。二回の遣使の構成員を慎重に配置し、しかも一、二回のそれを質的にちがえ、適材適所、新鋭の帰化人をふんだんに登用した。また隋使を迎えるにあたっては、じゅうぶんの歓迎準備をととのえるとともに、演出効果を考え、歓迎の一大示威を展開して、隋との直接通交の威力を、国内政治のうえにじゅぶん利用したのである。

よくみると、遣隋使を派遣した時期そのものが、じつは正確に計算されていた。聖徳太子の東アジアの国際情勢に対する読みの深さはおどろくべきものがある。もし外交上、利用すべきこの絶好機をのがしたならば、隋との通交はとうてい成功しなかったであろう。しかもあとでみるような国書の内容においては、なおさらのことである。

それでは、その好機とはいったいなんであったか。

2　巧妙・明確な外交姿勢

隋と高句麗の死闘　隋が中国を統一したのは、五八九年のことである。そして勢力強大となった隋の文帝《ぶんてい》は、五九八年、朝鮮三国の対立に乗じて、水陸三〇万の大軍を投じ、高句麗《こうくり》遠征を企てた。しかし陸路からの軍は、高句麗の強固な防衛によって、遼河《りょうが》の線でくぎづけにされ、そのうえ長期の雨で、補給は困難となり、疫病がはやり、ついに高句麗軍によって撃破されてしまう。また山東半島東萊《とうらい》を発した水軍も、海上で大暴風雨に会い全滅する。

このようにして、第一回の高句麗遠征は隋の完敗に終わった。

『隋書』によると、日本のはじめての遣隋使は、開皇二十年（六〇〇）のことだという。これは推古《すいこ》天皇八年にあたるが、『日本書紀』には記録がないし、このときの倭王《わおう》のよび方にもよくわからないところがある。そこでこれはいちおう不確かな遣隋使記録として、あずかっておいた。しかし事実である可能性はある。もしそうならば、その時期は隋の完敗の直後であり、まさに再軍備にとりかかったばかりのころである。

このあと、高句麗は反攻にでて、六〇七年には百済の辺境地方を、六〇八年には新羅の北方を攻め、南を牽制《けんせい》するとともに、主力を北において、隋の侵攻にそなえる。いっぽう隋も、煬帝《ようだい》が六〇五年に即位すると、第二回遠征の大軍の準備にはいる。いま見たところの聖徳太子の六〇七年と六〇八年の二回の遣隋使は、まさにこのときにつかわされたのであった。

けっきょく、六一二年、煬帝は遼東から高句麗への第二回目の侵入を開始する。じつに戦闘部隊一一三万といわれ、輸送部隊もほぼそれと同じく、水軍も淮水《わいすい》と長江の河口を発し、数百里の隊列を組んで、平壌《へいじょう》へ向かったという。文字どおり、隋の国力をかけた一大侵攻作戦であった。

ともかく、このような大戦備の渦中に、日本の使者はおもむいたのである。しかも隋はふたたび敗れる。この失敗が事実上の隋帝国の運命をきめた。このあとくりかえし侵略したとするが、みな失敗し、隋はついに六一八年、滅びるのである。

『日本書紀』によると、隋の滅亡の前もう一度、推古天皇二十二年（六一四）に、犬上御田鍬《いぬがみのみたすき》らが隋につかわされたとある。この場合は、『日本書紀』にだけ記載されてあって、『隋書』にはない。未確認ではあるが、その年はあたかも、隋の第三回目の高句麗遠征の年にあたっていた。

巧妙なかけひき　このようにみると、遣隋使は、いちおう都合四回あったことになるが、それがみな、隋と高句麗の激突のさなかにあたっていた。煬帝とすれば、高句麗を征するには、その背後にある百済、さらに百済を支援する日本を、あくまで味方につけておかなければならない。高句麗を南から牽制《けんせい》させることがぜひ必要なのであり、すくなくとも日本を敵にまわせば不利をまぬがれなかった。

このすこし前、推古天皇十一年（六〇三）、日本は来目《くめ》皇子に、二万五〇〇〇の軍を授け、筑紫に進駐して南鮮出兵を企てたという記事があるではないか。

いっぽう、高句麗にとっても、日本とは事をかまえないことが肝要であった。南からの、とくに新羅の脅威に悩まされていたからである。だから、高句麗王は、推古天皇二十六年（六一八）、隋の煬帝の軍三〇万を破ったことを大和朝廷に告げ、俘虜《ふりょ》や鼓吹《つづみふえ》などの戦利品を贈っている。一つの示威であったかもしれない。

聖徳太子はこのような国際関係の帰趨《きすう》をつかみ、遣使の時期を正確に計算していたとみなければならない。太子は明敏にも、この時期をのがさなかった。一見、太子の「自主外交」は冒険であり、非現実的にみえる。しかしある程度の危険はあったにしても、それがみごとに成功したのは、それだけの必然性があったからである。

自主外交の中身　ここでもう一度、いわゆる「自主外交」の中身をみてみよう。

『隋書』によると、六〇七年の遣使のとき、小野妹子は、「聞く海西の菩薩《ぼさつ》天子、重ねて仏法を興《おこ》すと。故《ゆえ》に遣して朝拝せしめ、かねて沙門《しゃもん》数十人、来りて仏法を学ぶ」と述べたという。この口上書が、妹子が述べたことばを忠実に記録したものであれば、国書の調子とはかなりちがう。そこには煬帝に「朝拝」し、来たりて仏法を「学ぶ」と述べられている。隋側を不当に刺激しまいとする精いっぱいの努力が感じられる。肝心の国書には、「日出《いず》る処《ところ》の天子、書を日没する処の天子に致《いた》す、恙《つつが》無きや云々《うんぬん》」と書かれていた。これが聖徳太子の起草文であろう。とすれば太子は隋に対し、冊封《さくほう》・朝貢、つまり王侯として帝王に服属し、その朝廷に貢《みつ》ぎを献上するという形式をすて、隣対国としての関係の樹立を宣言したのである。はたして煬帝《ようだい》はよろこばず、「蛮夷《ばんい》の書、無礼なるものあり、またもって聞する勿《なか》れ」と鴻臚《こうろ》卿《けい》に命じたという。この煬帝の感覚こそ、当時のアジア外交の常識であった。かつて、倭王武は、中国の宋から、「安東大将軍倭《あんとうだいしょうぐんわ》国王《こくおう》」に封じられていたし、また隋に対しても、高句麗は「大将軍遼東郡公《だいしょうぐんりょうとうぐんこう》」、百済は「上開府《じょうかいふ》儀《ぎ》同三司《どうさんし》帯方《たいほう》郡公」、新羅は「上開府楽浪《らくろう》郡公」の立場にあり、当時みな隋の冊封体制のなかにはいっていた。そのとき日本だけが朝貢国の関係を拒否したのである。

煬帝が気を悪くしたのは当然であるが、それでもなお煬帝は、日本に返使を送らざるをえなかった。しかも隋は、日本の主張をみとめたわけではない。『日本書紀』によると、裴世清が天皇に差し出した隋の国書には、「皇帝、倭皇に問ふ」という書き出しで、「隋帝がみずから徳化をひろめ、これをあまねく世界に被《こうむ》らしめんとするにあたり、倭王は深き心ばえねんごろにして、遠く朝貢を修め、赤心をもつことは嘉《よみ》すべきである。よって、鴻臚《こうろ》卿掌客《けいしょうきゃく》裴世清らをつかわし、その意を指《さ》し宣《の》べさせる」と書いてあった。

これは『隋書』にも、「皇帝、徳は二儀に並《なら》び、沢《たく》は四海に流る。王、化を慕《した》ふの故を以《もっ》て、行人を遣《つかわ》して来らしめ、此《ここ》に宣詔《せんしょう》す」と、まったく同一の趣旨が述べられている。このとおりの国書だったのであろう。倭王も「裴清」に対し、「われ聞く、海西に大隋礼義の国ありと、故に遣して朝貢せしむ。われは夷人《いじん》、海隅《かいぐう》に僻在《へきざい》して礼義を聞かず」と述べたとあって、国書の「日出処天子」どころではなく、まさにわれわれは「夷人」であり、「海隅に僻在」する後進国であるというのである。隋はあきらかに、朝貢関係に固執していたし、日本も支障のない範囲でこれに順応しているのである。

妹子の舞台まわし　だから、妹子が裴清をともなって帰国の途中、煬帝からの返書を、百済《くだら》にとられてしまったと述べて、朝廷に提出しなかったので、朝臣たちは妹子の罪をせめて、流刑にしようとしたが、天皇だけは、この罪を許したと、『日本書紀』に書いてある。それというのも、妹子は、隋の返書があまりにも日本の国書とくいちがっているので、これをあからさまに取りついだのでは、国交がぶちこわしになると考えて、故意に失ってしまったと述べたのかもしれない、と多くの学説は解している。さきの煬帝にたいする妹子の口上書といい、こんどの場合といい、太子の意をうけた妹子の舞台まわしはあざやかなものといえよう。もっとも、これまでの蘇我氏による百済一辺倒の外交が変えられるのをおそれて、百済が実際に太子の新外交の妨害をしたかもしれない。

ともかく、このようなくいちがいのまま、日本と隋の外交関係は成立した。日本側も対等の関係を主張しながら、煬帝の国書はそのまま受け取っているのである。これは双方に、この外交を成立させなければならないつよい要求があったからであり、太子の決意もなみなみならないものがあったであろう。いったい、それだけの必要性とは何か。しばらくあとでそれにふれよう。ところで、おなじことは舒明二年（六三〇）、最初の遣唐使犬上三田鍬が遣わされ、翌年、その帰国にさいし、唐から高表仁が来日したときにもあてはまる。『日本書紀』に難波津での歓迎行事までは、裴世清のときとおなじく記されるのに、朝廷での外交儀礼はまったく省略され、直ちに帰国の記事にとんでいる。これは日唐の外交上の主張を調整できなかったことを示し、『旧唐書』には、日本の使者が「自らの矜持《きようじ》が大きく、実情からかけはなれている」としつつも、高表仁が「綏遠《すいえん》の才がなく、王子と礼を争い、正式の外交を成立させえなかった」ことを責めている。双方の主張にひらきがありながら、外交の成立を双方とも望んでいることを示すであろう。

さて、六〇八年の遣隋使の国書にも、『日本書紀』によると、「東の天皇、敬《つつし》みて西の皇帝に白《もう》す」と書きはじめられていたという。これを前回の「日出処天子」という国書と混同したものとみる説もあるが、小野妹子が裴世清を送って、六〇八年にも隋に使していることは確かなので、このときも信書を携えていたとみねばならず、遣隋使の記事の正確さからおして、このような説はまちがいであろう。太子のたてまえは、ふたたび貫かれたとみるべきであろう。

現実政治家としての太子　さて、聖徳太子の革新外交の経過を以上のようにたどってみると、太子はまさしく、すぐれて現実的な政治家であった。太子の外交を「国威発揚」的にとらえるのがまちがいであるとともに、太子を仏教の創始者であり、『三経義疏《さんぎょうぎしょ》』を著わした文化人であるとみて、あまりにも理想主義的で、かつ内向的な人柄であるととらえることも、まちがいであることがわかるであろう。それには、太子が生前「世間虚仮《せけんこけ》」（現世は真実でなく、むなしい存在であること）と、その妃に語ったことがわざわいして、現実政治との混同をまねいているのではないか。

もちろん太子は、「権力政治家」ではありえない。しかし太子の時代に対する正確な現状認識と、未来への深い洞察力《どうさつりょく》は、どんな同時代人をも絶していた。蘇我氏の専権を打破するため、まず道を隋との通交と、新羅との友好回復に求め、しかも隋との対等関係を宣言することによって、隋帝国の威力を国内政治にじゅうぶん利用した。外交の成功は、国内諸勢力に対する指導力の強化となり、蘇我氏をおのずから制圧したとみるべきであろう。

太子はけっして、ただ「哲人政治家」とか、「ハムレット」型などという形容で表現されるような政治家ではない。そのようなことばは、太子観を誤ることになりやすい。

3　皇太子の立場

聖徳太子の血すじ　それではいったい、聖徳太子と蘇我氏の関係はどうなっているのであろうか。
聖徳太子の父は用明《ようめい》天皇、母は穴穂《あなほ》部間人《べのはしひと》皇女である。この父母はともに欽明《きんめい》天皇（二十九代）の子であるが、用明天皇の母は蘇我稲目《いなめ》の娘堅塩《きたし》媛《ひめ》、穴穂部皇女の母は稲目の娘小姉君《おあねのきみ》だから、二人は異母兄妹になるわけである。つまり異母兄妹が結婚して、聖徳太子を生んだことになり、太子は二重に蘇我氏の血すじをうけていることになる。推古天皇は、用明天皇の実妹であるから、推古天皇と

35 皇室略系図

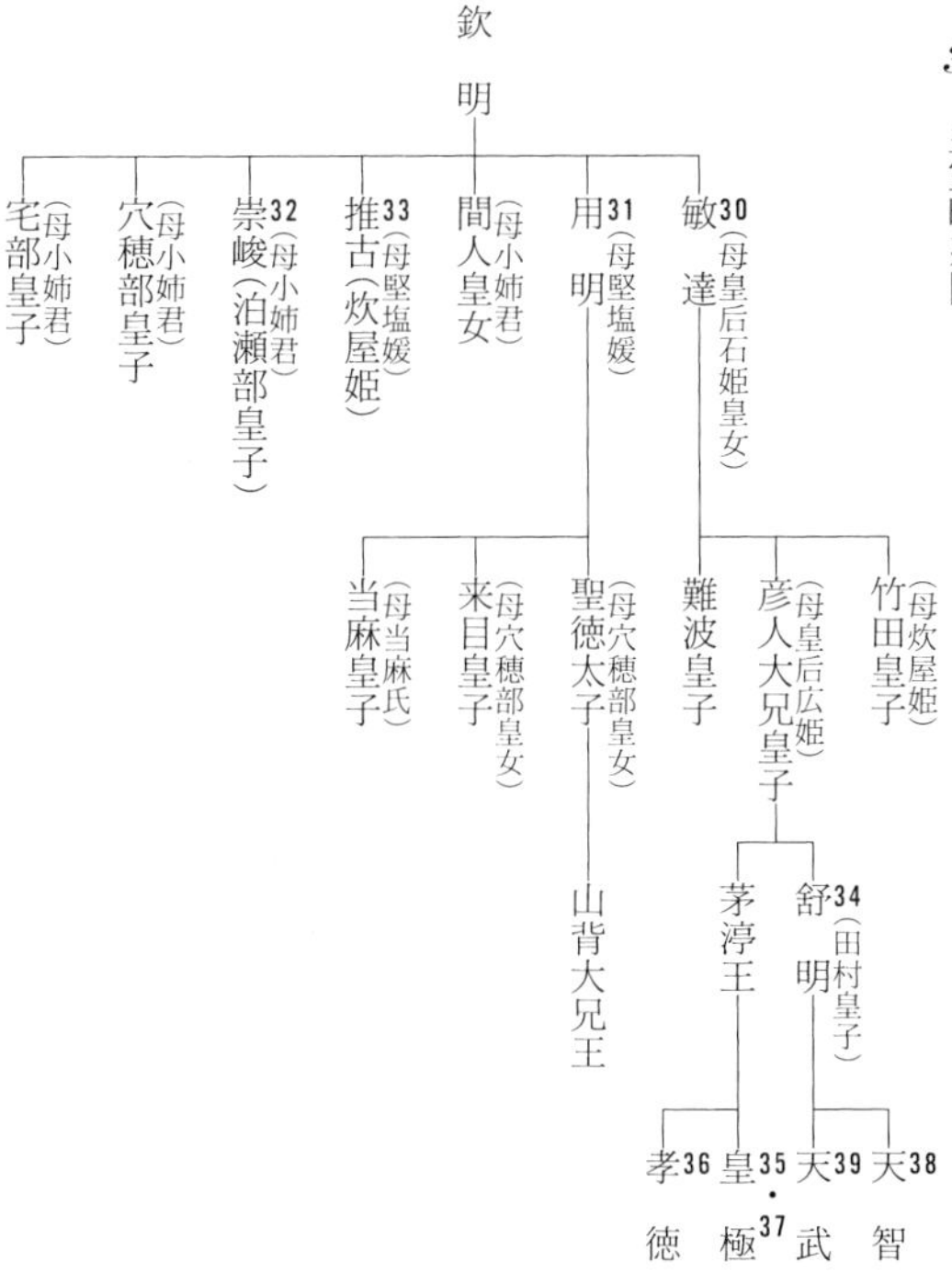

聖徳太子は、叔母《おば》、甥《おい》の関係にあたる。そうすると、推古天皇の即位はもちろん、そのもとで、聖徳太子が、皇太子と定められたのも、蘇我氏との姻戚《いんせき》関係が大きくものをいっていると思われる。とくに、それまでの政治過程が、皇位の継承にからむ、蘇我馬子と物部守屋の両陣営のはげしい争いにいろどられているのであるからなおさらである。

蘇我氏の反対陣営にある穴穂部《あなほべ》皇子・宅部《やかべ》皇子と、それを推す物部守屋《もののべのもりや》は、五八七年、ともに馬子に滅ぼされ、崇峻《すしゅん》天皇ははじめこの陣営に属しながら、のち蘇我氏の側に投じ、いったん皇位を確保するが、ついに五九二年、蘇我氏に暗殺されてしまう。

しかし、よくみると、これら反蘇我派の皇子は、みな欽明天皇の子で、母は小姉君であるから、や

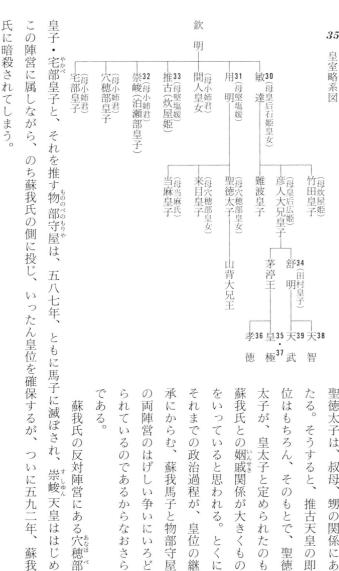

はり蘇我氏の血すじをひいている。だからむしろ、問題は同じ稲目の娘でも、堅塩媛の系統に属する用明（三十一代）・推古（三十三代）の二天皇と、敏達天皇と皇后炊屋媛《かしきや》（推古）との間に生まれた竹田皇子、小姉君の系統に属する穴穂部・宅部の二皇子、泊瀬部皇子（崇峻天皇・三十二代）との間が対立するところへ、前者に馬子、後者に守屋が加担したとみるのが正しい。

そうすると、聖徳太子は、父は堅塩媛の、母は小姉君の系統に属し、ことに母の穴穂部間人皇女は、上記の守屋側の三皇子の同母姉であるから、太子の立場はけっして馬子側ときまっていたわけではない。

むしろ、崇峻天皇の暗殺という、のっぴきならない最悪の事態に直面して、群臣は堅塩媛系の推古女帝をたて、当面蘇我馬子との激突を回避するとともに、両系間の中間に位置するとみなされていた聖徳太子を皇太子にたて、その執政によって、まず皇室内部に政権を回収しようとはかったとみなすことができる。

皇太子摂政の意味　太子は、推古天皇元年（五九三）、皇太子の地位についた。ときに二十歳。その意味は、『日本書紀』に、「厩戸豊聡耳《うまやどのとよとみみ》皇子を立てて、皇太子となしたまふ。よって録《まつりごと》摂《ふさね》政《はからしむ》、万機を以て悉《ことごとく》に委《ゆだ》ねたまふ」とあり、また「東宮にまします、万機を総摂して、天皇の事を行なふ」ともあって、「皇太子」となることにより、政務を統理する権限を与えられたわけで、摂政という文字はあっても、のちの藤原氏などの「摂政」とは意味がちがう。天皇によって、つぎの皇位継承者に定められることが、そのまま政務をとる権限を与えられたことになるので、「よって」というのは、その権限が皇太子の必然的な属性であったことを示すのである。また「天皇の事を行ふ」とあるとおり、天皇の大権をたんに補弼《ほひつ》することではなく、みずから執政権をもつことを意味し、同時にこののち、「皇太子みずから憲法十七条を作りたまふ」とあるように、みずから立法権をももっていたわけである。

それでは、推古天皇はどうなるのか。天皇みずからは、政務からはなれ、祭祀《さいし》の大権だけをもち、国政上の責任からまぬかれたから、緩衝者をなりえたので、はじめて「女帝」をたてた意味もそこにあるのであろう。「天皇」ということばは、この推古天皇のときから現われるとみる説はそのままでよいと思う。これはもと、中国で天上の主宰者である「天帝」をさすことばで、宗教的な崇拝のまとなったにすぎない。中国の専制君主は「皇帝」とよばれても、「天皇」とよばれたことはない。天皇といわれた推古女帝の地位は、このことからもほぼ察することができよう。

勾大兄皇子の先例　はじめに述べたように、蘇我氏の攻勢に対し、皇室内部に政権を維持するために、天皇の地位を後退させておく必要があり、皇太子執政はそこから生まれる。しかし制度としては、継体《けいたい》天皇のとき、勾大兄《まがりのおおえ》皇子を皇太子とし、「春宮に処《お》いて、朕《ちん》を助けて仁を施し、吾《われ》を翼《たす》けて闕《けつ》を補へ」と命じた記事にはじまる。ただし、これは皇太子の理念を遡らせたもので、事実は大兄《おおえ》（直系の長子）の成立をのべたものである。しかし、大兄もまた皇位の継承における諸豪族の政争を排除し、皇室内部の自律を貫くことに目的があるので、推古天皇の皇太子はそれをさらに前進させたものとみることも可能である。聖徳太子の立場を、このように理解しておく必要がある。ところで、推古朝の政治形態について、『隋書』におもしろい記事がある。「倭《わ》王は天を以《もっ》て兄となし、日を以て弟となす。天未《いま》だ明けざる時、出《い》でて政を聴《き》き、跏趺《かふ》して坐《ざ》し、日出づれば便《すなわ》ち理務を停め、云《い》ふ、我弟に委《ゆだ》ねんと」。この象徴的なことばの理解はかなりむずかしい。「兄王」はすなわち「天」であり、「天皇」のことである。「弟王」はすなわち「日」であり「日嗣御子《ひつぎのみこ》」（皇太子）をさす。日の出前の幽暗の世界をつかさどるものは天皇であり、その職務は「祭祀」である。日の出後の日常の政務は皇太子にゆだねられる。その行なうところは「政治」である。

このような推古朝の政治形態は、隋王朝にも認識されていたのではないか。

馬子と太子の権限　それでは、蘇我《そが》氏とこの皇太子の権限との関係はどうなるのか。いっぽうでは、蘇我馬子《うまこ》は聖徳太子とともに国政をとり、いわば太子の協力者として、「共同輔政」に任じたのだとする説がある。その証拠には、『日本書紀』に、推古天皇は、「皇太子および大臣に詔して、三宝を興《おこ》さしむ」とあるし、太子の最も古い伝記である『上宮聖徳法王帝説』に、「上宮厩戸豊聡耳命《かみつみやうまやどのとよとみみのみこと》、島《しまの》大臣《おおおみ》、共に天下の政を輔《たす》け、三宝を興隆す」。おなじく、「聖徳王、島大臣と共に謀《はか》りて仏法を建立《こんりゅう》し、更に三宝を興す」ともあり、そのほか同じような史料が二、三あるではないかと主張する。ただしそのすべては、共同輔政の目ざすところが、仏法の興隆であることを示している。仏法興隆についての両者の協力であるならば、皇太子の万機総摂の権限と矛盾するものではなかろう。

もっとも、物部守屋《もののべのもりや》を滅ぼしたのちの蘇我馬子は、それまでの大臣《おおおみ》・大連《おおむらじ》のような「長老的」な立場とちがって、ひとり「宮宰的」（帝臣の長）地位についた。もともと大臣・大連は複数制であり、そのうち天皇の擁立に成功した豪族が、他を抜いて先頭に立ったのであるが、均衡協力の関係を破ることはできなかった。それがいまや蘇我氏だけが、いわば「棟梁之臣《とうりようのしん》」として、権力を独占したのである。むしろこのような蘇我氏の立場の変化を崇峻《すしゆん》天皇がみとめず、蘇我氏を「大臣となすこと故《もと》の如《ごと》く、卿大夫の位また故の如し」と遇したので、馬子と衝突し、暗殺されることにもなったのだとみられる。だから、馬子の専制を強調し、太子の自主性を否定する学説もある。

憲法制定の目的　しかし、皇太子の立場と大臣蘇我氏との立場では、すでにおのずから異なるものがあるはずである。にもかかわらず、蘇我氏があえてそれを侵そうとしたところに、蘇我氏の「専権」と非難される根拠があった。どのようなちがいがあるかといえば、皇太子は天皇とともに大権を行使する立場にあった。だからこそはじめにみたように、対隋外交に、大権の一つである外交権を駆使したのであるし、また「十七条憲法」を制定したのでもある。この「憲法」もまた、「皇太子親《みずか》ら肇《はじ》めて憲法十七条を作りたまふ」と明記する。それを、たんに太子が側近に示した覚え書きともいうべきもので、いわば私的な述作にすぎないとする人もあるが、「憲法」は太子の定めた冠位制と表裏の関係にあるものである。天智《てんじ》天皇のときにも、ときの皇太弟大海人《おおあま》皇子（天武）が、「冠位と法度の事を施行したまふ」と宣して、それを新律令、つまり近江令《おうみりょう》につぶさに記載したと『日本書紀』に注記されている。「十七条憲法」の場合も、冠位十二階とともにあるので、ひとり個人的な覚え書き程度のものでありえようはずがない。

「憲法」と「冠位」について簡単にふれれば、「憲法」は太子がみずから理想の国家体制を宣言したものということができる。国家を構成するものを君・臣・民の三段層に分け、一人の君が統治し、臣は官人としてこれをたすけ、多くの民が下に従うという体制のもとでの、上下の一体観をとくに強制したものである。その場合、民がひろく国家の基盤であるとして注目されていることは、国家権力が直接に人民を掌握できる段階にはいったことを示すもので、ここにはじめて、民はただちに君に連なる存在となった。この意味で民は重んじられているのであるが、しかし、それはむしろ、そのような民であるからこそ、これに政治を行なう臣、つまり官人は、民に対して私的な支配を行なってはならない、天皇の民として、公平に、私情なく、これに行政しなければならないとする点に、「憲法」の目的があるのであった。要するに君の立場から、官人としてあるべき心構えを説くのに終始したものであるということができる。

冠位制の目的　「冠位」もまた、これまでの豪族の世襲的な身分を排除して、個々人の才能に応じ、官人として昇進できる道をひらいたもので、蘇我氏にこれを与えた形跡はない。蘇我氏以外の畿内《きない》の豪族を、官人層として組織するのが目的であるというのが学界の常識である。

まず、冠位の最上階である大徳・小徳によって、「大夫《まえつきみ》」という官人身分が組織されたが、マヘツキミとは天皇の側近において、奏上《そうじょう》・宣下《せんげ》をつかさどる議政官で、のちの公卿にあたる。このような大夫の身分を組織することは、大臣蘇我氏の専制を阻止する役割りを果たすことになるのであって、蘇我氏はそれをこころよく思わなかったにちがいない。馬子にしてみれば、もちろん冠位などうけるつもりはなかったであろう。とすれば、「憲法」にしても、「冠位」にしても、その目ざすところはおなじく官人の組織化にある。つまり、それは蘇我氏などの大豪族に対する抑制措置であり、当然、皇太子の執政権に発するものと考えるほかはない。

36　聖徳太子・二王子像（御物）

皇太子と蘇我氏との立場は、以上のことからもはっきりしよう。しかし、両者のあいだにはもう一つ仏教興隆の問題があった。これについての両者の協力関係はどうなのであったろうか。

4　太子と南梁文化

『三経義疏』と帰化僧　聖徳太子の仏教信仰にふれようとするとき、『三経義疏《さんぎょうぎしょ》』をはずすわけにはいかない。『三経義疏』というのは、つまり法華《ほっけ》・維摩《ゆいま》・勝鬘《しょうまん》経の注釈書である。それを太子みずからつくったといわれ、ことに、『法華経義疏』は、太子自筆の草稿本といわれるものが、いまも残っている。

太子は内教を高麗《こうらい》の僧慧慈《えじ》に外典《げてん》を博士覚哿《かくか》に学んだという。つまり仏教の第一の先生は慧慈で、このほかに百済からきた慧聡《えそう》もいた。慧慈は三経の経義を太子に教え、太子が薨《こう》じたとき、太子の著わした『義疏』を本国に持ちかえったともいわれる。聖徳太子が、推古天皇四年（五九六）、伊予《いよ》（愛媛県）の温泉に遊んだとき、旅先まで太子にしたがい、伊予温泉碑に名をとどめるにいたったのも彼らである。このとき太子は二十三歳、この二人の僧は「三宝の棟梁《とうりょう》」とうたわれ、蘇我氏の氏寺法興寺《ほうこうじ》（飛鳥寺）が完成したとき、ともにその寺に住んだ。飛鳥を代表する帰化僧といえよう。つねに聖徳太子の身辺にあって、この愛弟子《まなでし》を育てたのである。

仏教理解の深さ　ところがこの愛弟子はすこぶる秀才で、先生たちから習った大陸の仏書を利用しながら、自分の意見を加えるようになった。『法華経義疏』をみると、法雲《ほううん》の『法華義記』の説を本義として、しばしば引用しながら、これを率直に批判し、「これはすこしよくないので、自分は用いない」とか、「わたくしの意はこれとすこしちがっている」とか、「わたくしの思うには」とか断わって、自分の解釈をのべたところが多い。どうしても納得がいかないと、「愚心およびがたく、いまことごとく記述しない」などとのべたところもある。

仏教をとりいれたばかりのころに、仏典をこのように内面的に理解できたとは、まさに驚くべきである。だから、唐《とう》の大暦七年（七七二）、日本の僧が揚州におもむいて、聖徳太子のつくった『勝鬘経《しょうまんぎょう》疏《しょ》』を伝えたところ、唐の僧明空は、これに注釈を加えて私鈔《ししょう》とした。そしてこのことは、平安時代に、円珍《えんちん》の入唐によって、日本にも伝えられ、鎌倉《かまくら》時代の僧叡尊《えいそん》は、「彼の鈔《しょう》は、大唐高僧の製造にして、日域面目の秘書なり」とよろこび、大いに感激している。

いま残っている太子の『法華経義疏』をみると、第一巻のはじめの見返しの下部に、「これは大倭国上宮王の私集で、海のかなたの本ではない」とわざわざ断わり書きがある。この部分は本文より新しい筆跡で、天平《てんぴょう》ごろに書き加えられたものらしい。これでみると、すでにそのころ、中国に劣らない内容をもつものと自負されていたことがわかる。おなじく、天平十九年（七四七）の『法隆寺伽藍《がらん》縁起《えんぎ》并《ならびに》流記《るき》資財帳《しざいちょう》』、つまり法隆寺の由緒書きと財産目録のなかに、明らかに『三経義疏』がはいっていて、「上宮聖徳法王御製」と書いてある。また、いま正倉院に保存されている天平十九年の東大寺の写経文書のなかにも、それを写したときに、「大倭国上宮王撰《せん》」とか、「上宮聖徳皇子撰《せん》」とかと注記したものがある。

だから、すくなくとも、太子がなくなってから一〇〇年あまりたった天平年間には、『三経義疏』は疑いもなく、太子の撰《せん》したものと信じられていたのである。

『義疏』への疑問　しかし、それ以前はどうかわからないし、また『義疏』の内容をみると、とて

37　法隆寺東院夢殿

も飛鳥のものと思われないとか、政務に忙しい太子に、なぜ『義疏』などつくる必要があったか、その暇もなかったであろうとかいう理由で、それが太子の真撰《しんせん》であるのを疑う説がでている。このような説をなす人は、奈良時代の僧行信《ぎょうしん》が、太子の信仰を宣伝した人物であるとみて、彼が『義疏』を太子撰としたのではないかと考える。行信は、僧綱《そうごう》に任じられた実力者で、法隆寺にも深く関係し、東院の地に夢殿《ゆめどの》を建てて、聖徳太子とその子山背大兄王《やましろのおおえのおう》を追慕した。その東院の資財帳には、『法華経義疏』のところに、「行信がさがしもとめて奉納した」と書いてあり、そのほかにも、「太子御持物」と称して、鉄鉢《てっぱち》や錫杖《しゃくじょう》などを施入している。だから、ますます行信は疑わしい。彼は、太子にゆかりがあるようにつくろって、『義疏』を奉納したのではないかというのである。現在、夢殿に、「謀士」肖像彫刻が残されている。なるほど容貌魁偉《ようぼうかいい》である。ある骨相学の大家は、この彫刻を見て、「謀士」であると評したそうである。しかし、はたしてそうであろうか。

中国古典との関係　このようにいう人はたいてい、「十七条憲法」をも疑う人でもある。この「憲法」もまた、太子が大陸の諸学に対して広い知識をもっていたことを示すのであるが、この方面で太子の教師役となったのは、さしずめ覚哿《かくか》であるということになろう。まず第一条の「和を以て貴《たっと》しとなす」というのからして、『礼記《らいき》』にでてくることばである。「憲法」の文言の出典を調べてみると、『尚書《しょうしょ》』『周礼《しゅらい》』『左伝《さでん》』『論語』などの経書、『史記』『漢書』『後漢書』などの史書、『老子』『管子』『韓非子《かんぴし》』などの諸子、それから『文選《もんぜん》』などにいたるまでの多様な中国の文献が用いられていることがわかる。もちろん、それも太子のブレーンである帰化人の協力によるのであろうが、まとめあげたのは太子であり、まえにもみたように、「憲法」はその意義からみても、太子みずから制定したものとするほかない。

この「憲法」と『義疏』のあいだには、思想や用語のうえで共通性がつよいといわれるが、もう一つ注意しなければならないことは、「憲法」にひかれた『文選』が、南朝の梁《りょう》で編纂《へんさん》されたものであり、『義疏』の手本となった『法華義記』の作者法雲《ほううん》も、梁の僧であったことである。そして、太子が『義疏』で参考に用いた大陸の学説は、すべて六朝以前の古い説にかぎられ、隋・唐の新義はふくまれていないといわれていることも考慮しなければならないところである。

このあたりに、案外、『義疏』が飛鳥《あすか》朝のもので、太子の真撰だと推定できる道がひらかれているのではないか。

38　四天王寺

四天王信仰と南梁仏教　太子の建立《こんりゅう》した四天王寺は、四天王信仰によって建てられたことは疑いない。もっとも、この寺の地名にちなんで荒墓《あらはか》寺といわれていたかもしれないが、法隆寺が斑鳩《いかるが》寺、広隆寺が蜂丘《はちおか》寺、法起《ほっき》寺が池後《いけじり》寺などと併称されていたように、四天王寺の名は、はじめからあったものと思われる。このことは要するに、金光明経《こんこうみょうきょう》四天王品の護国思想が、四天王寺を建てた根底にあることを示すものにほかならない。この寺は、大陸への門戸である難波津《なにわつ》の海に面して建てられていた。日本と百済との交流の玄関口にあたり、新羅《しらぎ》遠征の準備につかわれたこともあったという。したがって、あるいはこの寺のはじめには、新羅征討の悲願が込められていたのかもしれない。

ところが、平安時代に浄土教がさかんになると、四天王寺の西の大門は、「極楽浄土」への東の門であるとされて、『栄華《えいが》物語』にも、上東門院《じょうとうもんいん》彰子が、「天王寺の西の大門に御くるまをとめて、はるかに難波の海に入りゆく西日を拝んだ」と書かれるようになり、ときには、西に向かって海にはいり、そのまま入水《じゆすい》往生をとげる念仏者もあらわれることとなる。とにかく、四天王寺が難波の海べに建てられたことは確かであるし、聖徳太子の時代には、このような浄土教はなかったのであるから、それは国土をまもる意味をもったにちがいない。

ところで、金光明経を中心とする護国思想は、じつは南梁で高まったものである。梁の武帝（五〇六～五四九）が、真諦《しんたい》三蔵を迎え、その三蔵が金光明経を訳したのは、元帝元年（五五二）のことといわれる。百済《くだら》で聖明王《せいめいおう》のときで、日本に仏教が伝えられた前後のころにあたる。

文化輸入のルート　梁と百済は、当時密接な関係にあった。『仏祖統記《ぶつそとうき》』や『梁書』、あるいは朝鮮の『三国史記《さんごくしき》』などをみると、この金光明経や涅槃《ねはん》経は、このころ梁から百済に伝えたらしく、百済が梁に、「涅槃《ねはん》等の経義と、毛詩博士・工匠・画師《えし》を請うた」こともあり、逆に日本には、百済からしばしば諸博士や僧が貢進されたのであった。五五三、五五四年のそれなどは、とくに規模も大きく五経博士《ごきようのはかせ》王柳貴《おうりゆうき》・易博士《やくのはかせ》王道良《おうどうりよう》・暦博士《こよみのはかせ》王保孫《おうほうそん》・医博士《くすしのはかせ》王有㥄陀《おううりようだ》・採薬師《くすりかりはかせ》潘量豊《はんりようぶ》・丁《ちよう》有陀《うだ》や、僧曇恵《どんえ》ら九人などは、明らかに「南梁人」である。彼らは、百済の大使東城子言《とうじようしごん》や東城子《とうじようし》莫古《まくこ》につれられて、日本に渡ってきたのである。

このような南梁→百済→日本のルートは、六世紀には休むことなくつづけられた。

いま法隆寺にある玉虫厨子《たまむしのずし》は、推古天皇の持ち物ではないかなどといわれているが、その須弥座《しゆみざ》の部分に、釈迦《しやか》が身を捨てて餓えた虎《とら》を救う密陀絵《みつだえ》が描かれている。この有名な薩埵《さつた》王子の「捨身飼《しやしんし》虎《こ》」の物語りも、金光明経の捨身品にのせられているのである。

そうなると、南梁の仏教と太子のそれとは密接に結びつく。百済を媒介にして、南朝の仏教が日本に流入したのが、六世紀の状態で、飛鳥時代はその末期に属していた。太子の仏教もはっきりこのルートから摂取されたとすれば、『三経義疏』が太子の真撰であるという説明もつこう。

ところで、この南梁→百済→日本の文化輸入のルートこそ、じつはこれまで、蘇我氏が独占してきたものであった。とすると、こと仏教文化については、太子と蘇我馬子のあいだにはじゅうぶんに共通の地盤があるわけである。この二人が協力して、三宝《さんぼう》を興隆させたことはまずまちがいのないところである。

5　名だたる百済派――蘇我氏

「百済一辺倒」の外交　そこで、蘇我《そが》氏と百済《くだら》との関係をたどろう。それには太子が生まれる前にさかのぼらなければならない。

もともと蘇我氏は、五世紀末以来国情が危機におちいっていた百済をたすけ、百済からのおびただしい帰化人を支配下に入れて、勢力を強大にした豪族である。

欽明《きんめい》天皇のとき、新羅《しらぎ》と高句麗《こうくり》は通謀して、「任那官家《みまなみやけ》」と百済をはげしく攻めた。日本は百済に救援軍をおくって戦うが、聖明《せいめい》王はついに新羅軍に囲まれて殺されてしまう。王子余昌《よしょう》は、五五五年、子の恵《けい》を日本につかわし、明王の死を報告するが、そのとき蘇我稲目《いなめ》は、「聖明王の名は四方にあまねく、長く安寧を保ち、海西の蕃国《ばんこく》をおさめて、よく天皇につかえた。しかるに、いま急に死去したのは悲しいかぎりである。これからいかにして国をおさめていくつもりか」と、王子に問い、これを励ましたという。そして王子の帰国にさいしては、多くの兵仗《へいじょう》・良馬を与え、筑紫《つくし》の水軍にまもり送らせ、別に筑紫火君《つくしひのきみ》に、勇士一〇〇〇人をひきいて護衛させた。

聖明王が日本に仏像をおくり、仏法の功徳を上表したというのは、まさにその死の三年前の五五二年のこととして『日本書紀』には記録されているが、これは『上宮聖徳法王帝説』や『元興寺縁起』のように五三八年の方が正しいであろう。しかし、そのいずれにしても、聖明王が諸博士をわが朝廷に上番せしめた期間と完全に重なり合う。その目的はわが国に「救兵」「救軍」とあるように軍事上の援助を要求するためのものであった。いわば政局の激動のさなかにおけるできごとであるといえる。蘇我稲目は、物部尾輿《もののべのおこし》や中臣鎌子《なかとみのかまこ》の反対をおしきって、おくられた仏像の受容にふみきり、みずからそれを祭った。世に仏教公伝といわれるのがそれで、背後には百済との同盟関係がある。

五六二年、任那《みまな》最後の拠点大加羅は、新羅に攻められ、ついに滅びる。百済の救援と任那の復興という課題は、前にもまして朝廷の絶対的方針となったが、その担当者こそ蘇我氏であった。

百済派と新羅派の分裂　朝鮮半島南部における緊迫した国際関係は、朝廷ばかりでなく、現地官人にもはげしい動揺を与えた。当時、安羅《あら》にあった「日本府」の臣のなかにも、百済派と新羅派があって、争ったらしい。たとえば、河内直《かわちのあたい》・佐魯麻都《さろまつ》・印支弥《いきみ》といった連中は新羅と通謀し、これに百済の官人である阿賢移那斯《あけえなし》も加わり、「反百済活動」を展開した。彼らのおいたちはわからないが、いずれも混血の日系人で、現地でとりたてられたのであろう。聖明王が主催した「任那復興会議」にも、「任那官家」の新羅派官人たちは不服をとなえて出てこない。王はしきりに、「任那が日々、そこなわれるのは、彼ら四人のためだ」と訴え、天皇に彼らを日本に召還してほしいと要求している。

しかし、このような「反百済活動」に対して、朝廷は、いっぽうでは聖明王をなだめながら、他方ではかならずしも彼らを召還しようとはしていない。なぜなら百済みずからが、任那の地を求め、それを自領に編入しようと意図していたからである。たとえば大伴金村《おおとものかなむら》の「汚職事件」なども、そのために発生するのである。朝廷側には、このような百済に対する警戒心がたえずあったのである。そのため、朝廷内部にも、新羅派ともいうべき勢力が存在していた。物部尾輿やその子の守屋《もりや》を、その巨頭だとみる説もある。

とにかく、豪族たちの抗争には、このような国際的な背景があった。

法興寺と百済仏教　つぎの敏達天皇のとき、すでに聖明王なきあとの百済から、鹿深臣《かふかのおみ》という者が、弥勒《みろく》石像一体をもちかえり、佐伯連《さえきのむらじ》もおなじく、仏像一体をもたらした。蘇我氏も、稲目の代

39　飛　鳥　寺（法興寺）

40　飛鳥寺旧跡の発掘状況

から子の馬子の代に移っていたが、馬子は、この仏像を二つとももらいうけ、自宅近くに仏殿をいとなんでこれを安置した。そしてのちに氏寺の法興寺《ほうこうじ》を建てるにおよんで、この仏像をその「東金堂」に安置したという。東金堂とは、なんのことかこれまではわからなかったが、法興寺、つまり飛鳥寺の発掘によって、この寺は、塔のまわりに東西北の三つの金堂をもっていたことが明らかになった。蘇我氏の氏寺の本尊は、はじめから百済の仏像だったのである。

馬子が法興寺を建てたのは、崇峻《すしゅん》天皇即位前の五八七年のこととあるから、そのとき聖徳太子は十四歳に成長していたことになる。寺の場所は飛鳥の真神原《まかみのはら》、つまり奈良県高市《たけち》郡の明日香村で、いまはこの地に安居院《あごいん》、通称「飛鳥大仏」が存在している。飛鳥寺の旧跡はここで発掘された。そのむかし、この地には飛鳥衣縫《あすかきぬぬいのみやつこ》造の祖樹葉《このは》の家があって、それを馬子が寺に転用したのだという。真神原というところは、帰化人東漢《やまとのあや》氏の支配に属して、宮廷工房での手工生産にしたがった多くの「百済才伎《くだらのてひと》」が住んでいたところである。衣縫も、百済から帰化してきたこれらの手工業者の一人である。蘇我氏が東漢氏を従えていたことはまちがいないし、その氏寺も、百済系帰化人のあいだで、すでに信仰されていた仏教をうけついだものといえるのである。

百済渡来の工人たち　明くる五八八年、百済は三人の僧をつかわして舎利を献じ、寺工《てらたくみ》・鑪盤《ろばん》博士・瓦博士・画工らを貢進して、法興寺の造営にしたがわせた。だから霊亀《れいき》二年（七一六）元正《げんしょう》天皇の勅によってこの寺が奈良に移され元興寺《がんごうじ》となった、その『元興寺縁起』には、百済工らがこの寺をつくったとしるされ、金堂の様《ためし》（ヒナガタ）も、百済から送ってきたと書かれているのである。元興寺の塔の露盤《ろばん》に刻まれた銘文をみると、山東漢大費直《やまとのあやのおおあたい》が百済の工人を指揮したといい、その下に、露盤師白味淳《はくまいじゅん》、瓦師麻那文奴《まなもんぬ》・陽貴文《ようきもん》・昔麻帝弥《しゃくまたいみ》、寺師大羅未大《たらみだ》・文賈古子《もんけこし》、画工白加《びゃくか》など、異国的な工人の名がずらりとならんでいる。しかもこの名は、『日本書紀』に書かれている百済から送られてきた工人の名と、まったく一致する。中国の梁の工人であろう。

いよいよ法興寺の塔の心柱をたてる段取りとなったのは、推古天皇元年（五九三）、聖徳太子も二十歳になって、いよいよ皇太子に立てられる年にあたる。馬子ら百余人はみな「百済服」を着て参列し、法興寺の心礎のなかに、百済王の献じた仏舎利を納めた。そののち推古天皇十四年、本尊の止利仏師《とりぶっし》作の金銅丈六仏像が完成し、そして十七年には、百済僧道欣《どうきん》ら一一人を法興寺に住まわせて、内面的にも寺を完成させたのである。

これらのことでも明らかなように、法興寺はまったく百済仏教の直輸入によって造営された。いちおう、法興寺をつくりおわるという記事は、推古天皇四年にみえる。これを基準とすると、五八七年からはじめて、ほぼ一〇年間の歳月をついやしたことになるが、ほんとうは、本尊の完成まで、さらに一〇年を要し、百済僧を住まわせ、奉仕を充実するのは、また三年後のこととなる。

とにかくこの期間は、蘇我氏が名だたる百済派の棟梁として、勢威の絶頂にあったといえよう。

6　新羅への接近

太子と馬子の仏教路線　聖徳太子は、この蘇我氏の外交路線から、摂取するものが多かったことはいうまでもない。太子は法興寺の造営にも協力したし、推古天皇十三年（六〇五）には、皇太子として、大臣馬子や諸王・諸臣とともに、法興寺の丈六仏像をつくることを誓願し、これを止利仏師に命じたのである。

仏教に関しては、太子も馬子も、一致した推進者であった。だから、仏教興隆を目的とする側面では、両者のいわゆる「共同輔政」は成りたちえたにちがいない。しかしもちろんこの面でも、太子は「百済一辺倒」におちいるのをさけようとして、のちにふれるように新羅仏教を積極的に導入するが、これとてもただちに百済仏教を排除することにはならなかった。

だが、こと外交については、蘇我氏の路線をはばむ方針が、いっそうはっきりした形で現われている。対隋外交の打開はその一つであるが、新羅との友好回復が、むしろ当面の課題であった。

来目皇子の登場　馬子は法興寺をつくり終わった四年後の、推古天皇八年（六〇〇）に、任那《みまな》を救うために境部臣《さかいべのおみ》を大将軍とし、万余の軍を投入して新羅を討った。この境部臣というのは、馬子の弟の境部臣摩理勢《まりせ》のことらしく、この遠征計画は馬子の発案であったろう。このとき新羅は服し、現地の将軍たちが、もうこれ以上攻撃しないようにつよく進言したので、ようやく軍を収めたもののようである。ところが、二年後の十年、ふたたび来目《くめ》皇子が討新羅将軍となり、二万五〇〇〇人の軍をひきいて、筑前《ちくぜん》（福岡県）の島郡に駐屯《ちゆうとん》し、軍備をととのえる。『肥前国風土記《ひぜんのくにふどき》』によれば、このときも蘇我氏の配下の百済才伎の一人、忍海漢人《おしぬみのあやひと》が筑紫に移って、鉄兵器の製造にしたがったという。

しかし、来目皇子は、摩理勢とちがって、聖徳太子の弟であり、母もおなじ穴穂部間人《あなほべのはしひと》皇女である。現皇太子の実弟が、大将軍に任ぜられることは先例にもないので、その理由は明らかでないが、これには太子の意志がはたらいていたことはたしかであろう。そしてこの時点から新羅政策は変わりはじめるのである。

来目皇子は、不幸にも筑紫で病没したといわれ、実際に遠征は行なわれずにしまう。そしてこれにかわって、その異母兄当麻《たいま》皇子が将軍に任じられるが、皇子は難波を船出して、赤石《あかし》についたばかりで、妻が病死したのを理由に、京に引き上げてしまう。おそらくはじめから外征する気はなかったのであろう。当麻皇子は、太子とおなじ用明《ようめい》天皇の皇子であるが、母は当麻氏の娘である。いわばこの人事も太子が行なったものであろう。

新羅への接近政策　このようにして、太子は内外に対し、朝鮮遠征のいちおうの名目は立てておいて、六〇三年には征討計画を全面的に中止してしまう。この外交政策の変化は、おそらく推古天皇十一年（六〇三）、天皇が小墾田《おはりだ》に宮居をうつし、太子みずからも、すでに斑鳩《いかるが》宮をつくり、十三年に、そ

41　法隆寺西院伽藍

こへ居をうつすようになった前後のことであろう。斑鳩宮は、いまの法隆寺東院の地であり、これと前後して、太子一家が氏寺の斑鳩寺、つまり法隆寺の建立《こんりゆう》に着手するようになって、太子はそれまでの磐余《いわれ》の上宮から、斑鳩に本拠をうつしてしまう。

ここは地理上からみても、飛鳥《あすか》とは正反対のところである。飛鳥が大和盆地の南東にあるのに対し、斑鳩は北西に位置する。当時の国際港難波にでるのには、いっぽうは逢坂《おうさか》越えをしなければならないが、こちらは竜田《たつた》越えのルートをとればよい。

宮居の移転がつねにそうであるように、この場合も、飛鳥に根をはる蘇我氏の影響力からの脱出がねらいであったろう。このころから、新羅征討軍の中止など、外交上のめだった変化があらわれはじめるのは偶然ではない。

このの ち六〇七、六〇八年の遣隋使《けんずいし》の派遣と同時に、新羅・任那の使者が入京する。朝廷は隋使とおなじく、飾り馬を仕立ててこれを迎え、阿斗《あと》の河辺館《かわえのむろつみ》に入れた。この阿斗とは、河内国渋川郡の跡部のことで、物部守屋の別荘のあったところである。かつて守屋は、ここで蘇我氏に殺されたのである。隋使裴世清《はいせいせい》を迎えるとき、物部氏を登用したことといい、あるいはこの新羅使の場合、導者として秦河勝《はたのかわかつ》を任じたことなどをふくめ、そこにおのずから蘇我氏に対する太子の姿勢がうかがえよう。

高句麗も、僧曇徴《どんちょう》を貢進し、彩色・紙墨・碾磑（ミヅウス）の製法を伝えた。新羅の使者を迎えて、馬子の子の蝦夷《えみし》は、庭に立って、天皇への口奏を聞いたという。蘇我氏の百済偏向の外交政策に対する、太子の抑制策が、ようやく効をあらわしはじめたことを感じさせる挿話《そうわ》である。

42　伝秦河勝像

外交関係の逆転　このような状態をいっそうはっきり知らせるのは、太子が推古天皇二十九年（六二一）斑鳩宮で死んだあとの外交である。実際は『法隆寺釈迦三尊像光背銘』『上宮聖徳法王帝説』などのように、太子の死を三十年

（六二三）とする方が正しいが、その翌三十一年に、新羅は直ちに使者をおくり、仏像や金塔、舎利、灌頂幡などを献上し、これを太子と関係の深い山城葛野《かどの》の広隆寺、つまり秦氏の氏寺と、摂津の四天王寺におさめた。これは弔問使をみとめてよいと思う。

にもかかわらず、おなじ年のうちに、新羅再征の議が朝廷でもちあがり、「謀《はか》りごと、大臣（馬子）におよぶ」とはっきり書かれてあって、馬子の責任において遠征が行なわれたことを明らかにしている。会議の席上、田中臣《たなかのおみ》は外征に反対し、「いま急に新羅を討つのはよくない。状況を確かめたがよかろう。百済こそ反復つねならない国であてにならぬ」と述べたという。そこでとにかく、吉士磐金《きしのいわがね》らに新羅と任那を視察させることになり、両国もまた調《みつぎ》を献上して服従の意を示した。ところが、磐金らが帰国するのも待たないで、にわかに大軍をさしむけ新羅を討った。そこで磐金はこれに反対し、帰国して大臣馬子に、「新羅は命を奉じて専使をつかわし、両国の調を貢進しようとしたのに、軍隊のいたるのをみて、朝貢の使者は引き返してしまった」と述べたので、さすがの馬子も「悔《くや》しきかな、早く師《いくさ》を遣しつること」と速断を恥じたという。この遠征はもともと馬子が境部臣らにのせられて起こしたものだという。

いずれにしても、太子が死んだあと、ただちに蘇我氏によって、新羅に対する「軍事行動」が復活されたことは重視されよう。この路線が、けっきょくやがて中大兄皇子《なかのおおえのみこ》（天智天皇）のときの白村《はくすきの》江《え》の敗戦をみちびくことを思えば、この意味で、太子は中大兄皇子よりも、はるかに先見の明があり、すくなくとも、半世紀以上先の国際関係の帰趨《きすう》を見定めていたとさえいえる。とにかくこのようにして、生前の太子は蘇我氏の有力な百済路線を押えていたのであった。

7　帰化人の巨頭たち

馬子と司馬達等　これまでに、聖徳太子と蘇我馬子との関係を軸とする政局の展開を追いながら、その過程にそれぞれの役割をもって登場する人びとを見てきた。そこには、対隋外交につくした小《お》野妹子《ののいもこ》や鞍作福利《くらつくりのふくり》、仏教の師としての慧慈《えじ》・慧聡《えそう》らの帰化僧、造寺事業をすすめた百済や南梁系の工人、新羅遠征の武将となった境部臣《さかいべ》や来目《くめ》皇子らがあった。さてここで、彼らを追って登場してくるのが、司馬達等《しばたつと》の一族と秦河勝である。

司馬氏は、達等―多須奈《たすな》―止利《とり》の三代にわたって、飛鳥仏教の立て役者となった。そのうち初代の達等は、蘇我馬子の有力なブレーンであり、いわば「仏教顧問」の地位にあったが、三代目の止利は、むしろ聖徳太子の信任をうけた。「司馬」というのは、彼らの母国の姓であり、「鞍作」というのが帰化後の氏の名である。文献によっては、「鞍部《くらつくり》」「按師首《くらつくりのおびと》」「案部村主《くらつくりのすぐり》」とも書いている。とくに「鞍部村主司馬達等《くらつくりのすぐりしばたつと》」とか、「司馬鞍首止利《しばくらのおびととり》」などの複合の姓は、それだけ彼らの帰化年代が新しく、まだ正式の氏の名に定着していないことを示している。

鞍作とは、百済からきた新しい馬具工のことで、鞍金具の製作を行なった工人のはずであるが、しかし、達等をこの氏の元祖だとすれば、渡来の年代は六世紀半ばごろとなるから、ある史料のいうように、「大唐漢人」とか「南梁人」とみるほうがよいかもしれない。南梁→百済→日本の文化ルートに従って、百済をへて日本に渡来したと考えられる。これはとりもなおさず蘇我氏の外交路線である。達等が馬子の有力なブレーンとなったのは当然といえよう。

敏達《びだつ》天皇十三年（五八四）、百済から石仏をもたらしたとき、達等は馬子の命をうけ、播磨《はりま》（兵庫県南部）につかわされ、還俗《げんぞく》僧高麗恵便《こまのえびん》をつれかえり、また自分の娘の嶋《しま》と、その弟子二人を出家させ、彼女らに衣食を供したという。また馬子が自邸の東方に仏殿を建てたときも、仏舎利を献じ、その舎利の霊験によって、馬子とともに熱烈な仏徒となったとある。

善信尼と多須奈　その娘嶋の場合はさらに劇的である。彼女は馬子と父の命をうけ、わずか十一歳で出家し、善信尼《ぜんしんに》となった。ときに漢人夜菩《あやひとやぼ》の娘豊女《とよめ》（禅蔵尼《ぜんぞうに》）・錦織壷《にしこりのつぼ》の娘石女《いしめ》（恵善尼《えぜんに》）という二人の帰化人の娘も出家した。これらはともに漢氏の配下の氏族である。

日本ではじめての出家者が尼であることは、特記されねばならないが、彼女らも先覚者がそうであるように、やはり受難をまぬかれなかった。当時、疫病が流行したのを、馬子が異国の神の仏教をおがんでいるせいだと考えた物部守屋と中臣勝海《なかとみのかつみ》は、敏達天皇十四年（五八五）、仏像を捨て、寺をこわし、尼たちの衣を奪った。そして彼女らを海石榴市《つばきいち》の亭に禁錮し、からだにムチ打ったという。しかし、崇峻《すしゅん》天皇元年（五八八）には、ついに晴れて学問尼となり、百済に留学することになった。二年ののちに帰国し、桜井寺に居住し、馬子の崇敬をうけたといわれるが、他書には、聖徳太子が天皇に説いて、彼女を桜井道場に安らかに住まわせて、これに供養《ぐぶ》したとあるから、その後は迫害にあうこともなく、生涯をまっとうしたとみられる。

嶋の兄弟にあたる多須奈《たすな》も、「百済仏工」とよばれた。用明天皇の病があつくなったとき、おそらく馬子の命をうけたのであろうが、天皇のために出家入道し、丈六仏と寺をつくることを約した。それが南淵《みなぶち》の坂田寺《さかたでら》であるという。このときも馬子は、天皇の祈禱《きとう》僧として、豊国法師《とよくにのほうし》を内裏におよびいれようとして、守屋、勝海と争っているのである。

43　飛鳥大仏（釈迦如来像）

止利仏師　多須奈の子止利《とり》もまた有名な仏工であった。彼は馬子の法興寺の造営に協力し、推古天皇十三年（六〇五）、金銅の丈六仏像をつくった。その完成の日に、仏像を金堂に入れようとしたが、堂の戸口が低くてはいらない。他の工人たちは戸を破り入れようとしたが、止利は秀技をもって戸をそこなわず入れることができたという。この丈六仏は、現在安居院《あごいん》にある飛鳥大仏であると伝えている。いくたびの火災に焼けただれ、粗末な補修によって見るかげもないが、わずかに顔の面影に止利仏師の作のなごりがうかがえる。この造像は、一面では太子の発願でもあった。推古十四年、止利は祖父以来の仏法興隆につくした功によって、太子から冠位制の大仁位を賜わり、近江（滋賀県）坂田郡の水田二〇町（約二〇ヘクタール）を与えられた。大仁位とは冠位十二階中の第三階であり、水田は坂田寺の寺田としたのであろう。

推古三十一年、止利は前年になくなった聖徳太子の追福を祈って、太子等身の像を刻んだ。今日、法隆寺金堂の本尊として祭られているこの像には、光背につぎのような銘文がある。

推古天皇二十九年十二月、鬼前《かみさき》皇后（太子の母の穴穂部間人皇女）がなくなり、あくる年の正月、上宮法王（聖徳太子）もまた病気になられ、干食《かしわで》王后（太子妃の膳大刀自）も病床につかれた。そのとき王后や王子（橘大郎女王や山背大兄王）らと、諸臣たちは、これを深く憂《うれ》え、三宝によって太子御等身の釈迦像をつくり、病の平癒《へいゆ》を祈ろうとしたが、二月、ついに妃はなくなられ、翌日、太子も薨《こう》じられた。そこで、三十一年三月、追福のために、釈迦三尊像を造りまつったのである。

作者は止利仏師である。

この見事な彫像は、飛鳥人の仏教へのひたむきな傾倒を伝えるとともに、太子をめぐる人びととの太子への傾倒の深さも同時に語っている。この印象は、天寿国繡帳《てんじゆこくしゆうちよう》から受けるものと同じである。繡帳については、秦《はた》氏のところでふれよう。

司馬氏の場合、達等の活躍はおもに、敏達十三年（五八四）から崇峻三年（五九〇）のあいだであり、止利のそれは、推古十三年（六〇五）から三十一年にわたっている。そして前者は蘇我馬子に、後者は聖徳太子に信任されていたとすれば、司馬氏の歴史そのものが、馬子から太子へという、飛鳥時代の政治的中心の転移を物語っていることになる。

秦氏の登場　これに対して、秦氏は明らかに聖徳太子の政治的ブレーンであった。おそらく、最も

法興元丗一年歳次辛巳十二月鬼
前太后崩明年正月廿二日上宮法
皇枕病弗悆干食王后仍以労疾並
著於床時王后王子等及與諸臣深
懐愁毒共相發願仰依三寶當造釋
像尺寸王身蒙此願力轉病延壽安
住世間若是定業以背世者往登淨
土早昇妙果二月廿一日癸酉王后
即世翌日法皇登遐癸未年三月中
如願敬造釋迦尊像并侠侍及莊嚴
具竟乘斯微福信道知識現在安隠
出生入死随奉三主紹隆三寶遂共
彼堓普遍六道法界含識得脱苦縁
同趣菩提使司馬鞍首止利佛師造

44　法隆寺釈迦三尊像および同光背銘

有力な側近者であったろう。

秦河勝は、山城（京都府）の葛野《かどの》の人で、秦氏はこのあたり一帯を、その地盤としていた。東漢《やまとのあや》氏や司馬氏が大和の飛鳥に本拠をかまえたのとはおもむきを異にする。秦氏は四世紀末から五世紀のはじめごろ、百済経由ではなく、新羅から渡来したと考えられる。そして京都盆地、つまり葛野郡を中心に、近江や摂津にまで多く移り住み、ことに京都盆地では、鴨《かも》川から桂《かつら》川にわたる氾濫《はんらん》平野の開拓の主力となり、また養蚕や機織《はたお》りの技術によって、在地に確固とした地盤をつくりあげた。そしてその財力によって、五世紀末から六世紀にかけ、大和朝廷の財政に発言権をもち、内蔵《くら》や大蔵《おおくら》の出納の実務をにぎった。

しかしもういっぽうの帰化人漢《あや》氏が、蘇我氏の下について飛鳥朝廷に勢力をもち、「官僚貴族」として進出したのにくらべると、秦氏は官人としての地位は高くなく、むしろ「殖産的豪族」の立場をとっていた。したがってこれ以後、大化改新までの一五〇年ばかりのあいだに、史上に名をのこすのは、秦酒君《はたのさかのきみ》・秦大津父《はたのおおつち》・秦造河勝《はたのみやつこかわかつ》・椋部秦久麻《くらべのはたくま》の四人だけであるのも、それをよく示している。このうち酒は、雄略天皇の側近者で、「大蔵長官」に任じられたといい、大津父は欽明天皇に近侍し、「大蔵省」を拝したという。これはともに高官となったことでなく、朝廷財政の実力者ばかりであることを示しているものである。久麻も「椋部」とあるとおり、出納実務者のことである。それだけにこの氏は、陰然とした勢力をもっていた。日本の各地で、秦人《はたひと》や秦部《はたべ》という隷属《れいぞく》民の数は、たとえば欽明天皇のとき、「秦人戸数七千五十三戸」とあるように多大であって、八世紀のその総人口は関係する諸氏をふくめれば、全国人口約六〇〇万ぐらいのうち、おそらく一〇万はくだらなかったろうと思われる。

聖徳太子と秦河勝　秦河勝は、秦氏の総帥として、用明天皇のときに登場する。聖徳太子との最初の出会いは、用明天皇二年（五八七）の物部守屋討伐の軍中においてであったという。太子の伝記の一つには、彼は「軍政人《いくさのまつりごとひと》」として軍をひきいて太子の身辺をまもり、みずから木を刻んで四天王像をつくり、四天王の矢を放って、物部守屋を倒し、その頭を切ったと書いてある。これは太子による四天王寺建立の伏線となる物語である。守屋討伐軍に、太子が加わっていたことの真偽については、意見のあるところであるが、しかし河勝が太子の「軍政人」だったということは、このことばの古さからおしても、事実であるらしい。『西琳寺縁起《さいりんじ》』などにも、「大政人」とか「小政人」という古い職制をあらわすことばがあるところからみれば、河勝は太子の家政所にあって、軍事を掌握した側近者だったと考えられる。帰化人がみずから武力をもっていたことは、東漢氏の場合をみればよくわかる。漢氏は蘇我氏の「傭兵隊長《ようへい》」として崇峻《すしゅん》天皇を殺害し、大化のクーデターには、蝦夷《えみし》の邸宅を守ったのである。八世紀になっても、藤原広嗣《ふじわらのひろつぐ》の反乱、橘奈良麻呂《たちばなのならまろ》の反乱などに、秦・漢両氏はその騎馬戦力を使用している。とくに藤原仲麻呂《ふじわらのなかまろ》の乱では、「檜前忌寸《ひのくまのいみき》二百三十六人、秦忌寸三十一人」が鎮圧にはたらいた。「檜前忌寸」というのは、大和の高市郡檜前を中心にひろがっていた東漢氏の

45 弥勒菩薩半跏思惟像
（右 広隆寺，左 韓国国立中央博物館）

同族の総称である。

とにかく、河勝が秦氏一族の武力と財力をもって、太子の側近に参加していたことはまず疑いなく、一種の「黒幕的存在」であったろう。さて、太子と河勝のあいだをつなぐ物語は仏教をめぐって展開する。

秦氏と新羅仏教　その一つは、『日本書紀』によると、推古天皇十一年（六〇三）、聖徳太子は「尊仏像」をもっていることを群臣に告げて、だれかこの仏像を恭拝するものはいないかといったところ、河勝が進んでこれをうけ、「蜂岡《はちおか》寺」をつくったという話である。他の文献では、これを「新羅国王」の献上した仏像とし、太子が山背の楓野（葛野）村にきて、蜂丘の南下に宮を建てたとき、河勝が親族をひきいて供奉《ぐぶ》したので、この宮を寺とし、水田と山野地を賜い、この仏像をも賜わった。それが「弥勒仏《みろくぶつ》」であるというのである。

物語の第二は、推古天皇二十四年（六一六）に、新羅から使者がきて、仏像を太子に献上したと、『日本書紀』にある話である。他の文献では、新羅王が貢上した仏像を、「蜂岡寺」においたが、この仏像は光を放つので、太子は河勝に清浄堂を建てさせて、そこに安置したとある。

第三の話は、推古天皇三十一年（六二三）、新羅から使者がきて、仏像や金塔・舎利《しゃり》・灌頂幡《かんじょうばん》などを献じたので、この仏像を「葛野秦寺《かどのはたでら》」におさめたと『日本書紀』に書いてあるものである。

「蜂岡寺」「葛野秦寺」は、みな「広隆寺《こうりゅうじ》」をさしている。いまの京都の太秦《うずまさ》にあるそれである。学者たちは、広隆寺の古い縁起や、資財帳などを手がかりに、いま広隆寺にのこっている有名な国宝の「弥勒《みろく》菩薩思惟半跏像《しいはんかぞう》」を、物語の一つの新羅仏にあててよいと考える。それは松材を使っていることで、日本の仏像とちがうし、新羅の慶州から出土した「金銅弥勒《こんどうみろく》菩薩半跏思惟像」（旧李王家博物館蔵。現、国立中央博物館蔵）にそっくりなのである。また、もう一つ別にある通称「泣弥勒《なきみろく》」のほうは、物語二か、三の新羅仏にあてられている。これも新羅の「小金銅弥勒菩薩半跏思惟像」（現、国立中央博物館蔵）によく似ているのである。

二つの仏教路線　このようにみてくると、文献のうえからも、実物のうえからも、秦氏の氏寺が新羅仏教の影響を強くうけていることがわかる。飛鳥仏教の主流が、蘇我氏と東漢《やまとのあや》氏、また先にあげた司馬《しば》氏などによって支持された「百済仏教」であるとすれば、むしろ太子の方針は、これに対抗して、新羅仏教を育てあげることにより、秦氏はその意をうけて、いわば東漢氏に対抗する勢力として成長したといえるだろう。

百済仏教と新羅仏教を対立的に扱うことに反対する人もある。もちろん仏典や教義の系統が、とくに両国でちがっているというわけではない。しかし当時の朝鮮におけるはげしい政治的・軍事的対立と、これに対する日本の介入を理解するならば、いずれの路線をとるかということは、国内の政治勢力をも左右するところであったにちがいない。

太子は、この間のからみあいを、熟知洞察《どうさつ》していたことであろう。そうみれば、太子の新羅仏教の輸入は、その外交政策の転換とかかわりがあるとすることができよう。

大生部多の事件　河勝の関係したもう一つの事件は、太子がなくなってから二十三年をへた皇極天皇三年（六四四）に起こった。この年、東国の不尽《ふじ》河のほとりに住む大生部《おおふべの》多《おおし》というものが、蚕《かいこ》に似た虫を常世神《とこよのかみ》だといって祭り、村むらの巫祝《ふしゅく》らもこれに加担して、人びとから財物をまきあげたのを、河勝が知って怒り、大生部多を打ちすえ、巫祝らも河勝を恐れて勧祭をやめたというのである。多は東国の一土豪で、巫祝らをも支配していたのであろうが、このような異常な事件は、太子が死んだあとの世情不安から起こったものであった。後の例では、秦氏は荷駄の隊商を組んで伊勢や東国と遠隔地交易を行なっていたらしい証拠がある。その富裕さはこのような商取引から生まれたとも推定されよう。また秦氏の本拠地の一つ山背《やましろ》深草里にまつる伊奈利社（現、伏見稲荷）は富饒の神としての神格をもつ。秦氏は一面では、神祇信仰に密着した豪族であった。この事件には、上記の二つの秦氏の特性がかかわっているように思う。

さらに、太子の死後、蘇我蝦夷《えみし》は、六四二年、祖廟を葛城《かつらぎ》に建て、子の入鹿《いるか》と二人分の墓を今来《いまき》郡（漢氏の本拠。奈良県御所市と大淀町の境）につくり、そのため上宮王家《かみつみや》（聖徳太子家）の乳部《みぶ》の民（皇子の養育料として授けられた部民）を勝手に使った。この蘇我氏の専横を太子の王女（舂米女王か）はにくみ、いよいよ太子一家と蘇我氏の対立はふかまったと『日本書紀』には書いてある。そして、六四三年、ついに山背大兄王《やましろのおおえ》は、入鹿のため斑鳩宮におそわれ、自殺して果てるのである。それはまたもや蘇我氏の推す田村《たむら》皇子（舒明《じょめい》天皇）との皇位継承の争いに端を発するものであった。常世神《とこよのかみ》の事件はその何か月か後に起こった。このころ蘇我氏はしきりに防備をかためる。年来の天変地異はやまない。雨がふりつづく。その風雨をついて、国内の巫祝らは陰微な神語をつたえ、また不気味な謡《わざ》歌《うた》がはやった。

遥々《はろはろ》に　言《こと》ぞ聞ゆる　島の薮原《やぶはら》（これは中大兄が入鹿の家近くに宮殿を建てて、中臣鎌足と入鹿討伐の密議をする予言だという）

彼方《おちかた》の　浅野の雉《きぎし》　とよもさず　我れは寝しかど　人ぞとよもす（これは山背大兄が入鹿におとなしく殺されたが、中大兄があだをうつことの予言だという）

小林《おばやし》に　我れをひきれて　せし人の　面《おもて》も知らず　家も知らずも（入鹿は大極殿にあざむき入れられて、顔も家も知らない刺客に殺されてしまう予言だという）

46　聖徳太子の磯長墓

もとは男女の野合の歌と読みとれることばであるのに、これに、まことしやかな隠語めいた意味をつけて、はやり歌として民衆の口にのぼったのであった。それに巫祝たちが油をそそぐようなうらないを行ない、また利をむさぼることもあったのだろう。

　太子なきあと蘇我氏に対する反感は、もはや時代の底流となった。さきにふれた常世神の大生部多は、こういう背景のもとに登場したのである。

天寿国繡帳の製作者　もう一つ、秦氏と太子の関係を示す事件をつけ加えなければならない。それは太子のなくなった直後の秦《はたの》久《く》麻《ま》による「天寿国曼荼《てんじゅこくまんだ》羅《ら》繡帳《しゅうちょう》」の製作である。推古天皇三十年（六二二）、太子と妃の膳大《かしわでのおお》郎女《いらつめ》は、母の穴穂《あなほ》部《べ》間人《はしひと》大后の河内科長《しなが》（大阪府南河内郡太子町）の墓に合葬された。ときに太子は四十九歳であったが、妃の橘《たちばなの》大郎女《おおいらつめ》は、推古天皇に、夫を失った悲しみと夫への思慕を述べ、太子が生前、「世間は虚《こ》仮《け》にして、唯仏のみ是真《まこと》なり」と告げたことを思い、太子は天寿国に再生するにちがいないと信じ、その国の形を図像によって見られるように、椋部秦久麻《くらべのはたのくま》を監督者とし、東漢末賢《やまとのあやのまけん》・高麗加西溢《こまのかせい》・漢奴加己利《あやのぬかこり》の三人の帰化人に下絵を書かせ、采女《うねめ》たちに刺繡《ししゅう》させたのであった。

今日、中宮寺にその一部をのこす繡帳の、色とりどりの可憐《かれん》で幻想的な世界をみていると、妃の追慕の情がまざまざと感じとれる。秦久麻は妃の意をよくうけたものといわなければならない。おそらく久麻は、椋部《くらべ》、つまり大蔵の出納担当官としての立場でなく、上宮王家の近侍者として、この事業にうちこんだのではなかろうか。

八人の留学生　さて、聖徳太子が隋に留学生・留学僧としてつかわした八人の秀才をみると、それは一転して、秦氏ではなく漢氏の一族であることが注目される。学生倭漢直福因《やまとのあやのあたいふくいん》・奈羅訳語恵明《ならのおさえみょう》・高向漢人玄理《たかむこのあやひとげんり》・新漢人大国《いまきのあやひとおおくに》・僧新漢人日文《いまきのあやひとにちもん》・南淵漢人請安《みなぶちのあやひとしょうあん》・志賀漢人慧隠《しがのあやひとえいん》・新漢人広斉《いまきのあやひとこうさい》の八人がそれである。よくみると、このうち倭漢直だけは正式の氏の名であるが、他の七人はそれではない。イマキノアヤというのは氏の名でなく「新しく渡来した、別系統の帰化人」という意味であり、ナラ・タカムコ・ミナブチ・シガというのも大和の地名で、「その地に住む漢人」という意味をあらわしている。請安を「南淵先生」とよんだのをみても、「南淵にいる鎌足の先生」という俗称であることがわかる。また彼らをひきいて隋に渡った吉士雄成《きしのおなり》も、『隋書』には「大礼乎那利《おなり》」とだけあって、氏名の吉士がしるされていない。小野妹子《おののいもこ》は明らかに「蘇因高《そいんこう》」と書かれ、氏をみとめられてい

47　南淵（稲淵）の集落

るのだからなおさらである。また名前をみても、フクイン・エミョウ・ゲンリなどみな音読されていた。

どうやら彼らは、六世紀という新しい時点で渡来した、南梁系の帰化人だったのではなかろうか。

彼らが氏の名をもつようになるのは、大化ごろのことらしく、玄理も高向史黒麻呂《たかむこのふびとくろまろ》と改められ、吉士氏にも呉《くれ》氏の姓を与えられるものがいた。この場合の呉は、南梁などの南中国をさしている。また請安が住んだ南淵の地は、鞍作《くらつくり》氏の本拠であったから、この両氏は同系の帰化人だったと思われる。もちろん六世紀には、南梁と直接には通交できなかったから、彼らは百済をへて渡来したのであろう。

この意味で、たとえ彼らは倭漢氏の配下に属したとしても、古い伝統や政争から解放された最新の知識をもつ帰化人であったといえよう。太子の選んだ留学生の概要は、これでつかめそうである。

旻・請安・観勒　日文（旻）は中国で祥瑞《しょうずい》思想を学び、讖緯《しんい》の書を持ち帰ったらしく、こののち天文の異変があったり、祥瑞があらわれたりすると、かならず彼が登場し、中国の科学である陰陽的な宇宙観にもとづいて、その判断を上奏している。舒明《じょめい》天皇九年（六三七）の「流星」、十一年の「雷」「彗星《すいせい》」、大化六年（六五〇）の「白雉《はくち》」などの出現を、それぞれ周・漢の故事から解釈したことは明らかで、『書紀集解《しょきしゅうげ》』の著者河村秀根によると、その出典は、ほとんどあらゆる中国の文献にわたっている。『大織冠伝《たいしょくかんでん》』によると、彼は諸氏の子弟を一堂に集めて、『周易《しゅうえき》』を講じたという。

請安も、中大兄皇子や藤原鎌足に周孔の教えを講義し、慧隠も、舒明天皇十二年、宮廷で無量寿経を説き、聴衆の沙門《しゃもん》一〇〇〇と称された。中国での三〇年の留学にたえ、新興の科学を身につけて帰国した彼らの新知識ぶりが目に見えるではないか。

推古天皇十年（六〇二）百済僧観勒《かんろく》がもたらした暦本・天文地理書、遁甲《とんこう》方術書も、天文・暦術・卜占などのいわゆる占書をもっぱらさしており、律令において、私人が所有することを禁じていた天文書・讖書《しんしょ》・兵書・七曜暦など七種の禁書を、このときすでにふくんでいたことはたしかだといわれる。このような科学は、一面では反逆罪などに利用されうる危険書でもあるので、政府はこれを独占したのであるが、その重要な科学書が、大化以前にすでに百済から日本にはいっていたことは注目されよう。おそらく南梁から百済にはいったのであろう。この直後の十二年、聖徳太子ははじめて暦を使い、日付けをきめたという。そのとき、推古天皇九年の辛酉《しんゆう》を基準に、神武《じんむ》天皇の即位をその一部《いちぼう》、すなわち一二六〇年前におくという日本の紀年の根本原則をうちたてた。太子みずからは、それによって歴代の年次を適当に配列し、『天皇記』や『国記』をつくったといわれる。ここにも太子の中国科学の摂取ぶりがうかがえるとともに、それによってその後の日本歴史が本質的に規制されたことを思うと、その影響の遠くかつ偉大なことに、驚きさえも覚えよう。

（原題「聖徳太子と帰化人」〈『人物日本の歴史』一、一九六六年、読売新聞社〉を補訂）

二　大陸との交流

1　飛鳥と大化の外交

飛鳥朝廷の外交　隋使裴世清が、推古十六年（六〇八）に来朝し、隋との新外交が成立したことは、その翌々年（六一〇）の新羅・任那使との外交に影響を及ぼさずにはおかなかった。この二つのばあいの違いを考えてみよう。

㈠　隋使にたいしては、筑紫と難波にそれぞれ「使者」が出向き、わざわざ造営した「新館」に迎え、「掌客」によって接待している。筑紫に到着してから難波まで二ヵ月足らず、筑紫の滞在は比較的短かったことを示す。そして難波と「海石榴市《つばきいち》」では、海上と陸上でそれぞれはなばなしい歓迎の儀仗がくりひろげられ、入京して朝廷に参向するまで九日間の準備が行なわれている。これに比べて新羅使は、筑紫に二ヵ月滞在ののち、はじめて入京するよう告知され、入京はほぼ三ヵ月後となる。筑紫大宰《つくしのおおみこともち》の勘検に手間どったのであろう。そして難波をへて「阿斗河辺館」に「安置」されるが、歓迎の儀仗はみとめられない。そして入京の翌日にはただちに朝廷に参向している。

(二)　使人はいずれも「導者」にみちびかれ、朝廷の「南門」から入り、「朝庭」において賓礼《ひんれい》（外国使節を迎えるときの宮廷儀礼）が行なわれる。このときの「導者」は、隋使のばあいは「大夫《まえつきみ》」（冠位十二階の大・小徳、のちのほぼ四位以上の身分）で、「使の旨」を言上し、「国書」を奏するときも、別の大夫がこれをうけ、「大門」のまえの「案上」において「天皇」に奉呈する。その場には、皇子・諸王・諸臣らが、すべて冠位十二階に定められたあたらしい衣冠を着して参列している。新羅使の「導者」は大夫より下の身分のもので、「使の旨」を奏するときに大夫が侍し、それを取りつぎ、「庁前」に立つ「大臣」に奏するにとどまる。天皇が出座した様子はなく、皇子・諸王が列立した記録もない。「国書」はもたらさず、「口奏」にとどまったらしい。

このように隋使にたいする賓礼がはるかに丁重であるが、その隋に隣対国としての外交形式をつらぬくことによって、逆に新羅にたいする立場を決定したといえよう。しかも隋はあくまで日本を朝貢国とみなす国書をもたらしたが、新羅は日本との朝貢関係をみとめないため、国書をもたらさず口奏にとどまったということになろう。

しかし、この二つの外交関係の成立は、一時期新羅を圧迫した。

推古二十年（六二三）、新羅ははじめてわが国に「表書《ひょうしょ》」（上表形式の国書）をもって「使の旨」を奏したという。『日本書紀』は、「新羅の上表すること、蓋しこの時に始まるか」と注記したほどである。

大化の外交　大化改新から天智・天武朝にかけて、外交はふたたび激動期に入る。それは律令制にもとづくわが古代の統一国家の形成期であり、中国でも、隋に代わり強大な唐帝国が成立した。朝鮮半島において三国がおのおの中央集権の体制をつよめ、なかでも新羅が三国を統一しようとはかり、唐と提携する。このような統一のエネルギーと国家的自覚が、他面で国家間の抗争をひきおこしたといえよう。

大化元年（六四五）、わが新政府は百済の使節に「明神御宇日本天皇《あきつみかみとあめのしたしらすやまとのすめらみこと》」としての詔書を発し、翌年には、右大臣に命じ、諸官人に「明神御宇日本倭根子天皇《やまとねこのすめらみこと》」の詔を宣せしめたという。ただこの文言は大宝令の公式令の規定通りで、あとから整えられたとの見方がつよい。

ただし、「日本」とか「天皇」の号を大宝令で成立したとする必要はない。現在の学界では、「天皇」の称号は天武天皇、「日本」の国号は大宝令で成立したとする意見が多いが私はそうは思わない。すでに隋にたいする国書に、「日出る処の天子、書を日没する処の天子に致す、恙無きや云々」と記したので、隋の煬帝は「蛮夷の書無礼なるものあり、また以て聞する勿れ」と怒ったというのは、中国と対等の「天子」という文言を用いたからである。すでに「天子」は「天皇」に、「日出処」は「日本」にきわめて近いといえる。

日本では、五世紀末の雄略天皇が「ワカタケル大王」を称したことは明らかで、高句麗では四世紀末に「永楽大王」、新羅は六世紀半ばに「真興大王」という大王号が成立したとみられる。百済はその中間、ほぼ日本とおなじ時期とみられよう。「天皇」（すめらみこと）はこの「大王」（おおきみ）の号を克服するためのもので、朝鮮三国はひきつづき「大王」であったから、これに一歩優先し、同時に中国の「天子」「皇帝」の号とも区別される第三の称号として発案されたものであることはまちがいない。

石母田正氏が、推古三十年（六二二）、聖徳太子が亡くなったとき、妃の橘大郎女《たちばなのおおいらつめ》が追慕して作成した「天寿国曼荼羅繡帳《てんじゅこくまんだらしゅうちょう》」に、「斯帰斯麻宮治天下天皇《しきしまのみやにあめのしたしらすすめらみこと》」、「斯帰斯麻天皇」（欽明天皇）と記され、「天皇」の号があるのを疑う理由はないとし、「推古朝の対隋外交には、官号を請求したり、あるいは冊封を受けてその藩臣となろうとした形跡がなく、中国王朝の世界帝国的秩序の内部に、みずからの大国としての秩序を形成しようとした意図」がみとめられ、そこに「天皇」号の成立の意味があるとされたことを変更する必要はあるまい（『日本の古代国家』一九七一年、岩波書店）。

ここでは「天皇」「日本」の号をくわしく考証することは控えておく。

日本外交の危機　大化元年と二年の「日本天皇」も公式令と切りはなして、何らかそれに当たる文言があったのではないか。もちろん「日本」や「天皇」号が国際的に認知され、正式の号として安定するのは大宝令以後であろう。朝鮮三国にたいするこのような外交態度は、さらに大化二年改新政治の立役者の一人、高向玄理《たかむこのげんり》を新羅に遣わし、人質を要求し、また新羅が任那を亡ぼしてから、名目上つづけていた任那の調を中止させるなどの強硬外交にもみられる。これらは、推古朝のいわば平和外交に比べ、ふたたび新羅征討、任那復興といった旧路線にかえる危険性があり、結局この意識がわが国を大きな失敗に導くのである。

このような朝鮮三国にたいする外交に反し、唐にたいしてはあらたな接近政策をとっている。白雉四年（六五三）、大使吉士長丹《きしのながに》、副使吉士駒と学問僧・学生ら一二一人、大使高田首《たかだのおびと》根麻呂《ねまろ》、副使掃守《かにもり》連《のむらじ》小《お》麻呂《まろ》と学問僧ら一二〇人が第一船、第二船に乗って唐に遣わされ、さらに翌年、押使高向史玄理、大使河辺臣麻呂、副使薬師恵《くすしのえ》日《にち》らが二船に分乗して唐に遣わされている。これは事実上、遣唐使を〝四つの船〟と称し、計五〇〇人ぐらいで構成した大宝以後の遣唐使のはじまりを示すといってもよい。学問僧・学生の多いこと、遭難の危険をおかして、一気にこれだけの人数を送ったことは、唐との国交の重視ばかりでなく、文化輸入への熱意を語っている。事実このとき大使高田根麻呂の第二船は海に沈み、生存者わずかに五人というありさまであり、押使高向玄理は唐で客死している。おなじ高向玄理が新羅にたいして取った外交態度との違いはあきらかである。

しかし、新羅はやがて唐軍と結んで攻勢に転じ、六六〇年、十余万の唐軍は新羅軍をたすけて、百済の王都を陥落させる。百済王は一族とともに捕えられ、唐に連行され、百済は滅びてしまう。なおもわが国は、百済の遺臣鬼室福信《きしつふくしん》をたすけるため、斉明《さいめい》天皇と中大兄皇子がみずから筑紫に下り、皇子は天智《てんじ》天皇となってからも、人質として日本にきていた百済王子余豊璋《よほうしょう》を、一七〇隻の軍船で帰国させて王位につけ、そのうえ、さらに二万七〇〇〇の大軍を送りこむが、天智二年（六六三）、白村江（錦江口）で完敗し、退却するのである。

48　大宰府水城

『唐書《とうじょ》』や朝鮮の『三国史記《さんごくしき》』には、「日本の船四百隻はみな焼きつくされ、煙と炎は天をこがし、海水は真赤になった」とかいてある。そのとき、捕虜となって、唐に連れ去られた兵士たちの悲話は、『日本書紀』や『続日本紀《しょくにほんぎ》』のような政府の歴史書にすら、いくつか語りつたえられているのである。

わが国は、一時はどうなるかわからないほどのピンチにおちいった。唐・新羅連合軍の攻撃をおそれて、国防をかためねばならず、国防の第一線を、那大津《なのおおつ》、つまりいまの博多から大宰府《だざいふ》まで後退させて、そのまわりに、百済式山城や水城《みずき》をきずき、水路にあたる対馬や、長門・讃岐・大和にも城をつくる一方、外交によって、唐との間の緊張をゆるめようと、懸命の努力をはらった。

そしてかえって、これが転機となって、大陸との交流にあたらしい局面が生まれたのである。

それを代表する一つは、遣唐使である。遣唐使は、すでにのべたように、遣隋使につづいて、舒明二年（六三〇）に第一回目、大化改新のあとの白雉《はくち》四年（六五三）と白雉五年に、第二、第三回目のものが派遣されているが、何といっても、白村江の敗戦のあと、天智天皇の時代の十年間が、もっとも日唐の使節の往来がさかんで、唐からは六回、日本からは三回もの使節がつかわされている。

その二つは、朝鮮を統一した新羅とも文化交流にのりだしたことである。これまでは皆無にちかかったのに、天智・天武・持統の三代のあいだに、新羅僧の渡来が激増し、わが学問僧もたびたび新羅におもむいた。白鳳時代のあの可憐《かれん》な小金銅仏群が、新羅で発掘されるそれらと関係ぶかいのはいうまでもなく、新羅にちかい北九州では、とくに新羅系の瓦をもつ白鳳の寺院跡が発掘され、この時代の鐘として名高い大宰府観世音寺《かんぜおんじ》や京都妙《みょう》心寺《しんじ》の梵鐘が、ともにおなじ新羅文様をもっているのも、われわれの注意しなければならないところである。

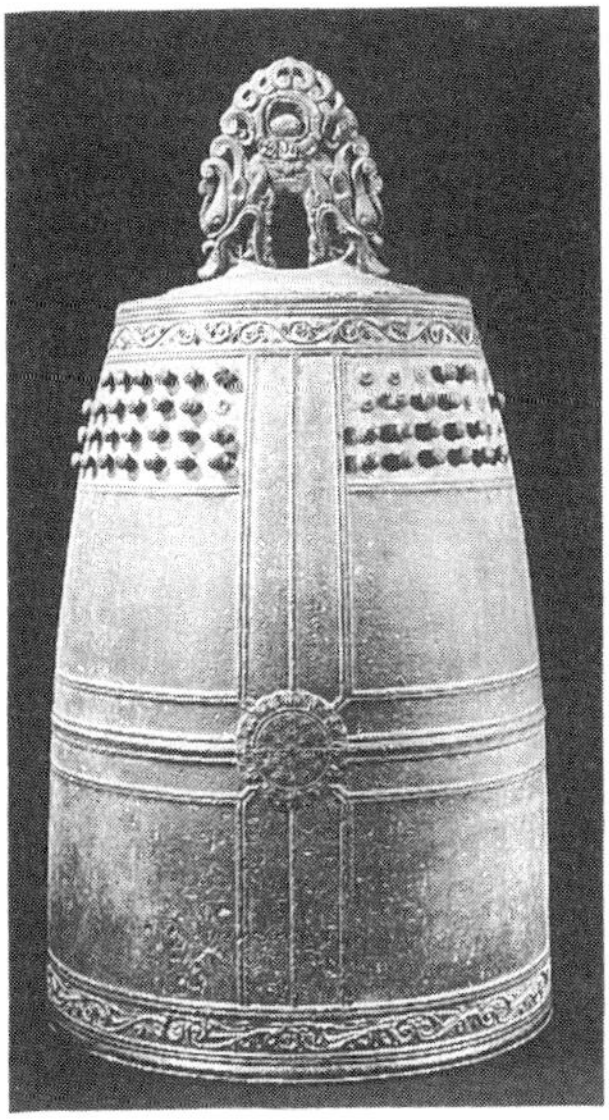

49　大宰府観世音寺の梵鐘

その三つは、百済の滅亡によって、多数の亡命帰化人が渡来してきたことである。かれらは、百済の王族から官僚、さては農民にいたるまでの多様な身分をふくみ、奈良時代になって、律令的官職に任ぜられたものも多く、かれらは、「韓人部《からひとのとも》」、つまり帰化人である官人とよばれていた。だからかれらにあたらしい日本の氏姓を与える必要が生じたのである。

医術家の吉《きち》、吉智《きち》氏に吉智連《きちのむらじ》、おなじく呉粛《ごしゅく》氏に御立連《みたてのむらじ》、胛《こう》氏に城上連《きのえのむらじ》をあたえ、大学博士の答本《とうほん》氏に麻田連《あさだのむらじ》、おなじく刀利氏に丘上連《おかのえのむらじ》、陰陽家の角《つぬ》氏に羽林連《はばやしのむらじ》、天文家の四比《しび》氏に椎野連《しいののむらじ》、工芸家の賈《か》氏に神前連《かんざきのむらじ》、文章家の楽浪《さざなみ》氏に高丘連《たかおかのむらじ》、おなじく荊《けい》氏に香山連《かやまのむらじ》、兵法家の谷那《こくな》氏に難《なに》波連《わのむらじ》、築城家の憶頼《おくらい》氏に石野連《いしののむらじ》、仏師の国《こく》氏に国中連《くになかのむらじ》、冶金工の戸氏に松井連《まついのむらじ》が与えられるといったぐあいである。

かれら百済人は、奈良時代にこのような学問・技芸の分野をリードした。このころ、すでに飛鳥時代よりまえの、古い技術をもつイマキノアヤ系の帰化人は、その下に従属したとみられ、東大寺の大仏も、大仏師国中連公麻呂《きみまろ》の指導のもとで、これらの工人たちがつくりあげたものであった。

そして、おなじく百済から帰化した王族の余氏は、百済王《くだらおう》に、和氏は和朝臣《やまとのあそん》に改姓されたが、両氏ともに、こののち、光仁《こうにん》・桓武《かんむ》両天皇の後宮に、その女をいれ、天皇の外戚《がいせき》としての地位をえた。天皇の女御《にょうご》・尚侍《ないしのかみ》・宮人に、帰化王族の女性がこれほど多くみいだされるのは、前にも後にも例がない。桓武天皇の母は帰化人なのである。そのころでも、かれらはなお、「百済楽」を奏したり、「天帝《てんてい》」を祭ったりする風習を伝えていた。

2　遣唐使と文化輸入

遣唐使　さて奈良時代における文化交流は、帰化人によるよりも、ほとんどは、遣唐使によるものであった。承和五年（八三八）藤原常嗣《つねつぐ》が大使としてつかわされた例まで入れると、遣唐使はあわせて十八回ほどをかぞえる（ただし、これは木宮泰彦『日華文化交流史』〈一九五五年、冨山房〉の数え方による）。しかし、十九回目の寛平六年（八九四）、菅原道真《すがわらのみちざね》は大使に任命されながらも、結局行かずじまいで、それきり中止されてしまう。それは平安時代のことである。

もともと、遣唐使は、大宝令《たいほうりょう》に規定されない臨時の職であったから、人員も一定しないが、船は二隻から四隻ぐらい、人員は大使・副使らの幹部から、通訳・医師・書記・船匠などの要員、それに舵取《かじとり》や水夫《かこ》などの船のりをふくめ、はじめは二五〇人ばかり、のちには五〇〇人から、六〇〇人あまりにも上った。これに留学生・留学僧が加わったのである。人数がふくれ上がったのは、船体構造の不完全なことと、季節風を理解できないため、帆を十分利用できず、櫓にたよったからだとおもわれる。漕ぐのは大変な労力だったであろう。

またおなじ理由のため、遭難もたえず、ことにはじめの北路から、のちに南路や南島路にかわったとき、東シナ海の横断に、ほとんど毎回遭難者をだすありさまであった。行くまえに神仏にいのり、無事かえると報謝するのが慣例であったのに、風波に流されて南海に漂流するもの、島の土人に殺されるもの、船体が真二つにわれて沈み、舳《へさき》か艫《とも》にのって、かろうじて助かるものなど、あげればきりがない。航海中は、糒《ほしいい》に生水という粗食で飢をしのぐため、病で死ぬものも多かった。

有名な唐僧鑑真《がんじん》の『唐大和上東征伝《とうだいわじょうとうせいでん》』や、わが円仁《えんにん》の『入唐求法巡礼行記《にっとうぐほうじゅんらいこうき》』は、渡航の苦難をつたえていて、涙なくしてよむことはできない。鑑真は、わが遣唐使の懇請によって、弟子たちと日本にわたろうとしたが、何度も失敗し、海南島に漂流したこともあり、ついに炎熱と労苦のため失明し、六度目にようやく揚州を発して、天平勝宝五年（七五三）冬十二月、薩摩国阿多《あた》郡につくことに成功した。円仁の同行した遣唐使の一行も、承和五年（八三八）、揚州についてから、水夫、射手ら六〇人あまりが病に苦しみ、翌年かえるとき、山東半島の沿岸で、水夫一人が重病にかかり、仕方なくこれを捨てるため上陸したところ、まだ息があり、飲水をもとめ、苦しい息づかいのもとで、もし自分の病がなおったら村里をたずねて行こうと語ったので、船上の人はみなあわれみ悲しんだという。

このような苦難を背負い、命をかけて、わが国の一流の学者たちは、文化の輸入につとめたのである。奈良時代の官僚貴族には、たしかに国境をこえた世界主義的な精神と公的な政治姿勢が、なお保たれていたといえる。これは藤原貴族との大きなちがいであるとおもう。

遣唐使は、その学識はもちろん、容姿や立居ふるまいまで、選考の条件となったらしく、粟田真人《あわたのまひと》（第八回、執節使）、藤原清河《ふじわらのきよかわ》（第十一回、大使）、石上宅嗣《いそのかみのやかつぐ》（第十三回、副使）、藤原常嗣《ふじわらのつねつぐ》（第十八回、

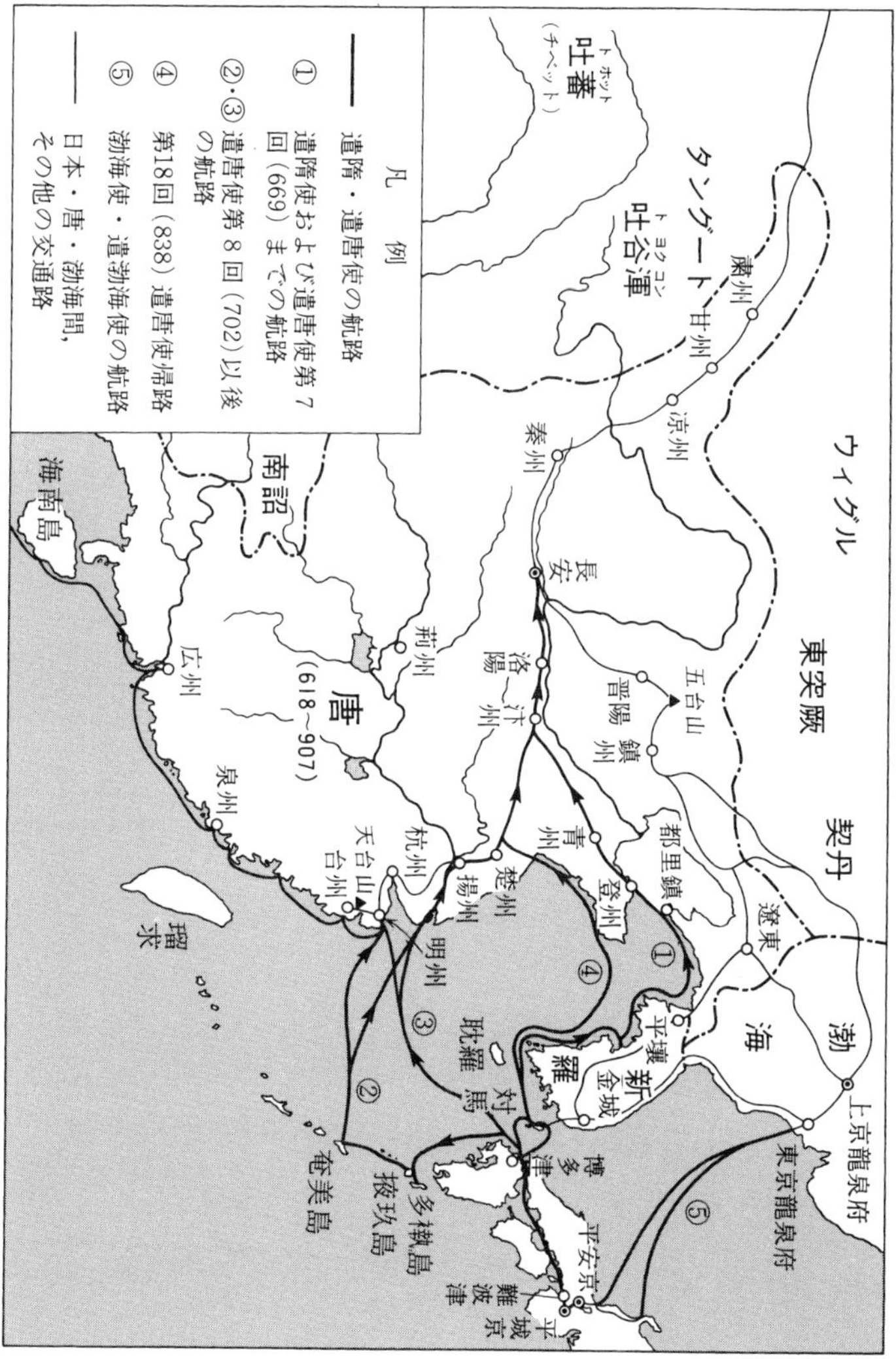

50　東アジア外交関係図

大使）、菅原善主《すがわらのよしぬし》（第十八回、判官）などはみな「容止が温雅である」とか、「威儀がすぐれていた」とある。東アジアの国々から使節のあつまる唐の長安《ちょうあん》では、かれらの挙動は、各国の注視のまととなったであろう。事実、中国の『旧唐書《くとうじょ》』の日本伝に、粟田真人は、「好く経史をよみ、属文を解す、容止温雅なり」とほめており、またかれが帰国したときの復命に、唐の人は、「海東に大倭国があり、君子国で、人民はみな豊楽し、礼儀にあついときいていたが、今、使人たちをみると、いかにもそれがしのばれる」といったという。

また唐の玄宗《げんそう》は藤原清河をみて、「日本国に賢君ありときいていたが、今、使者をみると、立居振舞が他の国の使節とちがい、まことに礼儀国の評判どおりであった」といい、その肖像を描かせ、保存したという。

しかし、反面、わが国の唐にたいする態度は、聖徳太子が隋にたいしたときのように、「冊封《さくほう》」「朝貢《ちょうこう》」、いずれの関係にもはいらず、形式上、独立・自主のたてまえをとったものの、唐は招撫外交の立場をかえないまま、遣唐使を「日本朝貢使」とよび、使船を「日本朝貢船」としてあつかったので、日本は、国書を贈呈して、国交をそこねることを考えたのであろう。国書をたずさえないのを例としたといわれる。逆に唐帝からの国書は、対等の外交方針に反するためであろう、わが「六国史」には一つものせていない。もしそうならば、このような策をとりながらも、なお通交したのは、日唐の外交上の必要と、わが国の文化輸入の熱意によるものであった。

新羅と渤海　これにたいし、新羅《しらぎ》に対する態度は、またしても、いささか高飛車《たかびしゃ》であった。新羅も朝鮮から唐の勢力を駆逐するにつれ、わが国にたいする自信を回復し、ことさら国書の形式を改めたり、調を「土毛《どもう》」と称したり、使節の身分を切りさげたりした。また唐において、わが遣唐使と席次を争うこともあった。わが国は、新羅を日本への「朝貢国」として位置づけようとし、新羅使節の資格を、王子か執政大夫にせよと要求し、わが使節は従五位以下程度のものとするなど、ことごとくこれを押えようとしたのである。

こうして、ふたたび新羅との関係は尖鋭化し、天平宝字三年（七五九）〜天平宝字六年ごろ、藤原仲麻呂は新羅との戦いを決意し、大宰大弐《だざいのだいに》吉備真備《きびのまきび》に命じて、軍備をととのえさせた。しかし、新羅との関係悪化とはいっても、何も武力に訴えるほどのものはなく、実際の動機は、唐の安禄山《あんろくざん》の乱によって、この反乱が海東をかすめることを心配したのである。

というのは、かつて天智二年（六六三）、唐と新羅の連合軍によって、手いたい敗戦をなめたことが記憶にあったのであろう。しかし禄山と新羅が結ぶことはとうてい考えられず、この臨戦体制は何の役にもたたないで、ほどなく仲麻呂は失脚した。むしろ、唐帝から、弓をつくる材料としての牛角がほしいとたのまれ、天平宝字五年、牛角七八〇〇隻を造進するよう、政府が諸国に命じたことが目あたらしいぐらいである。

しかし、この動きは、かえって新羅を警戒させたらしく、天平宝字四年、新羅は突然使者を大宰府によこして、「久しく納めなかった貢物をもってきたのと、日本語を学ぶもの二人をつれてきた」と称したが、政府はこれを追却し、その後も、しばしば礼式を守らぬとの理由で、使人を入京させず、大宰府から返している。このようにして遣唐使も北路をすててしまうし、両国の公式関係はたえてしまったが、なお、いくらかの往来はのこっていた。しかし、逆に新羅で地方の反乱がおこり、海賊化した新羅人が北九州沿岸を荒らすものがふえたのは皮肉である。

これと反対に、渤海《ぼっかい》との交通がおこってきた。神亀四年（七二七）より延喜二十二年（九二二）まで、ほぼ三十三回も使節を来朝させているが、それは日唐の仲介貿易をめざしたものであるらしい。渤海は高句麗の故地に国をたてたので、わが国はむかしの高句麗との通交の復活と考えて、これをよろこび迎えたようである。また、そこには新羅との関係悪化も意識されていたであろうし、渤海使船に託して、遣唐使を往復させることもふえてきた。

アジア文化の輸入　さて遣唐使は、留学生・留学僧により、多くの文化をもたらした。前者は一般の学問・技芸の、後者は仏教の研究を志すものであり、これには請益生《しょうえきせい》・請益僧のように、一流の専門家が視察や特殊な研究のために入唐するかたちもみられる。したがって留学の期間は、道慈《どうじ》（十七年）、玄昉《げんぼう》（十七年）、吉備真備《きびのまきび》（十七年）、最澄《さいちょう》（一年）、空海《くうかい》（二年）、橘 逸勢《たちばなのはやなり》（二年）、円仁《えんにん》（九年）などのようにいろいろあるが、奈良時代に長期のものが多く、のちになるほど年数はへっている。そして、史籍に名をのこす留学生・僧はおよそ一五〇人、なかで、留学僧がはるかに多いのは、仏教の輸入がいかに重要だったかがわかる。

奈良時代の「南部六宗」をみると、三論《さんろん》・成実《じょうじつ》、法相《ほっそう》・倶舎《ぐしゃ》と組あわせられ、これに戒律《かいりつ》と華厳《けごん》が加わるが、前者の主たるものは、三論と法相であるとみてよい。三論宗は、すでに飛鳥時代から、六朝末のものを高句麗から慧灌《えかん》が伝え、その弟子の智蔵《ちぞう》とか、またその弟子の道慈《どうじ》らが、こんどは入唐して仕上げをした。法相宗は、白鳳時代に、道昭《どうしょう》が唐にわたり、有名な玄奘《げんじょう》三蔵について学んだが、そのころの唐としては、もっともさかんな宗派だった。そして道昭の弟子たちも入唐し、また奈良時代には新羅の智鳳《ちほう》も入唐し、それぞれ玄奘の弟子すじから学んで、日本に伝えた。智鳳の弟子の義淵《ぎえん》から教えをうけたのが玄昉《げんぼう》で、かれもまた唐に留学し、おなじ系統から法相を学んだのである。

戒律宗は、正式には唐代にはいってからはじまったもので、奈良時代に日本に伝えられた。これまで、わが国の僧侶は、正式の作法によって受戒することができなかったため、遣唐使が鑑真をつれかえり、はじめて東大寺に戒壇《かいだん》をたてたのである。

華厳宗も、唐代のはじめにできたもので、これを新羅の審祥《しんしょう》が入唐して日本に伝え、良弁《ろうべん》がこれについて学んだのである。これまでの宗派は三論についても、法相にしても、みな「論」、つまり仏弟子が経を解釈し、整理したものを土台として成りたつ宗派であったのに、ここからはじめて「経」、つまり仏説を直接の土台とする最新の宗派ができたのである。戒律宗もこれに準ぜられる。

このようにみると、わが国の仏教は、飛鳥から奈良時代にかけて、そのころ中国での最新のものを、ほんの一時期ずつおくれて輸入したことがわかる。例外なのは天台宗《てんだい》であるが、これは唐のはじめごろにさかんで、本来ならば、平安時代に最澄がもちかえるのでなく、白鳳時代ぐらいにはいってもよさそうなものであった。ところが、中国では、隋の智者大師がこれを唱え、その弟子の灌頂がこれをうけたが、唐の中ごろには、玄奘の名声のみさかんで、天台はまったくふるわなかったし、学者もいなかったので、留学僧たちは学ばなかったのであろう。

空海の密教もおなじであった。それにしても、上のことがらからもわかるように、奈良時代の仏教には、唐とならんで、なお新羅の影響がつよいといえる。そのはじめは天智・天武朝にさかのぼるが、とくに元暁《がんぎょう》や義湘《ぎしょう》らの新羅僧の役割が大きいのである。

仏教のほかにも、いろいろな学問や技術が学ばれ、たくさんの書籍が輸入された。吉備真備を例にとってみると、かれは帰朝後、大学助教となり、学生四〇〇人に、五経・三史・明法《みょうぼう》・算術・漢音《かんおん》・書道などを教えているが、それはすべて、留学のあたらしい知識にもとづいたものである。また、『唐礼』一三〇巻、『大衍暦立成《たいえんれき》』一二巻、『楽書要録《がくしょ》』一〇巻などの多くの書物ばかりでなく、銅律管などの楽器、測影鉄尺などの測量具、射甲箭などの兵器をももちかえっている。天平宝字七年(七六三)、儀鳳暦《ぎほう》をやめて、大衍暦を採用したのも、この真備のもたらした新暦によるのである。かれが、築城や用兵術に長じていたのも当然であろう。

平安時代にかかれた『日本国見在書目録《げんざいしょ》』は、このようにして唐からはいってきた書籍の総目録ともいえよう。もちろん仏書も多く輸入された。玄昉は五〇四八巻の仏書をもちかえり、鑑真も多く経巻をもたらし、最澄や空海、円仁や円珍もおなじであった。それらは『伝教大師将来台州録・越州録』や『御請来目録』などをみるとよくわかる。

この時代の帰化人はそう多くはないが、それでも重要な役割をはたした人がいる。唐人薩弘恪《さつこうかく》は、音博士となり、律令の制定にも加わり、袁晋卿《えんしんけい》は、唐楽を奏し、音博士からだんだん出世して、わが官人となった。バラモン僧菩提《ぼだい》は、インドから唐をへて渡来し、林邑《りんゆう》（ベトナム）僧仏哲《ぶってつ》もかれとともにきて、ともに東大寺の開眼会に立ちあい、おのおの華厳宗や林邑楽に大きな貢献をした。興福寺の本尊をつくったのは、インドの仏師問答師であるらしく、このほか、長谷寺の十一面観音をつくったという稽文会《けいぶんかい》と稽主勲《けいしゅくん》、興福寺の造仏所ではたらいた将軍万福も帰化人である。

これらをみてもわかるが、そのころの唐の長安は世界都市であり、西方のシルクロードや、南の海路から、インド・アラビア・ペルシアなどの文化がもたらされ、東西文化の交流がさかんに行なわれていたから、わが国にも、それが伝えられたわけである。われわれは視野をひろげて、中国の敦煌《とんこう》を発して、南路の楼蘭《ろうらん》・ホータン・ヤルカンド、北路のトルファン・クチャ・カシュガルをへて、アフガニスタンにはいり、西方のイランにたっし、また南方のガンダーラに向かい、インドにはいる世界の公道が、日本文化にもたらしたものを考えてみる必要がある。

仏教はそのうちの主なものであるが、それに付随する美術の様式をみても、たとえば、奈良薬師寺の薬師如来の台座の框《かまち》にきざまれた葡萄唐草文《ぶどうからくさもん》や蛮人の像は、つよい西方文化の影響を示しているし、もともと草文様はギリシアに源があるといわれるのである。また法隆寺の金堂の壁画は、インドのアジャンターの石窟寺院の壁画が、キジル・トルファン・敦煌に伝わり、それがわが国におよんだものといわれる。

51　瑠　璃　坏（正倉院宝物）

そのほか、正倉院の御物をみると、その材料は、インド・イラン・小アジアから、東南アジア産のものにまでおよび、ガラス器などは、もともと西方のものであるが、なかでも、白瑠璃瓶《はくるりのびょう》や瑠璃坏《るりはい》のなかには、ペルシアの製品すらみとめられるという。工芸品の文様にも、ブドウやラクダ・ライオンなどめずらしいものがあり、法隆寺の四天王文錦《してんのうもんにしき》のように、まったく異国的な射手の服装をもつものもある。それは、馬背円内に、「山」とか「吉」という文字があるから、ペルシア錦の直接の影響をうけた唐錦であろうと信ぜられている。さらに、南海をへて、中国の泉州・福州・明州などを経由する海路も、わが国に多くの文物をもたらした。陶磁器・香料などはその代表である。

この時代の東西文化の交流が、いかにひろく、またふかいかを考えなければならない。

（「大陸との交流」〈『日本歴史シリーズ』二、一九六七年、世界文化社〉の前半部を加筆補訂）

遣唐使・留学僧にあてられた国費――その種別と用途について

遣唐使の研究は、これまで一通りは行なわれているが、その内実に立入ったものは少なく、具体的な事実について、史料の誤読・誤解もあるようである。このような問題の一つ一つを解いて行かなければ、遣唐使の実体を把握するにはいたらないであろう。

遣唐使は、現在の常識を超えるほど、難破漂流、そして死に見舞われることが多かった。難波から筑紫にいたり、そして出航したあと、風波のため吹きかえされ、漂流して見知らぬ地につき、ために殺害されるものがあり、何度も船列を組みかえて出航し直した。帰途は、もはやその船は使えず、便船を利用し、新羅船を雇い、ばらばらに帰航したのである。また中国において、脚気《かつけ》、痢病《りびょう》、腹痛などによって死亡するものも多い。脚気は近代まで船乗りに固有の病気として著名であり、痢病も、赤痢《せきり》、疫痢《えきり》などの名で知られているが、大陸に多い伝染性疾患であった。腹痛も、食あたりや、気候・水の変化によるもので、旅行者に通例の病である。天台《てんだい》僧円仁《えんにん》の入唐したとき、このような病で死亡したものの名が一つ一つ記録されている。なかでも、本国へ帰航しようとする最後になって、遣唐使の一行が楚州《そしゅう》より淮《わい》河《が》を下り、海岸に出、北上して山東半島《さんとう》に達し、登《とう》州より船出しようとするときに、一人の水手《かこ》（水夫）が船上で死にいたった。これを小舟にのせて山辺に棄て去ろうとするとき、まだ息があったという。連行したものの報告では、「岸上に棄着せしに、病人未《いま》だ死せず、飲水を乞い語って云ふ、我が病若し癒えなば、村里を尋ねて行かん」という本人のことばが記されている。まことに涙なくして読むことはできない。

遣唐使は、このような苦難をおして、あえて大陸へ渡ったのである。その具体相をさらに捉えねばならないのである。ここでは、もう一つ遣唐使や留学僧・留学生らの費用について、その内実を探ってみることにしたい。もちろんまだ一部についてのデッサンに過ぎないが、このような作業は全体について繰り返し行なう必要がある。

延暦二十三年（八〇四）、空海《くうかい》と最澄《さいちょう》という二人の僧が入唐したことはよく知られている。ときの遣唐大使は藤原葛野麻呂《かどのまろ》で、空海はその第一船に同乗した。『性霊集《しょうりょうしゅう》』には、そのとき空海の作成した外交関係文書が何篇か収められている。まず、注目されるのは、福《ふく》州に入港したときの「大使、福州観察使に与ふるが為の書」である。それによると、遣唐使が、唐の皇帝に「国信《こくしん》、別貢等の物」を奉献するのに、「信物《しんもつ》」に「印書《いんしょ》」を用いず、また「竹《ちく》符《ふ》、銅契《どうけい》」などの「文契《ぶんけい》」をも持参しないのは、他国の使者と違うとして、観察使に咎められ、「公私の物」をすべて立入り検査された。このようなことは、これまでは入唐使の自由に任せ、船の積荷は勘検しなかった慣例に背くものとして抗議しているのである。

ここには三つの問題がふくまれる。まず、㈠皇帝に対する「国信物」と「別貢物」には、㈡「印書」が伴うのが通例であり、㈢使者は、「竹符、銅契」という「文契」を所持しなければならないことである。㈠「国信物」の内容ははっきりしないが、『新唐書《しんとうじょ》』の東夷《とうい》伝日本の条に、永徽《えいき》（六五〇〜六五五）の初年に、日本は年号を白雉《はくち》と改め、「虎魄《こはく》」（琥珀）の大きさ斗のごときもの、「碼碯《めのう》」（瑪瑙）の五升器のごときものを献じたとあって、このような珍宝をおもにさすのであろう。「別貢物」とは、『延喜式《えんぎしき》』に、「賜蕃客例」すなわち外国の使臣が来朝したとき、返礼として相手国の皇帝・王以下に贈ったものが記されている。唐皇帝には銀《しろがね》・絁《あしぎぬ》・絲・綿《きぬわたはくのきぬ》・帛・布・出火水精《すいしょう》・出火鉄・海石榴油《つばきあぶら》・甘葛汁《あまずらのしる》・木綿《ゆう》・金漆《こしあぶら》などを贈ったとされるから、このような日本産の物品をさすのであろう。㈡の「印書」とは、これらの貢献物の積荷目録、つまり簿録《ぼろく》のことで、正式の貢献物の品名を記した文書をさしている。「印書」をそれまで国書と解し、これをもって、日本は唐に国書をもたらさなかったのが通例であったとするのは誤りである。㈢の「竹符、銅契」は、使臣の身分を証明する割符《わりふ》の意味であるが、「文契」ともあるように、ここでは「大政官牒《だじょうかんちょう》」、または「大宰府牒《だざいふ》」

（公験《くげん》）の類をさすのではないか。実際にも、仁寿三年（八五三）の円珍《えんちん》の入唐に際し、「日本国大宰府　延暦寺僧円珍　年四十臈《ろう》二十一　従者八人」と記した公験が現存している。渤海《ぼっかい》や新羅《しらぎ》も、使者をわが国に遣わすとき、「渤海国中台牒」や「新羅執事省牒」を、わが「大政官牒」に対応して発行している。

さて、ここで取上げるのは、「国信物」と「別貢物」である。『旧唐書《くとうじょ》』などは、これを「方物」と記しているが、これはもっとも重要な物品であるから、遣唐使は船ごとに「監《げん》国信」（国信物の管理者）を任命していた。着岸すれば、優先的にこれを陸揚げし、その州の観察使や刺史、さらに都督《ととく》（節度使）を通じて、長安《ちょうあん》まで送付することになる。

つぎに、『延喜式』には、「入諸蕃使」に朝廷より支給する物品が記されている。遣唐使の場合は、大使に「絁六十疋、綿一百五十屯、布一百五十端」、副使に「絁四十疋、綿一百屯、布一百端」と記され、それ以下、知乗船事（船長）、訳語《おさ》（通訳）、主神《かんづかさ》、医師、陰陽師《おんみょうじ》、さらに傔人《ともびと》（従者）、挟抄《かじとり》（梶取）、水手長《かこのおさ》（水夫長）というように順次記し、最後に水手《かこ》（水夫）に「各綿四屯、布二端」と記されている。このなかで、留学生、学問僧は、「各絁四十疋、綿二百屯、布八十端」で、副使に準ずる扱いをうけ、短期留学の還学僧《げんがくそう》でも「絁二十疋、綿六十屯、布四十端」を給する規定である。

これは朝廷から各人の入唐費用として支給された、いわゆる「随身《ずいしん》物」にあたるのであろう。「随身物」とは、〝携帯品〟の意味であろうが、単に旅装の品物をさすのでなく、中国での私的交易のための対価の意味を有する。かれらは、それと同じ目的で〝私物〟をもちこんだであろうが、船の積荷であるから、重量を割りあてられ、きびしく制限されたことはまちがいあるまい。

これとは別に、遣唐使が中国滞在中に、諸官司や寺院への謝礼、旅行の諸費用にあてるための「土物」が必要であった。「土物」とは、〝土産品〟の意味であるが、砂金（沙金）をはじめ、絹、絁、布、綿をはじめとする日本産の貨物をさす。これを「別貢物」と同一視する向きもあるが、皇帝への貢献物ではないから、別のものと考えるべきであろう。

承和五年（八三八）、入唐した僧円仁は、遣唐大使藤原常嗣《ふじわらのつねつぐ》の第一船に乗船した。空海の場合と同じである。唐における留学中の実情を記した『入唐求《にっとうぐ》法巡礼行記《ほうじゅんらいこうき》』は、まことに貴重な具体性ある史料である。これによって円仁が遣唐使と行を共にした承和五年（開元三年）から承和七年（開元五年）までの記事を順に抄出してみよう。それによると次のようになる。

一行は苦難の末に揚子《ようす》江《こう》口に着くが、第一船は水びたしとなり、まず「国信物」を小舟に積みかえて先発させ、ついで湿損した「公私の雑物」を洗い曝して陸揚げしている。これは『性霊集』にも、「公私の物」を立入検査されたと記されたものにあたる。第四船の「国信物」も破裂した船から、先に陸揚げされ、一日一度ずつ迎船一〇隻に積みかえ、揚州まで届けられ、この船の「公私の雑物」も遅れて、鎮家から揚州府に送られたという。

このように「国信物」はつねに優先して扱われたことがわかるが、それは「別貢物」をもふくむはずである。ここで「公私の雑物」と記されているものが、先にあげた「土物」と「随身物」にあたるとみてよいであろう。

まず「土物」についてみると、円仁の第一船が揚州海陵県《かいりょうけん》淮南鎮につくと、鎮の役人である塩官判官に大使より「土物」を贈り、小舟を雇ってもらい、海陵県太守にも同じく贈物をしたのであろう。太守側は返礼として「酒餅」を贈っている。このとき、揚州開元寺《かいげんじ》の寺僧らが出迎えたので、これにも「土物」を贈り、僧らは「桃菓」を返礼とした。州衙にいたると、大使は都督（節度使）の李相公（徳裕）に「土物」を献じ、都督より「生料」（官給食料）をあてられ、また国使らは「大餞」を設けて歓迎された。円仁らは開元寺三綱《さんごう》にも、「土物」を贈っている。

やがて「勾当《こうとう》日本国使」（外客接待官）と接触したので、これにも「土物」を呈した。円仁と円載《えんさい》は開元寺に止住したので、はじめに開元寺僧一〇〇人分の供養料として、沙金小四両を寺衙に贈り、他の求法僧らも、飯米を供し、大使も、かねて朝廷から下賜されていた沙金大一〇両を求法料として付している。やがて都督自ら寺を訪問したので、円仁らは「水精念珠、銀装大刀、斑筆、螺子《ほらがい》」を贈り、都督より「白絹、白綾」を贈られた。この円仁の贈物は本国から持参した儀礼的な高級品で、「土物」の一種と解されよう。

留学僧惟暁《ゆいぎょう》らは、法衣《ほうえ》を作り、その料としての絹と縫手の功銭として、計一貫七〇〇文を支払い、同じく惟正《ゆいしょう》らも坐具を作るため、絁と作手の功銭に五〇〇文を支払った。大使の従者である画師粟田家継は、阿弥陀如来、妙見菩薩、四天王の像を開元寺で描き、謝礼として銭五〇貫を捨し、さらに願主たる判官藤原貞敏《さだとし》は自ら銭五貫六〇〇文を出し、寺僧の斎料にあてている。

同時に揚州竜興寺において、南岳（慧思）、天台（智顗）両大師の壁画像を写し、その後、金剛界《こんごうかい》・胎蔵界《たいぞうかい》の曼荼羅を写した記事もある。これらは、丹念に細部まで色彩を付し画いたものと、急ぐ場合は白描《はくびょう》にとどめたものもあり、画師を雇い写させたこともあった。写経の場合も同様であったと思われる。さらに大使は開元寺の一閣の修築料として、銭五〇貫を寄進している。

このような例は、銭で寄進または支払いを行なったもので、遣唐使は本国からもたらした沙金を市頭で中国の銅銭にかえたのである。記録によれば、沙金大一両は九貫四〇〇文にあたったという。大一両は小三両にあたる。このように「土物」あるいは「随身物」として、もっとも普遍的なものが沙金で、これは大宰府の蔵司のもとにも貯蔵され、綿とともに、日本や外来の使節の用にあてられることが多かったし、円仁も中途で日本から沙金の補給をうけている。沙金と綿は重さの割に高価で船荷に適し、また、中国で歓迎されたからであろう。

大使らの一行は長安に旅立ち、円仁らは揚州にとどめられたが、大使は帰途に備え、船九隻を楚州で買入れさせた。これは新羅船であったらしいが、そのため一行のなかから都匠(工匠監督)、番匠(大工)、船工、鍛工ら三六人を楚州に赴かせ、修理に備えさせた。これらの諸費用も多大に上ったであろう。また新羅人訳語の金正南《きんせいなん》、朴正長《ぼくせいちょう》、劉慎言《りゅうしんげん》らがつねに遣唐使につきそったが、かれらにも沙金・銭が支払われ、時によって訳語から「細茶」(新芽の上質茶)、松脯《まつのほじし》(松の実を乾かしたもの)などを贈られている。最後に、大使らが長安から楚州にいたり、揚州より楚州に赴いた一行と合流し、淮河を下り、山東半島に達したとき、登州押衙《おうが》に対し、「絁・綿」を贈り、州県の役人にも「土物」を贈っている。

つぎに「随身物」については、各人の私的な所有物であるからさほどの記録はない。しかし、その性格について興味をそそられる記事がある。はじめ揚州についたとき、円仁・円載《えんさい》らの入唐僧は、すべてその「随身物」の数量を記し、州衙《しゅうが》に届出るよう指示され、入唐後まもなく死亡した船師佐伯金成《かねなり》の「随身物」も、都督の命令で勾当日本国使が勘録し、官店で売り、これをその従者に付している。州衙が「随身物」をかなりの程度統制したことが伺える。これは遣唐使一行の私的交易を管理しようとしたためであろう。

長安においては、外国人の交易は禁ぜられ、すでに錦《にしき》、綾《あや》、羅《うすぎぬ》、縠《こめ》、繡《ぬいもの》、織成《しょくせい》、紬《つむぎ》、絹、糸、真珠、金・鉄などは禁制品となっていたし、揚州においても、鉄器、銅器の売買はかたく禁ぜられていた。

しかるに揚州に残り長安に赴かなかった一行二七〇人には、勅によって、州官から毎人絹五疋、計一三五〇疋が支給されていたから私的交易はその範囲に限られていたのであろうが、そのころ長安より楚州にいたった大使以下の一行は、長安で売買ができなかったために、揚州に何人かを遣わし、市においてまとめて売買・交易せしめようとした。結果は、第四船の監国信菅原梶成《すがわたのかじなり》と通事が、勅断の品物を買ったとして都督に召還され、長岑《ながみね》判官の傔従と留学生ら四人は、下船して「香料」と「薬品」を市買したため通報訊問され、銭二〇〇余貫を捨てて逃走し、大使の傔従粟田家継や射手《いて》・水手、それに史生越智貞厚《さだあつ》らも、市買したのを咎められたが、辛うじて放免され、船に逃げ帰ったという。

いかに「随身物」や「私物」が、遣唐使の一行に営利的な目的で使われ、市での売買に投ぜられたかがわかるであろう。かれらは帰国後、購入品を売却してさらに利を得ようとしたのである。

円仁・円載らは唐にとどまった。還学僧円仁の場合はその身分上、長期留学は許されず、長安にも赴くことができなかったので、帰途ひそかに留住することを計画した。山東半島の赤山《せきざん》・登州において新羅の僧院や新羅の海商の庇護をうけ、長安への旅に上る。留学僧円載は、天台山《てんだいさん》への留学を許され、また長安にも入ることができた。その在唐期間は実に二六年におよぶこととなる。

帰国に先立ち、大使は留学僧らに、「東絁《あずまのあしぎぬ》三十五疋、帖綿《たたみわた》十疊《かさね》、長綿六十五屯、沙金二十五大両」などを与えて学問料にあてさせ、下船して長安に赴こうとした円仁、惟正、惟暁と、傔従の丁雄満ら四人には、金二〇大両を与えてその資とさせている。

これと別に円載は、その侍者として天台山へ共に赴いた沙弥仁好《にんこう》を、中途で経典をもって帰国させ、朝廷から円仁・円載にあて、学問料として下賜された沙金各二〇〇大両をもち、再入唐させた。しかし、この沙金はついに円仁のもとには届かなかったのである。勅符も開封されていたという奇怪な事件である。横領したのであろう。

これまでのべてきたことからもわかるように、遣唐使の目的は政治・文化にあって、貿易にはなかった。貿易はせいぜい、「随身物」などをもって個々人がきびしい制限のもとで購入したにすぎないからである。留学生、留学僧らが主役であり、かれらは自ら、あるいは随行の画師・史生らに漢籍・経典・壁画・画像、または仏像そのものを書写・模写させ、または多くの漢籍・経典、さらに諸器具を購入して帰った。そのような文化的な活動の貪欲さに感心するばかりである。『旧唐書』は、開元の初、阿倍仲麻呂らが留学生として入唐したときの話として、日本の留学生は、儒士に経典を教えてもらいたいと願い、皇帝は四門助教趙玄默に詔して、鴻臚寺《こうろじ》（外交を司る官司）で講義させることとした。かれらは束脩《そくしゅう》（授業料）として、白亀（霊亀カ）元年の調布を差出したので、人々はそれが本物かどうか疑ったという。つまり、霊亀元年の国・郡・里・戸主・戸口の貢進者名が墨書され、端別となったままの調布を差出したというのである。これは先にのべた「土物」か「随身物」にあたるものであろう。そして次に、「得るところの錫賚《しらい》（皇帝から下賜された学資）、尽く文籍を買ひ、海に泛《うか》んで帰る」と記している。すべての学問料を書籍につぎこみ、それをみな船積みして帰った。帰航の船はために重く沈み、吃水線は大いに上ったことであろう。日本人の書籍好きは今にはじまったことではない。

（『比較文化』三五―一、一九八八年一〇月、東京女子大学比較文化研究所）

桂林と鑑真のこと

昨年の十月三十日から半月間、上海―杭州―桂林―南寧―広州を廻ることができた。できたというのは、「団長西嶋定生、副団長山口修、秘書長春日井明」、そして「顧問山本達郎、井上光貞」という組織によって、中国に連れていってもらったからである。これらの役員のお名前は、一々説明するまでもないが、役員に引率されて旅行するということが、いかに気楽で有意義なものであるか、最近久しくそのような経験を味わったことがないだけに楽しさを満喫した。小学校の児童よろしく、あちらこちら、右や左、見たり、聞いたり、そして一心にメモをとったりで、帰国後、年内にそのメモを日記に整理しおえたのも、ここしばらく味わったことのない旅行の実感がそうさせたにちがいない。

さて、メモを見ると、桂林と南寧がことに多い。歴史上のことだけでなく、いわゆる〝亜熱帯林〟と〝照葉樹林〟の植生、広西チュワン（壮）族自治区の行政・教育などもかなり克明にとっており、撮影した写真も多い。もちろん大学や碑林《ひりん》にも興味はあった。それともう一つ、日本史のわれわれは、桂林・広州がかの鑑真《がんじん》の巡錫《じゅんしゃくち》地であることにも注目していた。

出発前、各地の大学・博物館を歴訪するのだから、唐招提寺《とうしょうだいじ》の鑑真像の写真でも持参したらと団員の田中健夫、青木和夫氏らと話していたが、はたしてよい写真が即座に得られるかどうか自信はなかった。しかし、東京のさる著名な美術スタジオの好意によって、直接、ネガから像の正面と側面の写真を引伸して頂いた。それは脱乾漆《だつかんしつ》の味わいの実によく出た大型の写真で、これら十数葉の写真とともに中国へ渡ることに、何かの因縁を覚えたほどであった。ちなみに、〝日中平和友好条約〟の締結によって、鄧小平副総理が、鑑真像を中国で展示したいと発表された十数日前のことである。

さて桂林に到着するとき、機上から眺める桂林の町、これを含む独特な山型、豊かな水に一入り感慨を覚えた。桂林は桂江（漓《り》江）の両岸に発達し、突兀《とっこつ》とした石灰岩の山々に囲まれた町である。それらの中では、畳采《じょうさい》山・伏波山・独秀峰《どくしゅうほう》・象鼻山・普陀山《ふださん》・月牙《げつが》山・七星岩・竜隠岩《りゅういんがん》などが歴史的に著名で、これらの岩山には鍾乳洞が発達し、ことに〝七星岩〟の洞穴は巨大で、観光客を集めている。近くの〝竜隠岩〟のものには、唐代以来の多くの石刻文があり、まさに碑林というにふさわしく、〝伏波山〟の洞内の仏像彫刻と石刻文も、ほぼ唐以来のものと思われた。伏波山頂にのぼると、夕暮れ時ではあったが、桂林の町と漓江の流れが一望のもとに見渡され、上記の山々が遠く近くに点在し、俯瞰《ふかん》すれば、旧桂林城の城内に〝広西師範学院〟の建物がひろがり、正陽門・東華門・西華門などの城門もかすかに

52　陽朔県より桂江（漓江）を望む

53　桂林の山々

それとみとめられる。その城内、つまり現在の学院の敷地内に、突兀としてそびえる〝独秀峰〟がとり込められているのである。

さて、『唐大和上東征伝《とうだいわじょうとうせいでん》』によると、鑑真はこの桂林に一年余留住している。天宝七年（天平二十年、七四八）、鑑真は揚州を発し、揚子江を下り、東支那海に出るが、風波に流され、ついに振州（海南島）に漂着する。ついで万安州・崖州（海南島）を経ること一年余、雷州（雷州半島）にわたり、これにより諸州をへて桂州（桂林）に達する。そしてここに留住することまた一年余。桂江（漓江）を下り、広州（広東）にいたるのである。これがいわゆる〝第五回目〟の渡航で、結局揚州に帰ることになるが、この間、各地で則天武后《そくてんぶこう》の〝大雲寺〟、玄宗《げんそう》の〝開元寺〟などに住み、寺院を修築し、人々に布教するという大旅行であった。

桂林では、始安郡都督馮古璞《ひょうこぼく》に迎えられ、〝開元寺〟に住んだ。まずこの開元寺跡はどこか心にかかった。安藤更生氏によると、それは桂林城の〝文昌門〟の外にあり、舎利塔とそのまえに唐の書家褚遂良《ちょすいりょう》の記した金剛経の碑があったという。広西師範学院の諸教授に聞いたがまったく不明で、戦禍で焼けたとすればまことに慚愧にたえない。わずかに知りえたのは〝文昌橋〟の位置で、夕暮れにそこまで車を走らせ、四周を眺めた。よく考えると、鑑真が嶺南の各地を巡錫したとき、その絶大な外護者となったのは馮氏である。たとえば振州では別駕馮崇債、万安州では馮若芳、そして桂林では都督の馮古璞の名のあるとおりである。

唐の律令制下にあって、広東省から広西省にかけての広大な地域を統治したのは、この地方豪族であった。われわれは日本の律令制に比べて、その違いに注目せざるをえない。各地の博物館、大学の歴史資料室で実見した巨大な〝銅鼓〟の数々は、このような地方豪族の権威と関係あるであろう。それはきわめて土俗的・伝統的なもので、かなり後世まで再生産されたにちがいないのである。

　鑑真の下った桂江（漓江）は、まことに風光秀れた〝南画〟の世界である。鑑真は桂州から下ること七日で梧州につき、ここから西江に入り、端州（肇慶）をへて、珠江の本流を下り、広州に達している。漓江下りは水不足で遂に実現しなかったが、漓江に沿う〝陽朔県〟までは行くことができた。古典的な街区をよくとどめており、町を散策した。露天の市で売っている根茎類――〝いも〟の種類の豊富であることに感心したが、現在もここは船着場であり、アンペラがけの〝家舟〟がみとめられ、河崖には多くの石刻文を残している。鑑真もここに舟を止めたであろう。さて、端州は硯石をもって有名な〝端渓《たんけい》〟の所在地である。その地で、第一回目の渡航から行を共にした普照《ふしょう》・栄叡《ようえい》のうち、栄叡が病没している。この二人の日本僧は、開元二十一年（天平五年、七三三）、入唐して以来一七年間の同志であり、揚州ではじめて鑑真の東渡を請うたのもこの二人である。

　広州博物館（旧鎮海楼）を見学したとき、鑑真の写真が贈呈されると、館長は二階の展示室に肇慶にある栄叡のお墓の写真が飾ってあると教え、鑑真のことを詳しく話されたのには驚いた。ただ、〝墓〟というのは通訳のおそらく誤訳で、これは一九六三年に建立された「日本入唐留学僧栄叡大師紀念碑」であった。しかしそれは博物館のガラスケースの中に丁寧に飾られ、その説明文も意を尽していた。

栄睿日本僧人与唐僧鑑真第五次東渡（日本）時遇風飄流到海南島、北帰途中病逝于端州（肇慶）竜興寺、為促進中日両国友好往来作出了貢献、図為一九六三年在肇慶鼎湖山修建的栄睿和尚紀念碑

中国の旅は広州で終ったが、奇しくもその最終の地で、鑑真と行をともにした栄叡の余慶に預ったことになる。

（『日本歴史』三七一、一九七九年四月）

帰化人研究の諸問題

「帰化人」ということばは、一般に使われていることばですが、わが国のばあいは、朝鮮から渡ってきた帰化人がほとんどすべてであります。もちろん源流には問題がありますが、ともかくこの問題は、日本と朝鮮の関係をどう考えるかという非常に大きな基本的な問題にもつながるわけです。とくに九州は、そのおかれた立場からしても、このような国際関係を直接取扱うのに適した地位にある。わたしなどを含めまして、九州に住んでおられる歴史学者は、この責務を負うものと考えます。

さて、現在の一般的な動向としましては、東アジアの歴史を一体的に把えようとする。これは現代の政治的関心にも支えられておりますが、日本の、とくに古代史においては、日本と朝鮮、中国といった三国の間に、構造的な関連があり、それは中国を基軸とする世界帝国的な構造をもつのではないか。むしろアジアの古代史は、こういう体制を維持するための自己展開であるという風にとらえる。たとえば、岩波講座の『日本歴史』の「六～八世紀の東アジア」で、西嶋定生《さだお》氏が披瀝されたところであり、また旗田巍《はただたかし》氏は朝鮮史研究の専門家でおられるわけですが、これにつづいて「十～十二世紀の東アジアと日本」という題をかかげられているわけです。

こういったところから出発しまして、昨年度の史学会では、このテーマがシンポジウムにとりあげられ、さらに昨年と今年の歴史学研究会の大会でも、あるいはいま刊行されております『古代史講座』においても、おなじように東西にわたるひろい観点から、わが古代史を見なおそうとしているわけであります。

さて西嶋氏とか、石母田正《いしもだしょう》氏、堀敏一氏などの見解と申しますのは、中国の国内の郡県制、これは国内統治の一つの制度でありますが、これにたいして、対外的には、羈縻支配《きび》――キビというのは馬や牛を統御するという意味から出ているらしいのですが、この羈縻支配、あるいは冊封《さくほう》体制という体制が、対外的に中国のとった一つの体制である。さらにゆるやかな支配としては、朝貢国の関係、それから盟約関係などの段階差がある。そして朝鮮と日本に関するかぎりでは、主としてこの冊封体制のなかに入る。ただ日本のばあいは、朝貢関係であったことも多いとみるわけであります。古代において、たとえば五世紀の例の倭の五王という『宋書《そうじょ》』にでてくる有名な記事がありますが、あの倭の五王の段階では、わが国はあきらかに中国の南宋の冊封体制の中に入っていた。これが倭王武《ぶ》によって打ちきられた結果、日本はむしろ朝鮮とのあいだに、小冊封体制をつくり出してゆくのではないか。つまり、中国の大きな冊封体制のなかに、日本中心のいわば小帝国ともいうべきものが形成されると考える。これは石母田正氏がとくに主張され、西嶋氏もほぼ同じようにのべられる。『日本書紀』の欽明《きんめい》天皇のところにひかれている「百済本記」――これは百済側の史料といわれておりますが、そのなかに聖明王《せいめいおう》が、「西蕃はみな日本の天皇を称して、可畏天皇（カシコキスメラミコト）となす」という記事があります。これはおそらく原文で、それまでは百済の聖明王にしても王であり、新羅も法興王《ほうこうおう》からはじめて王という称号にかわってくるのですから、また日本の王もそれまでは、せいぜい大王（オオキミ）であったわけですから、ここにはじめて「天皇」という称号をもちえたのは、これらと区別される事件であり、百済とのあいだに小帝国的な関係が形成された第一歩ではないかとみるのでありまず。しかし、これには異論がありまして、わたしなども欽明天皇のころに「天皇」という文字が用いられたということには躊躇を感ずるのであります。実際に『日本書紀』をみてみますと、このとき急にそのような変化がおこったとは考えられないようです。ともかく、こういう見方は中国の宋や梁《りょう》を基軸として、朝鮮や日本がその外延的部分を形成していたという認識からくるのであります。旗田氏にはやや異論がありまして、日本は原則として、そのような関係に入っていない。東アジア全体に、構造的連関があるとは思われぬとされていますが、具体的には認識の方法はおなじわけです。

このように東アジア史が中国を基軸に展開する。いうなれば東アジア史は中国史の波動の歴史でもあるという見方は、学問上の操作としては中国の古典や史書の記事をもととして、朝鮮や日本をみる、またはそれを基準として朝鮮や日本の古典の史料批判を行なうという方向をたどります。少し乱暴ない い方ですけれども、これはやはりかつての「満鮮史」的な行きかた、つまり那珂通世《なかみちよ》氏や白鳥庫吉氏、あるいはその門下の池内宏《いけうち》氏、津田左右吉《つだそうきち》氏などがとらえた史学的方法と似たところがある。それらは西洋の史学にもとづく客観史学で、津田左右吉氏の一連の日本の古典研究の手法はそれですが、ここには池内氏の『満鮮史研究』をもってまいりました。たいへん有名な著書でありますけれども、これをよみますと客観史学と申しますのは、考証に異常な執念があります。たとえば国境がどうなっているか、交通路はどこを通っているか、郡治や城里はどこにあるのか、新羅王国の巡狩碑の位置はどこかなど、地理や地名の考証に異常な努力をかたむけるのでありますし、また朝鮮における中国の四郡の研究や、三国のうちでは高句麗《こうくり》がおもな対象となりますのは、やはり中国に近く、中国史とのつながりがみとめられやすいということも影響しているのではないでしょうか。

このような客観史学は、旗田氏なども不満をのべておられますが、朝鮮史の主体性をむしろ軽視してしまう。朝鮮民族みずからの歴史的な発展、独自の文化や政治組織の創造といった、いわば民族や人間に即した研究がなされないのであります。「満鮮史」という地域的なとらえ方にもそれがあらわれているわけです。さきほどの冊封体制論理は、もちろんこれと関係ないあたらしい学説でありますけれども、そういった観点から批評いたしますならば、やはり似たところがある。中国を中心とする支配の形式性を追求していくことによって、一種の構造論におわってしまい、民族みずからの歴史的な多様な発展を見すごしてしまう危険性があるのではないか。それぞれの民族の内面に即しながら、真に具体的な相互関係を追求するのでなければならないと思います。わが古代史の側から申しますと、中国史とことなる古代朝鮮の独自な発展の内容をあきらかにすることが、わが古代史をいっそう具体的につかむ道であろうと思います。

ところで、「満鮮史」とちがって、かつて「日鮮同祖論」という主張がありました。つまりこれはわが国と朝鮮は言語、風俗、宗教などにわたって、同元同祖なのであり、いうなればもともと本家と分家の関係にある。分家が本家によって支配されるのはあたり前であり、併合は歴史本来の姿にかえることであるという、政治的権力的な主張につながるのでありますけれども、同祖論のすべてがそうなのではない。たとえばここにもって参りました金沢庄三郎氏の『日鮮同祖論』という書物があります。まず書き出しは、「昔の朝鮮は文明国である」というにはじまり、今の人たちが朝鮮のことに無理解で冷淡であることをなげき、むしろ朝鮮にたいする憧れや、よき友たらんとする心情をその根底においているのです。方法は言語学といううきわめて客観的な手法を要するものではありますけれど、その底に流れておりますのは、主観的かつ情緒的な、いわば心情主義といったものであります。先の「満鮮史」が客観主義であるとすれば、この「日鮮同祖論」は主観主義とでもいいうると思われます。

ここにあります和辻哲郎氏の『日本古代文化』は、もちろん御存知と思いますが、これは帰化人にたいする古典的な著作でもあり、間々すぐれた見解もみられますが、そこで説かれるのは、古代の朝鮮と日本には彼我の差別は少なかった。国民的意識は希薄で、彼我の混血もきわめて多かった。だから帰化人は優遇され、わが国民に同化融合されるにいたったのだというわけであり、前の岩波講座の丸山二郎氏の『帰化人の安置』の基本にも、おなじような考え方があります。和辻氏の古代朝鮮における戦争観はしたがってまた非常にローマン的なものであります。日本の出兵は一種の民族的な戦争でけっして支配者による戦争ではなく、活力にあふれる国民戦争であるとし、とくに改訂版には、まことに文学的な叙述が出てまいります。倭王武の上表文にみられる戦争を、「武具は悉《ことごと》く鮮やかな金色に輝き、それらをもって武装した軍将の姿は金人のごとく美しい。もし太陽がその上を照せば、人目まばゆいほどに光るであろう。夜の闇さえも、その超人的な姿を隠すことはできない」というように飾られます。要するに帰化人優遇論という一種の心情主義は、このような戦争観をも生みうるのであり、きわめてあたらしい論説をとなえる人のあいだにも、まだこの優遇論はのこっておりますので、あとで問題としたいと思います。

さて、以上のようないろいろな研究をひっくるめて、わが学界の研究にたいし、さいきん朝鮮の学者から非常につよい批判的な学説が出されました。これは金錫亨氏が、朝鮮民主主義人民共和国の科学院歴史研究所の機関誌である『歴史科学』にのせたもので、『歴史評論』に三回にわたって翻訳されましたし、今度、史学会で上京いたしました折、朝鮮史研究会からあらためて小冊子として刊行されましたものが、ここにあります論文です。それには「三韓三国の日本列島内における分国について」という題名がついております。それはわが国での戦後のあたらしい研究をふくめて、おそらく冊封体制論もふくまれることになりましょうが、それらが朝鮮民族の政治的立場と相容れない、民族自立への評価の欠如した研究であり、それらの説く古代における日本の朝鮮半島南部の経営などみとめることはできないという主張なのであります。いわば古代日朝関係についての人民共和国側の公認学説ともいうべく、ここにあります『朝鮮通史』の一九五六年版では、古代日朝関係にほとんどふれず、留保しておりますけれども、あたらしい一九六二年度版では、これとまったくおなじ見解がのっているようですから、いわば最新の見解といえるようであります。この紹介は、昭和四十年の『歴史学研究』の一月号に、旗田巍氏がされておりますが、内容をみますと、かつて「日鮮同祖論」の立場でとられた諸説を、まったく逆の立場で利用している面があり、また最近の中田薫氏の『古代日韓交渉史断片考』などのような、大胆でユニークな研究をとり入れているところもあります。

簡単に内容を申し上げますと、日本には、紀元前の弥生時代から朝鮮民族の移動があり、そののちも引つづいて朝鮮民族の移動がはげしく行なわれたため、日本の国内には方々に朝鮮の分国がつくられた。分国は、九州や本州、これは畿内、大和、出雲をふくめ、大小数十も形成された。中国の古文献はみなこれを「倭」と称しているので、「倭」ということばの内容はけっして画一的でない。こういう朝鮮の分国は、実は大和の王朝に、六世紀まで征服されなかった。大和の王朝が分国を最終的に統一できたのは六世紀である。だからそれ以前の倭は、大和王朝でないという論法になるわけです。

二三九年に、例の帯方郡《たいほうぐん》に使を遣わしたヒミコは、九州のみの統一勢力たる倭であり、有名な石《いその》上神宮《かみ》に保管されている「七支刀《しちしとう》」には泰和四年という東晋の年号がきざまれていて、それは三六九年にあたりますが、この年号については批判の余地があるにしても、要するにこの銘文の読み方はいままでのとまったく違っています。つまりみずから天子と称していた百済国王がその「侯王」たる大和の倭王に与えたと読むべきで、これまでの日本の天皇に百済王から献上したという『日本書紀』の記事にそった読み方ではナンセンスである。これを与えた相手は倭の一王で、のちの大和の天皇政府ではないとのべております。そのつぎに例の「広開土王碑《こうかいどおうひ》」がでてまいります。四世紀の末、辛卯の年の三九一年に、倭が出兵したという碑文の記事はみとめなければならない。しかしこれは広開土王の在位したわずか二十二年間の事実にすぎないし、ごく一時的に百済と新羅の王が倭に服属したというにすぎないのであって、これをもって約二世紀にもわたる朝鮮経営を云々することは、史料的にもよわすぎる。しかもこの朝鮮南部に一時的にもせよ出兵した倭王は、九州の分国政府であって、けっして大和の王朝ではない。当時大和はまだ九州を統一していないとのべるわけであります。それからつぎに、例の『宋書』にでてきます倭王武の上表文があります。この四七八年の上表文に、「渡りて海北を平ぐ」とある記事は、「祖禰《そでい》」、つまり雄略《ゆうりやく》天皇の祖先が、おそらく四世紀末ごろから海をわたって朝鮮南部を平げたといままでよんでいたのは誤りで、この上表文の中に、新羅《しらぎ》とか任那《みまな》に加えて、辰韓《しんかん》や慕韓《ぼかん》がでてくるのは、これまでのように、もはや実在しない国々を形式上つけ加えたにすぎぬと解釈することはできないので、これらはみな現実にある国名をならべたものである。それでは朝鮮にはもはやないはずの国々がどこにあったかといえば、それは辰韓や馬韓《ばかん》の人たちがかつて日本に渡ってきずいてきた分国のことである。つまり列島内の分国は六種類も七種類ものちがった種族によって治められていた。これらを征服した記事が、倭王武の海北を平げたという上表文にすぎないという風にのべます。そして倭王武は大和の倭王ではあるが、統一王朝であるかどうかはまだわからないというわけであります。七世紀に入りまして、例の中国の『唐書《とうじょ》』や『三国史記《さんごくしき》』といった朝鮮側の史料にでてくる白村江《はくすきのえ》の戦は、はじめて大和の統一王朝が百済と同盟して朝鮮に出兵したもので、ここにはじめて大和王朝が確実なものとなる。しかも、このときなにゆえ百済を大和王朝がこのような形で援けるのかといえば、それまでの大和に百済の分国が勢力を占めていて、そのため百済とのつながりが非常に深かったからだと説明いたします。

要するにこれらの説は、日本史家の思いおよばぬ点をついているわけで、まず第一に、六世紀までの倭の内容が統一的でなく、いろいろな分国をさす。それらの分国は独立しており、分国が統合されるのは六世紀に入ってからである。大和の王朝が任那を経営したという『日本書紀』の伝説は、朝鮮南部を経営したことではなくて、列島内の朝鮮の分国を征服する過程の、いわば二重うつしにすぎない。だから分国の時代には、帰化人などという概念は通用するはずがない。かれらは各地に朝鮮式山《やま》城《しろ》、つまり神籠《こうご》石《いし》をきずき、門閥貴族として現地人をむしろ支配していたのである。朝鮮民族による日本経営こそ真相にちかいと主張するのであります。帰化する本体のないとき、帰化という現象がおこりうるはずはないではないかとものべているわけです。

この論文は一学説であるより前に、日朝両国の国家関係のあり方に、本質的な考慮をもとめたものであり、その意味での日本史学にたいするプロテストでもあるわけですから、このあたりのことは両学界の交流問題とともによく考えなければならないことはもちろんですが、いまはそれを学説として生かす道があるかどうかを考えてみましょう。

わたしどもは、四世紀には大和王朝は成立していた。したがってそれ以後の倭王というのはすべて大和の王朝、王系の交代はあっても、ともかく一貫して大和の王権であると考えます。これは津田史学以来、長い間かけて築きあげてきた『書紀』批判からでている、とくに「応神《おうじん》天皇紀」よりあとの『書紀』の信憑性はあるていど確認されております。たんにその史伝価値を、そのあとの『三国史記』や『三国遺事《いじ》』といった朝鮮側の史料の価値と逆転してすまされるものではないのであります。『日本書紀』には、古い年代から申しますと、「応神天皇紀」あたりに「百済記」、「雄略天皇紀」にはそれに「百済新撰《くだらしんせん》」が加わり、「継体《けいたい》天皇紀」ごろから「百済本記」そののち「日本世記」などといった百済系の文献がひかれています。もちろん『三国史記』よりは古い、大化前後に、つくられたものと思われ、それらは『書紀』批判の有力な材料です。

それによりますと、神功皇后《じんぐうこうごう》や応神天皇の記事のなかには、干支を二運一二〇年下げた四世紀末の記事として解釈できるものがかなりあります。たとえば、神功皇后の四十六年「丙寅」という年に斯《し》摩宿禰《まのすくね》を卓淳《とくしゅ》(任那の一国)につかわし、これが百済の肖古《しょうこ》王《おう》(実は近肖古王のこと)と接触したのが、両国の国交のはじまりと記されているわけですが、その翌年には、百済の使がわが国にきて、日本の使の千熊長彦《ちくまながひこ》が朝鮮におもむきます。この一連の記事は、どうも「百済記」からとったらしくて、「百済記」は千熊長彦のことを、職麻那那加比跪《しきまななかひこ》と表記していたらしい。もとはこれより一二〇年さげたおなじ丙寅年、つまり三六六年にかかげられていたものを混入したものと思われます。それから神功皇后五十二年、「壬申」のときに、この千熊長彦に従って百済の使人がきて、天皇に七枝刀一口を献じたとある記事も、一二〇年さげますと三七二年壬申のこととなりますが、これは刀銘の泰和四年、つまり三六九年と比べますと、刀が百済で作られてから三年後のこととなってよく符合いたします。このようなケースは他にもまことに多くみとめられますが、とくに彼我史料の人名の書きあらわし方のちがいは、それが同一人物のことですから文献批判に大いに参考になります。

それから『宋書』の倭の五王についての記事のはじめに出てくる倭王讃《さん》を、現在では仁徳天皇とする説が有力です。オオサザキという名のサをとったものというわけです。この王は四二一年と四二五年の二回使を出していますが、そのまえの『書紀』でいう応神天皇を、一二〇年下げる手法でまいりますと、百済の近肖古王の年代にあたります。『三国史記』その他によりますと、この王の在位の下限は三七五年までふくみますから、応神天皇の在位年数からいって、少なくともこの三七五年はふくまれていなければならない。ゆえにわが国が朝鮮に出兵した辛卯年、つまり三九一年は、この応神とつぎの仁徳の中間の年代となりますが、おそらく応神天皇の治世であるとみてよいのでしょう。

また応神天皇よりあとは、『日本書紀』の材料となりました『帝紀《ていき》』、つまり天皇の系譜をかきました部分の信憑性は大きく、これがまた『宋書』の五王の系譜ともよく見あうことからも、それが証拠だてられます。それから例の熊本の江田《えだ》船山《ふなやま》古墳からでてまいりました大刀の銘に、「復□□歯大王」(タジヒミヅハワケノオオキミ)とあり、これが五王のなかの反正《はんぜい》天皇の実在を証しており、また部民の研究によりますと、仁徳天皇のあとの名代《なしろ》や子代《こしろ》、つまり天皇や皇族の私有いたします部民は、大体その存在を確実視されるものが多い。たとえば孔王部《あなほべ》というものが八世紀の下総の戸籍にでてまいりますが、これも五王のなかの安康《あんこう》天皇、すなわち倭王興《こう》のものであることがほぼみとめられておりますし、このほかにも例は多くあります。

ともかく、以上のようにみてまいりますと、応神天皇から雄略天皇まではたしかに実在する一王朝で、その間におこった大陸との交渉、たとえば七支刀の献上や辛卯の年の出兵、倭王武の上表などといったものは、みなこの王朝にかかわるものであって、けっして一つが九州、他が大和の分国によるというようなものではありえない。この点についての金錫亨氏の御説は、事実からしてどうも納得できないのであります。

＊　一九七八年、埼玉県の「稲荷山古墳」の出土品であった鉄剣から、一一五文字にのぼる金象嵌《きんぞうがん》の銘文が発見された。この銘文は「辛亥年」(四七一)に記され、「獲加多支鹵大王」(ワカタケル大王)の名がある。それが雄略天皇、つまり倭王武であることは疑いない。このとき、船山古墳の大刀の銘も、これとおなじ文字で雄略天皇であると訂正されることになった。したがって、倭王武の存在はさらに確実なものと

なった。しかも二つの銘文ともに「大王」と称している。

しかし、この論文が参考になりますのはそういう点でなく、おもに四世紀以前についての考え方である。ここに水野祐氏の『日本古代王朝史論序説』という本がございます。水野氏は応神から雄略をへて武烈《ぶれつ》にいたる王朝を、一系のものとみとめて中王朝と名づけ、この応神王朝から日本は新しい征服王朝がはじまると大胆な仮説をのべているのです。井上光貞氏が岩波新書の『日本国家の起源』のなかでこの考え方を是認し、ふみ台とされたこともご承知のとおりであります。しかも、この王朝は九州で誕生した。それが邪馬台《やまたい》国と敵対していた狗奴《くや》国の後身であるかどうかはともかく、九州から東に上って大和を征服したという考えには魅力があります。いわば新しい騎馬民族説といえるかも知れません。これは金氏のいわゆる九州分国説などとも重大なかかわりをもってきます。すくなくともこれからの古代史学で、応神朝にたいする研究は邪馬台国にせまる道としても一層さかんとなるでしょう。しかし先にも申しますように、この応神王朝じたいはもはや大和のものです。応神天皇陵の陪《ばい》塚《ちょう》から出てまいります馬具、これは今度の東京での日本古美術展に出ておりまして、詳しく見てまいりましたが、この馬具の金具が、新羅の慶州の金冠塚《きんかんづか》や金鈴塚《きんれいづか》のものとまったく同じであることが、考古学の方でいわれておりますし、あるいは大和のウワナベ古墳から出てまいりますたくさんの鉄の原料でありますす鉄鋌《てってい》も、新羅や加羅のものとおなじである。つまり一方は新羅・加羅から、他方は大和から出てくることは疑いないわけですから、この五世紀に朝鮮と交渉をもったのは大和の王朝であるという傍証になりましょう。

つぎに金氏の論文で、帰化人について、大和の統一王朝が国内を征服しえない段階における朝鮮からの移住者、つまり分国勢力は帰化人ではありえないというところがあります。「帰化」とは、王化にマキオモムクことなのでありますから、その歴史的な概念ははっきりさすべきで、この段階の多量の移住者は帰化人と区別されねばなりません。それでは四世紀末の応神天皇よりあとの渡来者は帰化人ということばであらわすのが十分であろうかということですが、一般にこの帰化人ということばは、朝鮮側の学者には評判がわるいようです。金氏の論文も七世紀になってはじめてこのことばを認めようとしておりますし、また最近日本の国内で金正柱氏が編集者となって、ここにあります三冊からなる『韓来文化の後栄』という興味ある本を出されましたが、ここでもわざわざ『韓来』ということばを用い、帰化人ということばを韓来者とか渡来者とかにおきかえる方が事実に近いのではないかという意見をもっておられるようです。しかし、いまはそれはそれといたしまして古代用語としては、『書紀』にも『律令《りつりよう》』にも帰化の語は明確に出てまいりますし、『万葉集』あたりでも用いていますから通用語だったと思います。むしろ大和の王権が成立いたしましてからは古代的概念としての帰化ははじまっているのでありまして、この点『日本書紀』がもっとも古い帰化人である秦《はた》氏や、漢《あや》氏の祖先を、この応神天皇のときに渡ってきたとしているのはまことに意味のあることであります。問題は、今日われわれが帰化人という内容をどう理解しているかということにかかるわけであります。

ここに前の岩波講座の丸山二郎氏の『帰化人の安置』という本があります。また末松保和氏はおなじくそのとき『日韓関係』をかかれましたし、最近これらにあたらしい論文を加えられて、『日本上代史管見』を出版されました。また『任那興亡史』がありますこともご承知のとおりであります。このような帰化人研究の古典にすでにあらわれておりますように、帰化人はとくに大和や河内のような畿内を中核に安置されたということが第一点であります。したがって第二点は、かれらが豪族の私有民ではなく、あくまでも朝廷が支配する半ば国家の民という立場におかれたことであります。ご承知のように五、六世紀ごろ、部民制という一種の社会組織、生産組織がございました。この部民制はのちには貴族の私有民であるカキの民をもそうよぶようになりますが、源流は政府の支配するものを部とよんだようです。このばあい帰化人は、朝廷に租税をはらったり、朝廷の土地をひらいたり、灌漑設備をつくったり、朝廷の仕事場で技術的な生産に従ったりする部がほとんどで、すでに半ば公民といった存在でありましたし、いうなれば帰化人の部が、部民制のもとであるといえるわけです。それだからこそ帰化人が大和王権を飛躍的に拡大させるもので、いずれにしても帰化ということばは、大和の王権を中心とする国家組織と不即不離の関係にあったことから使われたことばであるわけです。

さてつぎに、金氏の論文では、これがもっとも重点と思われますけれども、朝鮮民族の主体性の問題がだされていると思います。いままで、ややもすると、和辻氏が『日本古代文化』のなかで、たとえば百済という国は先進国家ではなく、中国の文明を日本より地理的に早くうけとめたにすぎない。

つまり百済や新羅は日本にたいする中国文化の通路であるとのべたような考え方がありました。しかし、日本の古代史を研究してまいりますと、それではとてもわからぬことが多い。わが国は少なくとも聖徳太子以前は、朝鮮と一義的に通交していたわけですし、それ以後も中国とならんで朝鮮から入ってきたものが多い。このばあいは中国と朝鮮のちがいがはっきり把握されなければ、もっと極端に申しますと、朝鮮のなかでも、百済と新羅の区別がわからなければ、わが古代の文化や政治制度を具体的に理解できないのであります。

最近、大化改新の詔で、郡司《ぐんじ》の制度が実際に設けられたのかどうなのかは、たいへん問題になっておりますが、『史学雑誌』の今年一月号と二月号に、井上光貞氏が論ぜられましたところは、大化の詔は評《こおり》制を設けたので、それは朝鮮三国の評制をとり入れたものだ。それが天武天皇の浄御原《きよみはら》令で中国的な郡制に切りかえられたとして、評制より郡制への展開は、朝鮮より中国へのわが文化受容の発展と構造的に関係していることを力説されたわけです。さらに、その井上氏の「冠位十二階とその史的意義」という論文、あるいは原田淑人氏の『東亜古文化論考』に収められました「冠位の形態からみた飛鳥文化の性格」という論文がございます。これもまた聖徳太子の制定しました冠位十二階という非常に重大な制度が、高句麗ないし新羅のそれをうけたものだということを実証した論文でありますす。とくに原田氏のものは、冠《かんむり》という実物に即した研究でありますので、まことに興味があります。カンムリには十二階あったわけですけれども、その色は六種類ありまして、まず内冠帽にあたる嚢《ふくろ》の部分と、それから外冠飾にあたる髻華《うず》、つまり飾りの部分からなるわけですが、帽子のところは、おのおの色のちがった絁《あしぎぬ》を用い、周囲に縁《へり》がつき、いわゆる立烏帽子《たちえぼし》型だったことが『書紀』にかかれております。これは高句麗や新羅の制とまったく同じで、江田船山古墳から出ています冠帽の残欠は、その主人公が新羅人ではないかと思われると原田氏はのべております。新羅がはじめて衣冠を中国風に改めましたのは、金春秋《きんしゅんじゅう》（のちの武烈《ぶれつ》王）、日本でいいますと大化四年の六四八年に入唐して唐儀に従ったのです。それまでは有名な法興王《ほうこうおう》の時代にも、まだいわゆる六部服色は「夷俗」であったと記されております。あきらかに中国とちがった冠制をもっておりました。これが聖徳太子の改革事業と直結しているわけで、こういう点を明確にせねばなりません。それから、最近『古代史講座』に、井上秀雄氏が、「新羅政治体制の変遷過程」という論文をかかれました。同時に『朝鮮研究年報』に、李基白氏の「上大等考」という論文ものっております。新羅の法興王が五三一年に制定いたしました上大等という漢名の官職は、上臣のことで、昔はこれを臣《おみ》と称していたらしいのですが、要するに、新羅の貴族会議である和白《わはく》の議長であります。この和白というのは新羅独特の政治組織でありまして、この議長である上臣が、法興王のとき明確に位置づけられたわけです。そこでは門閥貴族集団を代表する上大等が、政治的首長として政治をとり、王はまだこの時代には宗教的な司祭者にすぎないと考えられるのでありまして、こののち真徳王《しんとくおう》の六五一年の大官制改革によって、はじめて執事部が新設され、四等官制がしかれ、中央集権的な官僚政治に入ります。王も政治的君主となるわけであります。

ここに、わが国の臣《おみ》や大臣《おおおみ》制と、新羅の固有官制としての上臣との関係がどうしても注目されるのであります。いずれにしても、このような朝鮮独自の制度がわが古代史を考えるうえで、いままで等閑に附されていた傾向はつよい。ただちに中国への結びつけが行なわれていたことは、十分に反省を要します。以上の三点が金氏の論文を考えるうえで、とくに注意されるところであります。

ところで、これをおなじ意味で、わが帰化人を考えるばあいに、朝鮮における豪族、あるいは中国から朝鮮に渡来してきた官人豪族の実態を考えねばなりません。この点について、最近考古学の方でたいへん有益な研究が出ております。一つは三上次男氏の「楽浪《らくろう》郡社会の支配構造」という論文があります。これは『朝鮮学報』にのりました。ここにあります。それからもう一つは、九大の『史淵』にのりました岡崎敬氏の「安岳第三号墳（冬寿墓）の研究」であります。ここにあります論文がそうであります。この二つはともに朝鮮内部の豪族の具体的なあり方を追求したもので、まず三上氏ののは、楽浪郡の遺址から出てまいります封泥塼《ふうでいせん》、墓壁銘などに名の出ております、中国から派遣された郡県官僚、古代からの漢人移住者、それから純粋な土着豪族などをわけまして、とくに古い時代からの漢人移住者で、すでに土着の豪族となったもの、たとえば王、韓、高などの氏姓をあげて、その分布や支配の永続性などをはっきりさせた論文でありますし、岡崎氏のものは、朝鮮北部の黄海北道にありますこの墓の主人公司馬冬寿が、亡命先でも東晋の永和十三年（三五七）という年号を墓誌銘に用い、中国風の官爵を自称していた豪族であることをのべ、かれはもとは鮮卑族から出ました燕《えん》王の慕容廆《ぼようかい》の子の皝《こう》のもとに仕えた漢人で、かの五胡十六国の乱によって、中国本土からこの遼東に投じたわけでありますが、のち燕王とも仲たがいしまして、高句麗に亡命したのであり、おなじころ遼東の漢族で、この楽浪、帯方の故地である高句麗に亡命してきたものは多いと思われるとのべられました。このような豪族の姿を古墳からあきらかにされましたことは、たいへん意義のあることだと思います。

要するに段々とこういう中国から朝鮮に投じた漢人豪族の実態があきらかになりますと、わが国の帰化人の性格もはっきりしてまいります。王、高、韓や、司馬姓のものは日本にもおります。

こういうことは、わが国の帰化人も、豪族がその支配下の人民とともに、集団的に移住してきたものが多いのではないかという想定にわれわれを導きます。秦氏や漢氏の祖が、何十何百の県《あがた》の民を従えてきたという説話などはそれで、大なり小なりそのようなクラスのものが他にも多かったと思われます。かれらは戦乱と申しますか、異種族間のはげしい騎馬戦の渦中から投じたものでありまして、大陸や朝鮮の政治情勢の激動に根ざす移動でもありました。

ここで、帰化人の渡来の理由を考えてみたいと思います。かつては帰化人を優遇し、一視同仁的にわが国に迎え入れたことを強調する説がありました反面、戦争における掠奪や捕虜、または君主の贈与によって、いわば奴隷としてつれてこられたのだという議論もありました。しかし、わたしはいま述べましたように、朝鮮半島を中心とする政治的軍事的な変動によって、帰化人がかなり波状的に渡来していることに注目すべきだと思います。関晃氏の『帰化人』という本にしましても、このような段階的な渡来についての考え方がすでにでておりますし、末松氏の『任那興亡史』の巻末にかき加えられました論文をみましても、その必然性がとかれております。わたくしも、最近の『歴史学研究』の誌上で、帰化人の報告を、このような立場からまとめました。一例を末松氏にとりますと、さきにのべましたように、四世紀末ごろ、帯方郡の漢族の遺民が日本に渡来しますが、このときの漢《あや》氏と、雄略天皇の五世紀末ごろから集中的に渡来する今来漢《いまきのあや》氏とでは性格がちがう。「今来」というのは普通には、あたらしく渡来した帰化人という風に理解されているが、それではわからないので、古い帰化人とは截然と区別すべきものである。なぜなら、この帰化人はけっして百済や新羅からきたのではなくて、そのころ中国での戦乱の余波と、百済と南朝がしばしば通交していたことなどのため、南朝人で百済に帰化し文芸をもって仕えるものが多く、さらにわが国も倭の五王以来、約半世紀にわたって南朝と通交していた事情もあって、百済をへて南朝人が多くわが国に帰化するにいたったのである。つまりかつての四世紀末の帰化人が、任那成立の直接の結果として渡来したのにくらべると、これは南朝とのあらたな関係によるもので、両者は質的にことなる。いわば世系を異にする帰化人であるといわれるのであります。帰化人の渡来を考えるうえに、たいへんすぐれた見方であると思います。ただわたくしは、今来漢人はさほど単純ではないと存じます。そのなかには、まず雄略朝におもに渡来する工人の集団があります。「雄略天皇紀」の記事は、三品彰英氏が『日本書紀朝鮮関係記事考証』

でいわれましたとおり、信用できるものが多いのですが、この時代はまだ百済の南朝通交はさほどさかんでない。中国から百済に諸博士や工匠、画師《えし》などがおもむきますのは、六世紀はじめの梁の時代でありますから、この時のわが国への渡来者は、まだ南朝人でなく百済人が主体であるはずです。事実、かれらは百済の部司の制度であるいわゆる部民制をわが国にもたらした。部民制の源流が、百済の官司制である部局制にあることは、津田左右吉氏以来のほぼ定説であります。かれらによって、わが古代の画期的な制度である部民制が組織されたことは注目してよいところで、それが南朝人によってもたらされるはずはありません。しかし、それよりもややおくれて渡来する今来漢人もあります。ここにおられます田村圓澄氏のかかれました『聖徳太子』という本のなかに、太子が中国にはじめて使をつかわしたとき、留学生や僧としておもむいたのは、すべて今来漢人に属する帰化人であることが指摘されていますが、これは末松氏のいわれる南朝人であるとみてよいと思います。このような系統の帰化人は、六世紀の継体、欽明天皇のころから出てまいります。ちょうど梁から百済にきたとおなじように、百済からわが国へ五経博士《ごきょうはかせ》、寺工《てらたくみ》、瓦博士《かわらはかせ》、鑪盤博士《ろばんはかせ》などがきました。しかもおもに交替で上番《じょうばん》するというあたらしい方式をとっており、また、もはやかれらは部民制とはなんの関係もない学者や技術者たちでした。いわば仏教文化の荷い手が多く、蘇我《そが》氏の氏寺である飛鳥寺などを建てたのもかれらです。太子の新外交をささえたのもかれらであることは、深い意義があると思います。ところで『日本書紀』は、この二系統の帰化人の氏姓の表記を区別しておりまして、南朝系のものは、まだ正式な氏はなく、名も中国名のままです。そのころの金石文をしらべてみますと、この区別はいっそうはっきりいたします。

さて、南朝人の渡来の原因についてはすでにのべました。百済人のそれは、やはり雄略天皇のときの百済の政情にもとめねばならぬと思います。このとき、百済は高句麗の圧迫をうけて一度亡びます。百済側の史料をあわせてみますと、日本は質としてきていた百済王らに兵をつけて送りこみ、また四七七年、任那の地を割いて熊津《くまなり》（公州）の地を与え、百済はここに都をうつして防衛線をしいたといいます。いずれにせよ、このような百済の危機と、両国の深刻なむすびつきが、帰化人集団の渡来を生んだものと思います。これは七世紀末に、ついに百済が例の白村江の戦いで亡びましてから、百済の王族や官僚が農民たちとともに多数亡命してきた事情とも通ずるものがあります。この七世紀末のばあいも、帰化人渡来の一つのピークをなしたものであります。このときは、帰化人は日本の国防線の形成に参加し、ひきつづいて大学寮、陰陽《おんみよう》寮、内薬司、内匠寮などの官人として、学問や技術の分野をリードいたしました。

要するに、帰化人の渡来には、このような波状があるのです。それらは、かれらの母国の政情に主として根ざすものであり、渡来の各段階をみますと、その前後をくらべて、帰化人集団の性格にあきらかな相違がみとめられます。このような前後の帰化人の異質性は、その時期の母国の政治文化の発展段階のちがいや、渡来する帰化人身分のちがいを反映するもので、その故にこそ、その都度、かれらはわが国の政治組織や技術に、必然的な発展をもたらしたわけです。帰化人渡来の段階が、わが古代国家の改革事業に、構造的なつながりをもつことは、十分理解されねばなりません。

ところで、はじめにのべましたように、こういう見方に異論のある方々がございます。帰化人は掠奪、捕虜、または君主の贈与によるものが主であるというのであります。もちろんそうしたばあいもあります。しかし、帰化人はみずからの意志で集団的に渡来するばあいが多く、しかもいわゆる細民ではなくて、豪族を中心とするものがかなりあり、王族、官僚もある。金錫亨氏が、民族的な移住を考えたことは意のあるところで、かれらは本質的に強制的につれて来られたものではなく、移住者、渡来者であります。また君主の贈与などでは、とても帰化人の量を説明できるものではありません。

それから帰化人優遇論についてもふれておきますが、優遇論とは、たとえば「諸蕃《しょばん》」を、「皇別《こうべつ》」「神別《しんべつ》」の豪族と同列に扱ったとか、日本人と同様に官人に登用したとか、庸《よう》や調《ちょう》を免じ食料を与えたとか、奴婢は解放するような身分的措置を講じ、工人は中国、朝鮮では奴隷であったけれども、日本では待遇がかなり改善されたとかいうようなことでありまして、部分的に考えますと、まちがっているわけではありません。しかし、それは優遇であるよりは、日本の社会構造とかかわりあいがある。つまり帰化人が大和の王権のもとに組織され、国家権力によってはやくから掌握されたとするならば、当然そういう扱いをうけざるをえない。そういう扱いをうけるということは、あるばあいには官人として非常に優遇されることも出てきましょうが、他のばあいは、非常に隷属的な地位にしばられるものもある。部民のなかでも、ミヤケの耕作に従った田部《たべ》とか、宮廷の手工業生産に従った品部《しなべ》などを考えてみればわかります。優遇論に視点をおきちがえたところがあると思います。

これと関連して、帰化人はわが国民と差別されなかった。あるいはとくに大化以後はもはや帰化人という区分は消滅したのではないかという議論があります。これはすでに和辻氏などの主張されたところであるのに、先日の歴研大会などでは、またしきりに出ました。つまり、八世紀に、帰化人という概念をもち出すのはおかしいというのであります。しかし、それはすこし乱暴な議論であります。まず第一に、先ほどの段階論から当然出てくるところですが、百済や高句麗が亡びてから参りました多くの帰化人は、八世紀に渡来したさらにあたらしい帰化人とあわせて、まだ漢、韓のなまのままの氏姓をもつものがほとんどでありまして、そのために、八世紀にしきりに改姓されたのでありますし、官人としての活動分野にも、はっきり帰化人としての特性をもっております。そのため、かれらは「韓人部《からひとのとも》」、つまり帰化人である官人とよばれたのであります。百済の王族もあります百済王《くだらのこにきし》氏が、桓武《かんむ》天皇の後宮に多く入ったのは、一豪族としてであるにすぎないといいますが、百済王氏はもちろん帰化人の特性をつよくもっていました。河内に集団的に居住しましたこの貴族は数百の一族をあげて天皇の行幸を迎え、「百済楽《くだらがく》」を奏し、「昊天上帝《こうてんじょうてい》」を祭る儀式を行ないましたし、またかれらのはじめ一族にあたるものが、中納言に任ぜられたとき、ひとびとは、「蕃人《ばんじん》」が太政官に入ったのははじめてであるといったといいます。第二に、それではそれ以前の帰化人はもはやその特性を消滅したかといえば、一応年数をへたため、同化されたといえるでしょう。しかし、より本質的な問題は、だいたい大化改新あるいは律令体制というのは、普遍的な国家機構であって、律令的身分制そのものに、帰化人というような特殊身分を容認していないのではないかということであります。しかし八世紀には、律令体制というような形式的な枠組みで、帰化人の存在を捨象できるような段階ではありません。体制外と申しましょうか、そもそも天皇制そのものが体制外的な性格を多分にもっているのでありますが、帰化人が本来、王権との結合を特色としていたことをのべましたのも、律令体制下におきまして、そのような体制外における王権とのパーソナルな結合がきわめて多いことをふくめてのことであります。帰化人の武力、しかも騎馬の武力を秦氏や漢氏などは多量にもっており、これを朝廷に提供しておりますし、またその財力によって、造都というよりは天皇の私的な内裏《だいり》の造営に協力した例が多いのであります。このような特色は、要するに土着の大豪族としての観点から評価できるのではないかと思います。帰化系氏族で郡司となったものがきわめて多いのですが、そのピークに、秦、坂上、菅野、桑原、津、葛井《ふじい》といった大豪族が位置しています。わたくしは、かれらの族団的な結合のひろさとふかさ、またその強固さに、八世紀の帰化人のあらたな成長と、その特性をみたいと思います。それは改姓などによって比べますと日本の豪族の比ではないと思われますが、具体的には、統一新羅や高麗王朝下の豪族ともいずれ比較してみたいと思っていますし、もう少し他日の論証をまちたく存じます。

最後に少し細かいことを申し上げ、まことにわかりにくかったかと存じますが、帰化人研究というものを、わたくしが少しばかりはじめておりますことの、方向づけといったものを申し上げたわけです。

ご静聴ありがとうございました。

（原題「帰化人研究の現状と問題点」昭和三十九年度九州史学研究会大会公開講演〈『九州史学』三〇・三一、一九六五年〉を補訂）

講演に引用した文献一覧（文中の順序による）

西嶋定生「六～八世紀の東アジア」（岩波講座『日本歴史』古代2、一九六二年）

旗田　巍「十～十二世紀の東アジアと日本」（岩波講座『日本歴史』古代4、一九六二年）

石母田正「日本古代における国際意識について」（『思想』四五四）

同　「天皇と諸蕃」（『法学志林』六〇―三・四）

同　『日本古代国家論』一九七二年、岩波書店

堀　敏一「近代以前の東アジア世界」（『歴史学研究』二八一）

津田左右吉『神代史の研究』一九二四年、岩波書店

同　『古事記及日本書紀の研究』一九二四年、岩波書店

同　『日本上代史研究』一九三〇年、岩波書店

同　　津田左右吉全集『日本古典の研究』一九六三年、岩波書店
池内　宏『満鮮史研究』上世篇上・下、一九六〇年、吉川弘文館
金沢庄三郎『日鮮同祖論』一九四三年、汎東洋社
和辻哲郎『日本古代文化』一九二〇年、岩波書店
丸山二郎『帰化人の安置』（岩波講座『日本歴史』一九三四年）
金　錫亨「三韓三国の日本列島内における分国について」（『歴史科学』一）
同　　『古代朝日関係史』一九六九年、頸草書房
朝鮮民主主義人民共和国『朝鮮通史』一九六二年版、社会科学院歴史研究所
中田　薫『古代日韓交渉史断片考』一九五六年、創文社
水野　祐『増訂古代王朝史論序説』一九四五年、小宮山書店
井上光貞『日本国家の起源』一九六〇年、岩波書店
金　正柱『韓来文化の後栄』上・中・下、一九六二〜六三年、韓国史料研究所
末松保和『任那興亡史』一九四九年、吉川弘文館
同　　『日本上代史管見』一九六三年、自家版
井上光貞『日本古代国家の研究』一九六五年、岩波書店
原田淑人『東亜古代化論考』一九六二年、吉川弘文館
井上秀雄「新羅政治体制の変遷」（『古代史講座』4、一九六二年、学生社）
李　基白「上大等考」（『朝鮮研究年報』六、一九六四年）

三上次男「楽浪郡社会の支配構造」(『朝鮮学報』三〇)
岡崎　敬「安岳第三号墳(冬壽墓)の研究」(『史淵』九三)
関　晃『帰化人』一九五六年、至文堂
三品彰英『日本書紀朝鮮関係記事考証』上、一九六二年、吉川弘文館
田村圓澄『聖徳太子』一九六四年、中央公論社

あとがき

「帰化」とは、王族・貴族・農民らの他国への移動・移住を示すことばであるが、単に物理的な移動をいうのでなく、政治現象としてのそれをさすのである。したがって、これを送り出す側の政治的要因、これを受け入れる側の政治的意志の双方を解明せねばならぬ。そしてこのことは、本文においてで逐一のべてきたところで、古代に限られる政治現象ではないが、ここで改めてアジアの古代的世界で、「帰化」がかなり普遍的に起りえた政治的背景とでもいうべきものを考えてみたいと思う。

第一に、古代国家は、近代国家のように国民・領土・統治組織の三要素を備えた存在ではない。ことにその基礎にある国民・領土の概念はきわめて未熟で、それだけに民族や国境を超えた「世界主義的」な傾向をもつと言ってよい。アジアには、中国を中心とする世界帝国的な国際秩序が形成されていた。中国の王・皇帝は、いわゆる〝王化〟によって、〝礼〟〝法〟にもとづく国内秩序をたて、これをいまだ〝礼〟〝法〟のおよばない周辺の諸民族、いわゆる〝蕃夷〟に拡大し、同質の社会を形成しようとした。このような意識は、倭においても、王化のおよばない国内の蝦夷・隼人を〝夷〟とし、国外の諸民族を〝蕃〟と称したことにも現われている。つまり古代国家は国民・領土の画定を前提とするものでなく、王化におもむく人民の移動は十分にありえたのである。

これが「帰化」という政治現象の基本的な背景である。

しかし、それはかつて「日鮮同祖論」などで言われたように、たとえば古代の倭と朝鮮三国間には、彼我の差別は少なく、国家意識は稀薄で、民族間の混血・融合・同化は容易に行なわれたということにはならない。このような牧歌的な解釈は古代においても成立しないのである。

そこで第二に、王権相互の対立と抗争を考えなければならない。

三世紀の中国の魏・呉・蜀の対立と遼東公孫氏（燕）の独立、楽浪・帯方二郡にたいする高句麗・諸韓国の背反、五、六世紀の北方の北魏と南方の宋・梁の対立、これに連動する高句麗・百済、さらに新羅を加えた三国間の抗争、そして七世紀の隋・唐と高句麗、さらに朝鮮三国間の戦乱などを思い浮かべるだけで、このことは直ちに了解されるであろう。倭もまたこれに参入していたのである。

つまり世界帝国的な国際秩序は、その内部における王権相互の緊張と対立によって維持されたといってよい。各王権はこの秩序に参入し、その中で有利な地歩を占めることによって、みずからの権力の強化をはかったのである。もちろんそれは、近代国家のそれとはまったく異なる。したがって、ここに近代国家の領土・民族の観念をもち込んではならないことは言うまでもない。

しかし、「帰化」という政治現象は、このような王権相互の対立・抗争、また、その反面にある和約と同盟という政治的緊張を背景として発生した。むしろ「帰化」の政治的要因は、この第二にあるといってよいであろう。

第一と第二は一見矛盾するようであるが、二つともに古代的世界の特質を示すもので、この二つを軸として「帰化」の現象を考えねばならない。

ところで、七世紀以前において、わが国がアジア世界とふかくかかわり、中国・朝鮮の文化を輸入したのは、ほとんどこの「帰化」という政治現象に負うといってよい。これにたいし、七世紀末から倭は日本として古代国家を形成し、朝鮮でも新羅が統一をなしとげ、中国でも隋・唐という古代帝国が出現して、あたらしい国家段階に入ると、安定した外交関係を背景に、文化の輸入は「外交使節団」によって行なわれる。遣新羅使、遣隋・遣唐使、さらに遣渤海使がそれで、ことに、遣唐使に随行した留学生・留学僧がその役割を荷うのである。もちろん「帰化」という現象も引きつづき存在したが、「帰化人」の役割はほとんど終わったといってよい。

この転換の意味するものは何か。

一つには、日・朝・中三国の古代国家の成立によって政情が安定し、かつ国家権力の強化によって、戸籍制などにもとづく人民把握が徹底したことがあげられよう。

二つには、外交権が中央政府——形式的には天皇・大王・皇帝によって独占され、国家間の外交手続きが複雑になり、使節の身分や国書の形式など相互に競合的な要因がふえたことがあげられる。
一、二ともに、「帰化」という政治現象の減少につながるであろう。したがって、国家権力がおとろえ、公的な通交が中絶されると、ふたたび海商の活動などによって、「帰化」がふえる傾向となることも指摘できよう。

しかし、ここでのべておきたいのは、文化輸入の主要な手段が、「帰化」から「使節団」に変ったとしても、そこに共通性のあることである。遣唐使の「使節団」は〝四つの船〟の名もあるように四船に分乗し、大使・副使は遭難の危険性もあって別船とし、毎回、総数五〇〇〜六〇〇人におよぶ人数が苦難を背負い、危険を冒して渡海したので、たしかに、八、九世紀の古代の貴族官僚は、旺盛な文化輸入の精神を有していたといってよいであろう。これにたいし、「帰化」は、これを送り出す側の政治的要因に依拠するところが多いという点では、「使節団」の渡海とは異なる。しかし問題はこれを迎える側の政治的意志にある。「帰化」という政治現象は、この双方が整わなければ成立しないからである。考えてみれば、言語・文化・風俗の異なる民族を、王権のもとに多量に受容することは、使節団の派遣よりははるかに政治的困難をともなうのであって、そこに文化輸入にたいする積極的な意志が示されている。

文化は一方的に〝伝播〟するものではない。受容する側の社会的条件、政治的意志があって、はじめて文化は他民族に拡大しうるのである。他方、文化はしばしば征服・植民などの政治的・軍事的強制によって〝伝播〟することは、古来例示するのに暇はないほどである。しかるに、倭は何らかの政治的・軍事的強制によって、文化を受容したのではない。この点で、「帰化」と「使節団」による文化輸入には基本的な共通性があるといえよう。

なお本書では、白村江戦の後の帰化人のうち、「東国」に安置された高句麗人・新羅人についてふれることがなかった。これはあたらしい段階の帰化人の安置であり、律令の「化外人は寛国において貫に付し安置せよ」という規定の原型をなす。しかし、このときでも百済・高句麗の王族・貴族は畿内に安置されたので、この問題は、それとの対比で今後改めて取り上げることとしたい。

「あとがき」として書き加えておきたいことは以上のとおりである。おそらく古代の国際関係に関する視点はまだあるであろう。同時にこれは古代だけに止まる問題ではない。大方の批判を頂くことを心から期待している。

平成五年四月十五日

平野邦雄

『帰化人と古代国家』を読む

森　公　章

本書は中国・朝鮮半島から古代日本に渡来・帰化した人々が古代国家の形成と展開にどのように関与したかを描いたものである。こうした「帰化人」を主題として、その全体像の解明に取り組んだ書物としては、関晃『帰化人』（日本歴史新書、至文堂、一九五六年。後、『古代の帰化人』〈関晃著作集第三巻〉所収、吉川弘文館、一九九六年）、上田正昭『帰化人』（中央公論社、一九六五年）に次ぐものと位置づけることができる。著者である平野邦雄氏には『大化前代社会組織の研究』（吉川弘文館、一九六九年）、『大化前代政治過程の研究』（吉川弘文館、一九八五年）の大著がある。上田氏の本が「古代国家の成立をめぐって」という副題であることからもわかるように、「帰化人」研究は日本の古代国家成立過程の理解にも大きく関わり、本書も著者の制度史研究をふまえた重厚な著作になっていると言えよう。本書は国際関係の理解を軸に、四〜七世紀の古代国家成立史を鳥瞰《ちょうかん》したこと、畿内と畿外に分けて「帰化人」の実際のあり方を解明したことが大きな特色である。有用な図・表と関連写真の呈示は本書の内容理解を助けるものである。

以下、本書の特徴とその読みどころを紹介するとともに、近年の研究動向にも目配りして、本書の成果をふまえたその後の研究方向などにも触れ、解説の責めを塞《ふさ》ぎたい。

「われわれの祖先が帰化人を同化したというような言い方がよく行われるけれども、そうではなくて、帰化人はわれわれの祖先なのである。彼らのした仕事は、日本人のためにした仕事ではなく、日本人がしたことなのである」。これは関氏の本(著作集七ページ)に記された名言である。しかしながら、本書によると、「帰化」とは「化外《けがい》の国々から、その国の王の徳治を慕い、自ら王法の圏内に投じ、王化に帰附する意味で、その国の王も、一定の政治的意志にもとづいて、これを受け入れ、衣粮供給・国郡安置・編貫戸籍という内民化のための手つづきを経て、その国の礼・法の秩序に帰属させるという、一連の行為ないし現象をいうのである」と考えられており、王権の成立を前提とする概念ということになる。そこで、古代国家成立以前には「帰化人」という概念は存在し得なかったのではないか、また「帰化人」の語が近代日本の帝国主義の影響下で新たな意味を有するようになり、被支配民族の抑圧を歴史的に遡源させる根拠として利用されたことなどに鑑みて、「渡来人」という用語を用いるべしという声が有力になり、現在ではこちらの方が一般的であると思われる。

この点について本書では冒頭で「帰化人と渡来人」という論題で説明を加えている。ここには著者による記紀の細かな用語分析の研究成果が反映されており、いずれも「オノヅカラマウク」という概念であるが、「渡来」または「渡来人」は〝物理的な移動〟のみを示すことが主であって、それ以後の諸々の措置を含む「帰化」の方が歴史用語として相応しいことが指摘されている。この問題に関連して、中野高行「「帰化人」という用語の妥当性について」(『日本古代史叢説』慶応通信、一九九三年)は、後者の近代史の問題は古代には関係しないものであり、古代史研究の上では「帰化人用語の問題について価値自由を要求する」旨を述べている。

ただし、記紀の叙述・用語選択には律令国家段階での意識が作用していることもまちがいないので、「渡来人」と「帰化人」の用語、その段階差にはさらに厳密な区分を設ける必要があるのかもしれない。なお、朴昔順《パクセキスン》「日本古代国家の「化」の概念」(『東京大学日本史学研究室紀要』二、一九九八年)、「日本古代国家の対「蕃《ばん》」認識」(『日本歴史』六三七、二〇〇一年)は用語の再検討、田中史生『倭国と渡来人』(吉川弘文館、二〇〇五年)が「二重身分」という概念からこの問題にアプローチしようとしており、こうした新しい視点にも目配りが求められる。

本書末尾には「帰化人研究の諸問題」という一九六五年の講演記録が掲載されているが、「帰化」が単に物理的な移動をいうのではなく、政治現象としてのそれを指すのであり、これを送り出す政治的要因、これを受け入れる側の政治的意志の双方を解明せねばならないという著者の基本的姿勢は一貫している(『日本史文献事典』〈弘文堂、二〇〇三年〉に掲載された本書に関する著者自身のコメントも参照)。この「帰化人研究の諸問題」には第二次世界大戦以前の「満鮮史」や「日鮮同祖論的」など研究の視点、一九六〇年代に朝鮮民主主義人民共和国の金錫亨《キムソツキヨン》氏が主張した分国論など研究史上押さえておかねばならない論点が簡便に整理されているので、研究史把握のためには、本書のまとめと同時に、本書の以下の章節を読む前提として、ぜひ味読をお勧めしたい。

以下、本書の本論に入るが、Ⅰ「ヤマト王権と東アジア」では四〜六世紀の古代国家の展開を軸に、「帰化人」の渡来・受容双方の状況に目配りがなされている。ここでは記紀批判の観点を確認した上で、七支刀《しちしとう》、高句麗《こうくり》広開土《こうかいど》王碑《おうひ》文《ぶん》、倭の五王、『日本書紀』の百済《くだら》系史料などオーソドックスな史料を用いて、表題の問題が論じられているが、著者の研究手法として、二つ以上の信頼すべき史料を比較検討しながら、整合的な見解を示すという姿勢に留意されていることに注目しておきたい。著者には邪馬台国に関する著書もあるが、邪馬台国問題が決着を見ない一因として、依拠すべき文献史料が孤立しており、この方法が有効活用できないことが挙げられよう。古代史研究全般に通じる姿勢として、一般の方々にもぜひ理解しておいて欲しいものである。

Ⅱ「帰化人と古代王権」では畿内・畿外に分けて、実例の分析が示され、「帰化人」の文化的・社会的影響が説明される。関氏が東漢《やまとのあや》氏の研究を基盤に「帰化人」の問題をまとめられたのに対して、著者はもう一つの大勢力秦《はた》氏に関する研究成果を中心に、五世紀代の秦、漢、今来漢《いまきのあや》（東漢・西文《かわちのふみ》）、さらに六世紀代の和《やまと》、そして七世紀末の百済王《くだらのこにきし》氏などの諸氏族を個別に取り上げ、その居住地と王権内における役割を分析している。東漢氏・西文氏が律令制下においても東西文部と称される特殊な位置を占め、王権と密接に関係して定着・発展したのに対して、秦氏は地域開発に携わるなど土豪的展開を行った点に特色があり、また在来の神祇信仰とも融合しているとされる。視点はあくまで王権との関係であり、ここにこそ「帰化人」の「帰化人」たる所以《ゆえん》が存したのである。

なお、その後の研究動向として、加藤謙吉『大和政権と古代氏族』（吉川弘文館、一九九一年）、『大和政権とフミヒト制』（吉川弘文館、二〇〇二年）が東漢氏、『吉士と西漢氏』（白水社、二〇〇一年）が表題の二氏についてさらに詳細な検討を行っており、また大橋信弥『古代豪族と渡来人』（吉川弘文館、二〇〇四年）が近江の状況を詳述しているので、参照されたい。

III「古代国家と大陸」では遣隋使や飛鳥文化の背景、七世紀後半の混迷する東アジア情勢が叙述され、中央集権的律令国家成立の過程で、国際関係や「帰化人」が果した役割がまとめられている。ただし、奈良時代以降に関しては、「遣唐使と文化輸入」、またIIの一節「奈良朝の帰化人」で遣唐使に伴って来日した唐人などが言及されるくらいで、本書だけでなく、「帰化人」研究全般にも指摘できる事柄であるが、律令国家成立以降にはあまり留意されていない。その後の研究動向としては、伊藤千浪「律令制下の渡来人賜姓」（『日本歴史』四四二、一九八五年）、丁珍娥《ジョンジナ》「奈良時代における渡来人の叙位」（『人間文化論叢』四、二〇〇二年）、「平安前期における渡来系官人の昇進」（『続日本紀研究』三五一、二〇〇四年）などが当該期の位置づけを論じている。森公章「古代日本における在日外国人観小考」（『古代日本の対外認識と通交』吉川弘文館、一九九八年）でも史料が揃う律令制下の様相を検討しており、「帰化人」に対する意識が明確に位置づけられる時期の知見をもとに遡及的な検討を行うという方向もあり得るのではないかと思う。

四つあるコラムも小品ながら、それぞれに興味深い。「長岡京と秦氏」は太政官厨家関連の木簡を素材に、平安時代の秦氏に関する知見を補ったものである。著者が長年勤務された東京女子大学にもゆかりのライシャワー家に関連する「ライシャワー博士と円仁」、「遣唐使・留学僧にあてられた国費」、「桂林と鑑真のこと」は遣唐使に関連するものであるが、二〇〇四年に公表された井真成墓誌が学界・一般ともに遣唐使に対する関心を喚起したように、国際関係を考える上で、通交の様相にも注目する必要がある。そうした事象を見る視点として、これらのコラムも大いに参照すべきであろう。

以上、本書の魅力を充分に紹介し得たか否か、不安なところが多いが、専門家・一般の方を問わず、本書が広く読まれることを祈念したい。

〈二〇〇七年二月〉

（もり・きみゆき　東洋大学教授）

著者略歴
一九二三年　島根県に生まれる
一九四八年　東京大学文学部国史学科卒業
九州工業大学教授、文化庁主任文化財調査官、東京女子大学教授、横浜市歴史博物館館長などを歴任
二〇一四年没

〔主要著書〕
和気清麻呂　大化前代社会組織の研究　大化前代政治過程の研究　邪馬台国の原像　史跡保存の軌跡　わたしの「昭和」

帰化人と古代国家〈新装版〉

一九九三年（平成　五）六月十日　第一版第一刷発行
二〇一八年（平成三十）五月十日　新装版第一刷発行

著　者　平《ひら》野《の》邦《くに》雄《お》
発行者　吉　川　道　郎
発行所　株式会社　吉川弘文館
郵便番号一一三―〇〇三三
東京都文京区本郷七丁目二番八号
電話〇三―三八一三―九一五一〈代表〉
振替口座〇〇一〇〇―五―二四四番
http://www.yoshikawa-k.co.jp/
印刷＝藤原印刷株式会社
製本＝誠製本株式会社
装幀＝河村　誠

ISBN978-4-642-08335-5